지혜로운 리더의 인공지능 활용법
AI 증강 리더십

AI 증강 리더십
- 지혜로운 리더의 인공지능 활용법

김용모 지음

2025년 10월 1일 초판 1쇄 인쇄
2025년 10월 1일 초판 1쇄 발행

펴낸이 | 이재필
펴낸곳 | 움직이는책
등록 | 2021년 6월 15일 제2021-000054호
주소 | (02717) 서울특별시 성북구 보국문로18가길 52, 302호(정릉동)
전화 | 010-2290-4973
팩스 | 0508-932-4973
전자우편 | moving-book@naver.com

표지 · 본문디자인 | 로로브레인
교정 · 교열 | 이은미
인쇄 | 보임디자인(주)
도서유통 총판 | (주)자유서적 (전화 031-955-3522, 팩스 031-955-3520)

ⓒ 김용모, 2025
ISBN 979-11-976327-5-4 03320

책값은 뒤표지에 있습니다.

지혜로운 리더의 인공지능 활용법
AI 증강 리더십

저자 · 김용모

| 추천사 |

　AI 시대의 리더십은 더 이상 선택이 아니라 생존의 조건이 되었습니다. <AI 증강 리더십>은 대기업뿐 아니라 수많은 중소기업 리더들에게도 절실히 필요한 책입니다. 현장에서 만나는 많은 경영자와 관리자들이 "직원들은 AI를 잘 다루는데, 나는 점점 뒤처지는 것 같다."라는 불안을 털어놓곤 합니다. 저 역시 수많은 강의와 컨설팅을 통해, 기술을 모른다는 두려움 때문에 의사결정이 위축되고, 세대 간의 소통이 단절되며, 변화에 대한 피로감이 커져가는 현실을 목격해 왔습니다.

　이 책이 중요한 이유는 단순히 AI 도구 사용법을 알려주기 때문이 아닙니다. 저자는 리더가 AI를 어떻게 바라보고, 어떻게 팀과 함께 협력하며, 어떤 질문을 던져야 하는지를 구체적으로 짚어냅니다. 기술적 이해보다 중요한 것은 비즈니스 맥락에서 AI를 전략적으로 활용하는 관점이며, AI의 한계와 가능성을 구분할 줄 아는 분별력입니다.

　유발 하라리의 넥서스에서 그는 인공지능이 가져올 가장 큰 도전은 "인류의 사고와 의사결정 권한이 알고리즘에 점점 더 위임되는 현실"이라고 말했습니다. 인간이 스스로 생각하기보다, AI의 판단을 무비판적으로 수용할 위험이 커지고 있다는 것이지요. 이 책은 그 위험을 간파하고, 리더가 "AI를 맹목적으로 따르는 사람"이 아니라 "AI에 더 좋은 질문을 던지고 맥락과 가치를 부여하는 사람"이 되어야 함을 강조합니다. 결국 AI는 인간을 대체하는 것이 아니라, 인간의 인식, 지혜, 공감을 증강시키는 도구라는 점을 설득력 있게 보여줍니다.

　특히 중소기업 대표들의 애로는 참 솔직합니다. "우리 회사는 아직 ERP도 제대로 안 굴러가는데 AI라니, 차라리 공장 옆 커피 머신이 더 똑똑해 보인다니까요."라는 농담 섞인 푸념을 종종 듣습니다. 그러나 바로 그 순간이 AI 리터러시가 필요한 출발점입니다. 새로운 기술을 무작정 두려워하기보다, 내 경험과 직관을 보완해 줄 현명한 파트너로 받아들이는 것이 리더의 역할이기 때문입니다.

앞으로 기업 경쟁력은 AI 기술의 보유 여부가 아니라, 리더들이 얼마나 현명하게 AI를 활용하고, 구성원과 신뢰 속에서 새로운 변화를 이끌어내느냐에 달려 있습니다. 『AI 증강 리더십』은 그 여정에서 길을 잃지 않도록 해주는 나침반과 같은 책입니다.

AI 교육 현장에서 수많은 리더와 실무자를 만나온 한 사람으로서, 이 책을 모든 경영자와 관리자들에게 자신 있게 추천합니다.

이두원
엔지니어링 컨설팅 전문가, AI · 스마트 제조 강의자

AI, AI, AI. 온통 AI 이야기로 가득 찬 세상에서 '또 AI?'란 생각이 드시겠지만 김용모 작가는 단순히 AI를 잘 쓰는 방법이 아니라, 리더와 우리 직장인을 위한 지침서로서 책을 썼다는 점에서 다르다. 또한, 그는 소위 말하는 기성세대지만 AI와 친해진 사람이고 협업을 잘하기 위해 최선을 다해 노력하고 연구한 사람이다. 그 고민의 결과로 나온 책이 바로 본 書다. 도구가 아닌 우리 삶의 증강 동료로서 AI를 맞이하고 싶으신 분에게 일독을 권한다.

이중학
동국대학교 경영학과 교수

| 감수의 글 |

저는 50대로 조직의 리더입니다. 지금까지 그동안의 경험과 역량을 바탕으로 리더십을 발휘하여 조직을 성공적으로 이끌었습니다. 그러나 시시각각 변화하는 AI 시대에서 기존의 프로세스와 의사결정 방식을 어떻게 변화시켜야 할지, 조직 전반에 긍정적인 영향을 주면서도 효율적으로 변화할 실행을 할지, 조직의 지속적인 성과 창출에 어떤 지원을 해야 할지, 이를 위한 리더와 구성원들의 마인드 변화를 어떻게 가져가야 할지 등등 고민이 더 많아지는 현실입니다.

3장에서 언급한 바와 같이 2024년 하버드 비즈니스 리뷰(HBR)에서 AI 시대에 더 중요해진 리더십 자질 세 가지를 "인식, 지혜, 공감"이라고 했습니다. 매우 전통적이고 익숙한 리더십 요소가 AI 시대에 더 중요하다는 것은 언뜻 모순처럼 보입니다. 하지만, 세 가지 각각에 숨은 의미를 잘 들여다보면 오랜 시간 동안 조직에서 잘 체득한 자질을 어떻게 AI와 협업을 통해 증강할 수 있을지 저자는 실질적이고 활용할 수 있는 방식으로 얘기합니다. 모든 일이 그렇듯이 제대로 된 context를 바탕으로 인식하고 좋은 질문을 통해 해결 방안을 함께 찾아가는 집단지성의 지혜를 결합하며, 일의 결과와 과정에 대한 상하좌우 공감을 통해 일을 해 나가는 것입니다.

현재, 많은 40~50대 조직 리더들은 커리어를 넘어서 새로운 일과 삶의 방향도 찾아야 합니다. AI라는 새로운 패러다임 앞에서 기존의 방식만으로는 한계를 느끼면서도 구체적으로 무엇을 어떻게 해야 할지 모릅니다. 그런 측면에서 저자는 현업의 리더들이 주목할 만한 주제(성과관리)를 바탕으로 실제 진행되는 일련의 상황을 특유의 스토리텔링으로 보여줍니다. 낯선 AI와 친숙해지도록 이야기를 전개하며, 재미있으면서도 의미 있게 활용되도록 일련의 과정을 친절하게 제시합니다.

AI 기술이 조직의 성과와 구성원 관리에 미치는 영향은 단순한 기술 도입을 넘어 리더십의 본질적인 변화를 요구합니다. 이 책은 저자가 AI 시대의 변화를 한 발짝 빠르게 읽어내고, 조직 리더들에게 실용적인 방향과 해법을 제시한다는 점에서 큰 의미를 갖습니다. 저자는 단순히 AI 기술적 변화 및 응용 아이템에 대한 설명에 그치지 않고, AI와 인간이 어떻게 협업하며 조직의 성과를 극대화할 수 있는지 그리고 구성원들의 역량을 어떻게 효과적으로 관리하고 성장시킬 수 있는지 구체적인 방안을 제시합니다.

조금 더 설명해 드리면, 이 책은 리더십의 여러 분야 중에서도 성과 관리와 피플 매니지먼트라는 두 축을 중심으로 AI 협업 방안을 훌륭하게 풀어내고 있습니다.

저자는 AI가 단순히 인간의 업무를 대체하는 도구가 아니라, 인간의 역량을 보완하고 확장하는 파트너의 역할을 할 수 있음을 강조합니다. 이를 통해 조직 리더들은 AI를 활용해 구성원들의 업무 효율성을 높이고, 창의적이고 전략적인 업무에 집중할 수 있는 환경을 조성할 수 있을지 보여줍니다.

또한, 저자는 AI 시대에 조직 구성원들의 역할과 역량이 어떻게 변화해야 하는지 방향을 제공합니다. AI가 반복적이고 정형화된 업무를 대체함에 따라, 인간은 더 높은 수준의 문제 해결 능력과 창의성을 요구받게 됩니다. 이에 따라 리더들은 구성원들의 역량을 개발하고, AI와 협업하며 새로운 가치를 창출할 수 있도록 지원해야 합니다. 저자는 이를 위해 조직 내에서 AI 리터러시(AI Literacy)를 강화하고, 구성원들이 AI를 효과적으로 활용하도록 데이터를 확보하고, 이를 바탕으로 효율적인 조직 운영을 실천할 수 있게 'AI 증강 리더십 실습 가이드' 등을 구체적으로 제시합니다. 저는 이 책이 단순히 AI 기술에 대한 이해를 돕는 데 그치지 않고, 조직 리더로서 역할과 책임을 재정립하는 데 큰 도움이 될 것이라고 확신합니다. 특히, AI 시대에 조직의 성과를 극대화하고 구성원들의 역량을 효과적으로 관리하기 위한 실용적인 전략과 방안은 변화의 중심에 서 있는 리더들에게 실질적인 가이드가 될 것입니다.

한편, 책 중간중간 조직 운영 시 리더들에게 나타날 수 있는 각종 편향(잘못된 관점), 리더십 디레일러 등에 대한 이론적 내용과 현상을 가상의 사례 속 대화 내용과 쉽게 연결하여 쏠쏠한 지적 호기심을 채워줍니다. 나아가서, 다른 책에서는 잘 다뤄지지 않는 AI 윤리(책임 관리) 및 일의 본질과 연결된 AI 철학적 가치까지도 일정 부분 언급하며 균형 잡힌 시각으로 세상을 바라보도록 안내해 줍니다.

마지막으로, 이 책은 AI 시대를 살아가는 모든 리더에게 다음과 같은 질문을 던집니다.

"우리는 AI와 어떻게 협업할 것인가?", "AI 시대에 인간의 가치는 무엇인가?", "조직의 미래를 위해 지금 우리는 어떤 준비를 해야 하는가?" 저자는 이러한 질문에 대한 답을 찾기 위해 끊임없이 고민하는 리더의 모습을 계속 견지하실 것으로 믿어 의심치 않습니다.

이 책을 통해 독자 여러분이 AI 시대의 변화 속에서 어떻게 리더십을 발전시키고, 실용적으로 활용할지, 그에 대한 통찰을 얻으시길 바랍니다.

이동훈
LG AI 연구원 원장, CHRO

■ 프롤로그 ■

"직원들이 AI로 뭔가 뚝딱뚝딱 만드는 걸 보면 부럽기도 하고, 나도 전문적으로 뭔가 배워야 하나 싶어요."

지난번 여의도 강의장에서 한 중년의 수강생이 저에게 한 말입니다. 그분은 올해 47세로 20년 넘게 마케팅 분야에서 일해온 베테랑이지만, 요즘 AI 얘기가 나올 때마다 미묘한 기분이 든다고 하네요. 아마 비슷한 경험을 하신 분들이 많을 것입니다.

새로운 기술 앞에서 느끼는 막연한 불안감, 직원들과의 격차에 대한 걱정 그리고 '내가 뒤처지는 건 아닐까?' 하는 조심스러운 의문들… 저도 처음엔 마찬가지였습니다. 30여 년 넘게 기업의 교육 현장에서 일하며 리더십 강의를 해왔지만, AI가 화두로 떠오르면서 '이제 내 시대가 지난 건 아닐까?' 하는 생각이 들더라고요. AI 관련 박사과정을 위해 대학원까지 들어갔지만, 솔직히 코딩은 여전히 자신이 없습니다. 하지만 현장에서 1년을 지켜보며 깨달았습니다. AI 시대에 필요한 건 기술 자체를 완벽하게 마스터하는 것이 아니라, 우리가 가진 경험과 AI의 능력을 어떻게 연결하느냐에 있다는 것을요. MZ 직원들은 AI 도구를 빠르게 익히고 창의적으로 활용합니다. 하지만 베테랑 리더들만이 가진 것들이 있죠. 어떤 질문이 핵심을 찌르는지, 어떤 데이터가 진짜 중요한지, 이 결과를 어떻게 비즈니스 성과로 연결할지 등등. 이런 것들은 하루아침에 생기지 않는 역량이거든요.

그래서 이 책에서 제안하고 싶은 건 '리더로서 AI와 협업하는 법'입니다. 프로그래밍을 배우자는 게 아닙니다. 리더십 경험에 AI라는 강력한 도구를 더하는 방법을 찾아보자는 거죠. 젊은 세대의 기술 활용 능력과 우리의 비즈니스 통찰력이 만나면, 강력한 시너지를 낼 수 있어요.

최근 하버드 비즈니스 리뷰에서 AI 증강 리더십의 핵심 자질을 세 가지로 정리했는데요. "인식Awareness", "지혜Wisdom", "공감Compassion"이었습니다.

인식은 내적, 외적 경험을 관찰하는 마음의 지각 능력입니다. 직원이 "AI 분석 결과 A안이 좋다고 나왔어요."라고 할 때, "그런데 고객 반응은 어떨까? 3년 후 시장 변화는 어떨까?"라고 더 넓은 맥락에서 바라볼 수 있는 것이 바로 리더들이 가진 인식입니다.

지혜는 현실을 있는 그대로 이해하여 건전한 판단을 내리는 마음의 분별 능력입니다. 세대를 거쳐 축적된 경험과 성찰을 통해 단기적 이익과 장기적 지속 가능성 그리고 윤리적 고려

사항의 균형을 맞추는 결정을 내리는 것이 바로 지혜입니다.

공감은 타인에게 진심으로 도움이 되고 더 큰 선에 기여하려는 의도를 가지고 진정한 배려를 베푸는 마음의 반응 능력입니다. 변화에 불안해하는 직원의 마음을 읽고, 적절한 시점에 적합한 말로 격려하여 존중받는다고 느끼게 하는 것입니다. AI가 절대 따라 할 수 없는 영역입니다.

이러한 자질들은 오랜 경험과 성찰을 통해 점진적으로 형성됩니다. 인식은 수많은 시행착오를 겪으며 생기는 직감이고, 지혜는 여러 번의 실패와 성공을 통해 쌓이며, 공감은 다양한 사람들과 맺은 관계에서 자연스럽게 깊어지는 능력입니다.

세 가지 자질이 AI의 강력한 분석력과 만나면 어떨까요?
- 우리의 인식으로 AI에 맥락을 제공하고 현재 목표에 맞는 AI 결과를 식별할 수 있습니다
- 우리의 지혜로 통찰력 있는 질문을 던지고 AI가 제공하는 답변을 분별할 수 있습니다
- 우리의 공감으로 진심 어린 리더십을 발휘하면서 AI 알고리즘의 효율성을 활용할 수 있습니다

이렇게 인간의 최고 자질과 AI의 강점을 결합하는 것이 바로 AI 증강 리더십입니다.

이 책에는 복잡한 기술 설명이 없습니다. 대신 월요일 아침부터 당장 써먹을 수 있는 실용적인 방법들, "이럴 땐 어떻게

해야 하나?" 싶은 상황별 대응법, 직원들과 AI 관련하여 자연스럽게 대화하는 방법 그리고 여러분들의 오랜 경험과 노하우가 AI 시대에도 통하는 이유가 담겨 있어요.

1장에서는 'AI 전문가가 되어야 한다'는 부담감을 덜어드리고, 대신 우리가 가진 강점이 무엇인지 발견해 보겠습니다. 불안감의 정체를 파악하고, 통찰로 바꾸는 방법을 공유하겠습니다.

2장에서는 MZ 직원들과 자연스럽게 대화할 수 있는 AI 기본 지식을 다룹니다. 아는 척하지 않고, 당당히 물어볼 수 있는 용기를 기르는 것이 목표예요.

3장은 이 책의 핵심입니다. 앞서 언급한 인식-지혜-공감이 실제 현장에서 어떻게 작동하는지, AI와 결합했을 때 어떤 새로운 리더십이 가능한지 구체적으로 보여드리겠습니다.

4장에서는 현장에서 가장 즉각적인 변화를 체감할 수 있는 성과관리를 다룹니다. "또 목표 못 맞췄네."라는 한숨 대신, 실시간으로 성과를 추적하고 개선할 방법을 소개합니다.

5장에서는 가장 어려운 부분인 변화 관리를 다룹니다. "누구 책임인가요?", "제 일자리가 사라진다고요?", "예전 같지 않아요."라는 현실적 우려들에 대한 해답을 찾아보겠습니다.

마지막 부록에는 당장 내일부터 사용할 수 있는 실전 가이드가 있습니다.

AI 시대가 두렵긴 하지만, 피할 수는 없잖아요. 그렇다면 함께 익숙해져 보는 건 어떨까요? 완벽을 추구하기보다는 시작이 중요합니다. 직원들과 같은 속도를 낼 필요는 없습니다. 각자의 경험과 강점을 살린 접근이 더 가치 있습니다. 저 역시 처음에는 막막했지만, 지금은 AI를 효과적인 업무 파트너로 활용하고 있습니다. 이 책이 여러분의 여정에도 도움이 되기를 바랍니다. 이 책으로 AI를 활용하는 더 나은 리더가 되는 여정을 함께 시작해 봅시다.

차례

프롤로그 · 9

1
가치
: 대체 vs 확장

리더들의 진짜 고민 · 21

AI 전문가가 될 필요 없는 이유 · 32

2
지식
: 아는 척 vs 묻는 용기

비전문가를 위한 AI 역사 · 45

리더들이 꼭 알아야 할 AI 기본 개념 · 59

AI 반도체와 최근 트렌드 상식 · 85

모르겠으면 솔직히 물어보세요 · 95

심화학습 | AI는 어떻게 우리 말을 이해할까? · 109

3
리더십
: 레거시 리더십 vs 오그멘티드 리더십

- **100권의 리더십 책을 읽어도** · 115
- **숨겨진 나를 비추는 AI 거울: 인식** · 125
- **질문하는 리더의 시대: 지혜** · 133
- **공감의 알고리즘: 공감** · 148
- 심화학습 | AI로 증강 리더십 실습 가이드 · 161

4
성과관리
: 결과 vs 과정

"또 목표 못 맞췄네" 성과관리의 딜레마 · 175

실시간 성과 추적의 시대 · 184

리버스 멘토링을 받다 · 196

    1단계 미션 정의: 팀의 DNA를 AI가 해독하다 · 197

    2단계 비전 설정: 3년 후 우리 팀, AI가 그려본 청사진 · 207

    3단계 목표 설정: AI 벤치마킹으로 현실적 목표 찾기 · 215

    4단계 전략 수립: AI 전략가와 함께 승부수 던지기 · 222

    5단계 KPI 설계: 굿하트의 함정을 피하는 스마트 KPI · 229

    6단계 역량 파악: AI 관찰 프레임워크로 팀원 재발견하기 · 235

    7단계 실시간 모니터링: 1분 입력으로 완성하는 실시간 대시보드 · 241

    8단계 코칭: AI 코치가 제안하는 맞춤형 대화법 · 247

    9단계 평가: 편견 제로, AI가 도우미 하는 공정한 평가 · 255

    10단계 피드백 면담: 알고리즘이 아닌 진심이 담긴 마지막 터치 · 263

현실과 이상 사이에서 · 272

5
변화 관리
: 위협 vs 기회

　누구 책임인가요? · 283
　제 일자리가 사라진다고요? · 292
　예전 같지 않아요 · 300

부록 | AI 리더십 실행 가이드
부록 1 | AI 증강 리더십 진단 · 321
부록 2 | AI 의사결정 프레임워크 · 327
부록 3 | 비전문가도 꼭 알아야 할 AI 용어 · 333

에필로그 · 352
참고문헌 · 355

가치

: 대체 vs 확장

> 평생 쌓아온 전문성의 가치가 흔들리는 경험은
> 현재 리더들이 공통으로 직면한 도전이다.
> 하지만 진짜 위기는 불안감 자체가 아니라
> 그 불안감에 발목 잡혀 앞으로 나아가지 못하는 것이다.

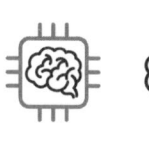 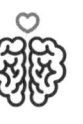  

리더들의 진짜 고민

김 모 부장(47세)은 15년간 마케팅 카피라이터로 인정받아 온 베테랑이었습니다. 그런데 최근 신입 사원이 흥미로운 아이디어를 제시했어요.

"부장님, 이번에는 AI를 활용해서 광고 카피를 만들어볼까요?"

그날의 브리핑은 평범했습니다. 신제품 론칭을 위한 카피 10개가 필요했죠. 김 부장이 하루 종일 고민해서 겨우 3개를 완성했을 때, 신입 사원은 AI로 15개를 뽑아놓았더군요. 더 놀라운 건 퀄리티였어요. 김 부장이 심혈을 기울여 다듬은 카피보다 훨씬 세련되고 임팩트 있는 문구들이 줄줄이 나열되어 있었거든요. 15년 경력의 자존심이 한순간에 무너지는 기분이었습니다.

그런데 더 충격적인 사실을 알게 됐습니다.

얼마 전 업계 모임에서 선배가 조용히 귀띔해 준 이야기였어요. 한 대기업 마케팅팀에서 실험했는데, 20년 경력의 시니어가 쓴 카피와 AI가 5분 만에 생성한 카피를 똑같은 조건으로 비교해 봤더니 AI 카피의 클릭률이 미세하게 더 높았다는 거였어요. 그것도 여러 차례 반복 실험에서 말이죠.

더 주목할 만한 사례가 있습니다.

자신이 다니던 회사에서 마케팅 업무 중 단순 반복 작업을 AI로 대체하면서 관련 인력 재배치가 시작됐다는 거였어요. "매일 배너 만들고 카피 수정하던 친구들이 갈 곳이 없어졌다."라는 말이 계속 귓가에 맴돌았습니다.

실제로 McKinsey의 2025년 AI 직장 보고서에 따르면, 미국 직원의 35%가 AI로 인한 직장 대체를 우려하며, 직원들은 내년에 AI가 자신의 업무 중 최소 30%를 대체할 것이라고 예상하고 있다고 했어요. 마이크로소프트는 이미 전체 인력의 3%에 해당하는 6,000명을 감원했는데, 소프트웨어 개발자가 감원 인원의 40% 이상을 차지했다고 하더군요. AI가 코드의 30%를 작성하고 있다는 발표와 함께 말이에요.

개발자도 창작하는 사람들 아닌가요? 김 부장은 문득 소름이 돋았습니다. 코딩이나 카피라이터나 결국 무에서 유를 만드는 창작 업무인데, 개발자들도 이런 상황이라면 마케팅 업계는 오죽할까 싶었거든요. 김 부장이 가장 당황한 건 직원들의 반응이었어요.

"이제 카피라이터도 AI가 하는 시대네요."

너무나 자연스럽게 받아들이는 모습을 보니, 마치 자신만 뒤처진 것 같은 기분이 들었거든요.

특히 놀라운 건 맥킨지 연구에 따르면, 최근 조사에서 모든 회사 직능 중 마케팅과 영업이 AI를 통해 얻는 이득이 가장 많아졌다는 점이었어요. 2018년에는 제조업과 리스크 관리가 주요 가치 창출 분야였지만, 이제는 마케팅 분야가 최대 혜택을 본다고 하더군요. 그런데 정작 자신은 AI가 뭔지도 제대로 몰랐던 거죠.

회사 복도에서 우연히 들은 대화도 충격적이었습니다.

"김 부장님 세대는 적응이 힘드실 것 같아요. 우리가 AI 마케팅을 좀 더 적극적으로 도입해 봐야겠어요."

그날 밤, 김 부장은 잠 못 이루며 생각했습니다. 15년간 쌓아온 카피라이터 노하우가 과연 무엇인지, 앞으로 자신의 자리는 안전한 건지… 스마트폰을 켜서 'AI 카피라이터'를 검색해 보다가, 문득 이런 단어를 검색하는 자신이 낯설게 느껴졌어요.

이런 사례는 더 이상 먼 미래의 이야기가 아닙니다. 이미 우리 주변에서 진행되고 있는 현실입니다.

최근 연구에 따르면, AI 진단 시스템이 X-ray 골절 판독에서 임상의와 비슷한 수준의 성능을 보여 의료진들에게 보조 도구로서의 가능성을 보여준다고 합니다. 또한 2022년 서울 용산구에 문을 연 프라이스랩PRICE LAB은 AI 알고리즘이 유동인구, 재고량, 유통기한 등을 분석해 1시간마다 상품 가격을 실시간으로 조정하는 국내 첫 무인매장인데요. 기존 5,900원이던 상품이 AI 가격으로 4,560원에 판매되는 등 실제로 소비자에게 합리적인 가격을 제공하면서도 폐기 처분량을 줄이는 효과를 거두었다고 하더군요. 이러한 기술 발전으로 기존 인간의 경험과 직감에 의존해 온 운영 방식에 큰 변화가 일어나고 있습니다.

　문제는 이런 급격한 변화 앞에서 40~50대 리더들이 느끼는 당황스러움과 불안감이에요. 기술의 발전 속도가 너무 빨라 따라가기 버거울 뿐만 아니라, 자신들이 평생 쌓아온 경험과 노하우가 하루아침에 무력해지는 혼란을 겪고 있거든요.

　최근 6개월간 제가 40~50대 임원, 선임 부장급 리더들과 나눈 대화를 정리해 보니, 이런 목소리들이 가장 많았습니다.

　"회의에서 AI 얘기가 나올 때마다 모르는 용어가 너무 많아요. 질문하기도 민망하고…."

　"직원들이 '이거 AI로 하면 금방인데요.'라고 말할 때마다 위축돼요."

　"내 경험과 노하우가 하루아침에 무의미해진 기분이에

요."

그때 깨달았습니다. 40~50대 리더들은 'AI 기술을 모른다'는 차원을 넘어, 또 다른 고민이 있다는 것을요.

더 깊숙한 곳에 있는 진짜 고민을 함께 들여다보겠습니다.

첫 번째, 리더십 권위에 대한 불안감

"제가 팀을 이끌어온 방식이 갑자기 구식처럼 느껴집니다. 직원들이 AI로 더 나은 결과를 내면서, 제 판단보다 AI의 분석을 더 신뢰하는 듯한 분위기를 감지하게 되었어요."

이런 말씀을 하신 제 지인 부장님(52세)의 걱정스러운 표정이 인상적이었습니다.

"예전에는 제 경험을 바탕으로 방향을 제시하면 팀원들이 따라왔는데, 이제는 기술적 이해 부족으로 리더십이 약화할까 봐 우려됩니다."

특히 팀 내에서 의사결정을 할 때 가장 위축된다고 하셨어요. AI 관련 안건이 나오면 직원들 눈빛이 달라지고, 자신만 모르는 것 같은 소외감을 느낀다는 거죠. 리더로서의 존재 이유에 대해 근본적인 의문을 품고 계셨어요.

이런 불안감의 뿌리에는 사회심리학에서 말하는 "인상 관리Impression Management" 심리가 작동하고 있습니다. 우리는 리더라는 자리에 있다 보니 자연스럽게 '나는 뭔가 알고 있는 사람'이라는 이미지를 유지하려고 합니다. 그런데 AI 앞에서 질문한다는 것은 직원들에게 "내가 모르는 게 많구나."라고 인정하는 것 같아서 체면이 서지 않는 거예요. 회사에서는 '내가 리더로서 결정하고 지시하는 사람'이었는데, AI가 이런 역할을 일부분 분담하면서 생각보다 심리적 부담이 크다는 거죠.

두 번째, 세대 간 소통의 어려움

"직원들이 '프롬프트 엔지니어링', 'RAG 시스템' 같은 용어를 자연스럽게 사용하는데, 저에게는 완전히 새로운 언어 체계처럼 들립니다."

대화 자체가 안 되니까 점점 더 거리감이 느껴진다는 겁니다. 예전에는 경험과 지혜로 직원들을 이끌 수 있었는데, 이제는 오히려 배워야 할 입장이 되니 당황스러우신 거예요.

문제는 용어를 모르는 것에 그치지 않습니다. MZ 직원들은 새로운 기술에 대해 '일단 써보면서 배우자'는 접근을 좋아하지만, 리더들은 '충분히 이해한 후에 도입하자'는 방식을 선호하는 편이거든요. 이러한 학습 접근법의 차이는 세대 간 소통의 간극을 더 벌리는 요인이 되고 있습니다.

게다가 조직 내 위계 구조도 한몫합니다. 직원은 "부장님, 이거 모르셔도 돼요. 제가 설명해 드릴게요."라고 말하기 어렵고, 리더는 "나 이거 모르는데 설명해 줄래?"라고 묻기가 부담스러운 거죠. 결국 서로 배려한다고 하지만 실제로는 소통의 벽만 높아지는 악순환이 반복됩니다.

더 깊이 들여다보면, 리더들이 '내가 무엇을 모르는지조차 모르겠다'는 상황이에요. AI 관련 회의에서 직원들이 쏟아내는 용어들을 들으면서 '어디서부터 질문을 시작해야 할지도 모르겠다'는 막막함이죠. 이런 상황에서는 오히려 침묵을 선택하게 되고, 그러다 보니 더욱 소외감을 느끼게 됩니다.

세 번째, 학습에 대한 부담감

"우리 세대는 엑셀 하나 익히는 데도 상당한 시간을 투자했는데, 또 다른 기술 체계를 처음부터 배워야 한다는 것이 부담스럽습니다."

여기엔 현실적인 고민이 숨어있어요. 일단 시간이 부족합니다. 직원들은 퇴근 후나 주말에 유튜브 강의를 보며 새로운 기술을 익힐 수 있지만, 40~50대 리더들은 가정과 업무 그리고 기존 책임들로 이미 하루가 빠듯하거든요. 더 솔직하게 말하면 체력적인 부담도 있어요.

'20대 때처럼 밤새워 공부할 체력도 없고, 집중력도 예전 같지 않은데 과연 따라갈 수 있을까?' 하는 현실적인 우려죠. 게다가 학습 효율성에 대한 의문도 큽니다.

'과연 이 나이에 새로운 기술을 배워서 디지털 네이티브만

큼의 수준에 도달할 수 있을까? 투자한 시간만큼 성과를 낼 수 있을까?'라는 생각이 들면서 학습 동기 자체가 떨어질 수 있습니다. 결국 '배워야 한다'는 압박감은 있는데 '어떻게, 언제, 얼마나'에 대한 구체적인 계획은 세우기 어려운 딜레마에 빠지게 됩니다.

네 번째, 변화에 대한 피로감

"PC 혁명, 인터넷 혁명, 모바일 혁명을 거쳐 이제 AI 혁명까지 끊임없는 기술 변화의 연속입니다."

정말 솔직한 고백이었어요. 40~50대 리더들은 이미 수차례 기술 변화를 경험했거든요. 손으로 쓰던 보고서를 타자기로, 타자기를 컴퓨터로, 이메일 도입, 모바일 오피스, 클라우드 시스템으로… 그때마다 새로 배우고 적응했어요. 그런데 이번에는 뭔가 다르다는 느낌이 든다고 해요.

"예전 변화들은 도구가 바뀌는 정도였는데, AI는 사고방식 자체를 바꿔야 하는 것 같아요."

한 임원은 평생 마라톤을 뛰어와 결승선이 보이는 시점에, 갑자기 새로운 코스가 추가되는 것 같은 피로감을 호소했습니다.

더 깊이 들여다보면, 과거의 변화들은 대부분 점진적이었어요. 몇 년에 걸쳐 천천히 도입되면서 적응할 시간이 있었죠.

하지만 AI 시대는 급격하고 전면적입니다. 3개월이 과거의 1년과 맞먹는다잖아요. 그러니 하루아침에 업무 방식 전체가 바뀔 수 있다는 불안감이 있는 거예요. 게다가 이제는 '안정'에 대한 갈망이 더 커졌어요. '이제 좀 편하게 일하고 싶은데, 또 새로운 걸 배워야 한다니…' 버거운 마음이 드는 거죠. 젊을 때는 변화가 성장의 기회였다면, 지금은 변화가 부담으로 느껴지는 상황입니다.

다섯 번째, 책임에 대한 부담감

"AI를 도입하자고 했다가 문제가 생기면 누가 책임지죠? 'AI가 그랬다.'라고 말할 수는 없잖아요."

이게 바로 리더들이 직면한 가장 본질적인 딜레마예요. AI 시스템이 내린 판단에 최종 책임은 여전히 리더가 져야 하는데, 정작 그 판단의 근거는 명확히 이해하기 어려운 상황이 벌어지고 있거든요.

전통적인 의사결정에서는 리더가 직접 정보를 분석하고, 자신의 경험을 바탕으로 판단했기 때문에 결과에 대해서도 "이런 이유로 이렇게 결정했다."라고 명확히 설명할 수 있었습니다. 그러나 AI가 개입된 의사결정에서는 새로운 딜레마가 생깁니다. AI가 제시한 결론은 분명하지만, 그 결론에 이르는 과정을 투명하게 밝히기 어려운 '블랙박스' 특성이 리더의 설명 책임과 충돌하게 되는 것이죠.

더 복잡한 건 책임 분산의 애매함이에요. AI가 잘못된 분석을 했다면 AI 개발사 책임인가요? AI에 잘못된 데이터를 제공했다면 데이터 관리 부서 책임인가요? 아니면 AI 결과를 맹신한 리더의 책임인가요? 이런 애매한 책임 구조 속에서 리더들은 뭔가 문제가 생기면 결국 모든 걸 뒤집어쓰게 될 거라는 불안감을 느끼게 됩니다.

특히 리더들이 가장 부담스러워하는 건 설명 불가능성이에요. 고객이나 상급자, 심지어 팀원들에게 왜 그런 결정을 내렸냐고 물어볼 때, "AI가 그렇게 분석했다."라는 대답으로는 충분하지 않거든요. 결국 리더는 AI의 판단을 자신의 언어로 번역해서 설명해야 하는데, 그 과정에서 원래 AI 분석의 정확성이 왜곡될 수도 있고, 잘못 이해했을 가능성도 있어요. 어떤 결과는 실제 AI 자신도 왜 그런 결과를 내놓았는지 설명 불가능한 것도 있습니다.

이런 상황에서 많은 리더들이 선택하는 건 과도한 보수주의입니다. 결국, 최종 결정은 기존 방식대로 안전한 길을 택하는 거죠. 하지만 이것도 딜레마예요. AI의 도움을 받지 않으면 경쟁에서 뒤처질 수 있고, 받으면 통제할 수 없는 리스크를 떠안게 되니까요.

이 모든 고민을 들여다보니 하나의 공통점이 보입니다. '리더십 권위에 대한 불안감, 세대 간 소통의 어려움, 학습에 대한 부담감, 변화에 대한 피로감, 책임에 대한 부담감' 이러한 다섯 가지 고민의 뿌리에는 모두 같은 두려움이 숨어있어요.

'내가 가치 없는 사람이 되는 것은 아닐까?'

AI가 더 정확하고, 더 빠르고, 더 효율적이라면 과연 '나'라는 존재는 무엇인가? 평생 쌓아온 경험과 직감 그리고 사람을 이끄는 능력들이 정말 무의미해지는 건 아닌가?

직원들이 AI를 자유자재로 다루는 모습을 보면서, 자신만 시대에 뒤처진 것 같은 소외감을 느끼는 것도 결국 같은 맥락이에요.

'내 자리가 사라지는 것 아닐까?', '내가 더 이상 필요한 사람이 아닌 것 같아.' 하는 근본적인 불안감 말이죠.

최근 AI 관련 도서의 주요 독자층이 중장년층에 집중되어 있다는 점은, 이러한 고민이 개인의 문제가 아닌 세대의 과제임을 보여줍니다. 실제로 2025년 3월에 출간된 AI 서적 『듀얼 브레인』의 경우 40대와 50대 구매자가 전체의 60% 가까이 차지했다는 점에서도 이를 확인할 수 있습니다. 여기서 중요한 질문을 던져봐야 해요.

"우리는 AI 전문가가 되어야만 살아남을 수 있는 걸까요?"

복잡한 알고리즘을 이해하고, 최신 AI 트렌드를 따라가고, 프롬프트 엔지니어링 기법을 모두 익혀야 하는 걸까요? 사실 답은 여러분이 생각하는 것보다 훨씬 단순할 수 있습니다.

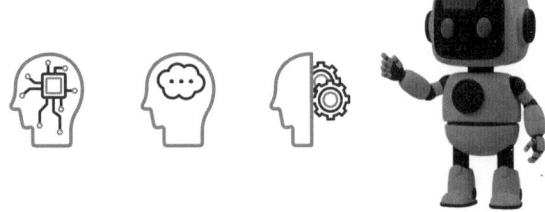

AI 전문가가 될 필요 없는 이유

제조업체 인사 본부장인 박현우 상무(51세)는 회사에서 'AI 전담팀'을 만들라는 지시를 받았습니다. CEO가 직접 내린 미션이었죠.

"박 상무, 우리도 AI 전환 시대에 뒤처지면 안 되잖아. 자네가 AI 전문가들 좀 모아서 팀을 꾸려봐."

박 상무는 당황했습니다.

'AI 전문가라니, 나부터 AI가 뭔지 제대로 모르는데….'

우선 인사팀에 지시하여 채용 공고를 냈습니다. 'AI 전문가', '머신러닝 엔지니어', '데이터 사이언티스트' 등 화려한 타이틀들이 즐비했어요. 그런데 IT 팀장을 비롯하여 관련 부서장들과 함께 면접하면서 더 혼란스러워졌습니다.

"텐서플로우TensorFlow와 파이토치PyTorch 중 어떤 프레임워크를 선호하시나요?"

"갠GAN과 브이에이이VAE의 차이점에 관해 설명해 주세요."

"트랜스포머Transformer 아키텍처architecture의 어텐션 메커니즘attention mechanism은 어떻게 작동하나요?"

주무 면접관인 박 상무는 이해할 수 없는 외계어를 듣고 있는 기분이었어요. 그래도 우여곡절 끝에 AI 전문가 3명을 채용했습니다.

3개월 후, 첫 번째 AI 프로젝트 보고회가 있었습니다. AI 팀장이 발표를 시작했어요.

"저희가 개발한 딥러닝DeepLearning 모델의 정확도는 94.7%입니다. 씨앤앤CNN과 알앤앤RNN을 하이브리드로 구성해서 피쳐 익스트랙션feature extraction과 시퀀스 모델링sequence modeling을…."

10분간 발표를 들은 박 상무는 뭔가 퍼뜩 떠올라 한 가지만 물어봤습니다.

"그래서 이게 우리 비즈니스에 어떤 도움이 되는 거죠?"

AI 팀장이 잠시 멈칫했습니다.

"아… 그건… 비즈니스팀과 협의해서…."

"잠깐만요. 94.7% 정확도라고 하셨는데, 나머지 5.3%는 어떻게 되는 건가요? 우리가 고객과 계약할 때 '가끔 틀릴 수도 있습니다.'라고 말할 건가요?"

"그건……."

"그리고 이 모델이 틀렸을 때 누가 어떻게 알 수 있죠? 제가 직장 생활 내내 비즈니스 현장에서 본 건 이겁니다. 아무리 좋은 시스템도 사람이 신뢰하지 않으면 결국 안 쓰게 돼요."

박 상무는 잠시 생각하더니 계속 물었습니다.

"그런데 정말 궁금한 게 있어요. 이 기술이 우리 직원들의 일하는 방식을 어떻게 바꾸는 건가요? 더 편해지는 건지, 아니면 더 복잡해지는 건지… 그리고 혹시 문제가 생겼을 때 우리 팀에서 직접 해결할 수 있는 건가요? 아니면 계속 외부 전문가에게 의존해야 하는 건가요?"

박 상무는 질문을 이어서 했습니다.

"또 하나, 3년 후에 더 좋은 기술이 나오면 이 시스템은 어떻게 되는 거죠? 지금 투자한 게 헛돈이 되는 건 아닌가요?"

"……."

박 상무는 그 순간 깨달았습니다.

'조직에 필요한 것은 AI를 비즈니스 맥락에서 전략적으로 활용할 수 있는 리더십이구나.'

이 이야기는 많은 기업에서 실제로 벌어지고 있는 일이에요. AI 전문가를 뽑으면 모든 게 해결될 거라고 생각하지만, 현실은 그렇지 않거든요. 최근 연구 결과들을 보면 AI 프로젝트 실패 대부분이 기술적 이슈가 아닌 비즈니스 전략과 조직 관리 문제 때문으로 나타나고 있어요.

그렇다면 리더에게 AI 전문 지식이 필수적이지 않은 이유는 무엇일까요?

첫 번째, 실무 지식보다 사업 전략적 관점이 더 필요

박 상무가 던진 질문들을 다시 보세요.
"94.7% 정확도에서 나머지 5.3%는 어떻게 되는 건가요?", "직원들이 신뢰하지 않으면 결국 안 쓰게 되지 않나요?", "3년 후에 더 좋은 기술이 나오면 지금 투자가 헛돈이 되는 건 아닌가요?" 이런 질문들은 텐서플로우나 딥러닝 알고리즘을 몰라도 던질 수 있어요. 오히려 기술에 매몰되지 않았기 때문에 가능한 질문들이죠.

AI 전문가는 '기술적으로 어떻게 구현할 것인가'에 집중하지만, 리더는 '이 기술이 우리 비즈니스에 진짜 도움이 되는가'를 봐야 합니다. 실제로 많은 AI 프로젝트가 기술적으로는 성공했지만, 비즈니스적으로는 실패하는 경우가 빈번해요. 아무리 뛰어난 AI 기술도 현실의 비즈니스 맥락에 맞지 않으면 무용지물이죠. 삼성SDS(2025)는 "결국 에이전틱 AI도 기술이 아닌, 사람이 핵심이다!"라는 제목의 인사이트 리포트에서 '진정 디지털 전환은 언제나 기술 자체가 아닌 사람과 프로세스에 중심을 두고 이루어져야 한다'고 강조했는데, 바로 이런 맥락입니다.

두 번째, AI 내부 구조보다 활용 효과가 더 중요

자동차 운전에 엔진의 내부 구조 이해가 필수가 아니듯, AI 활용에도 알고리즘의 세부 작동 원리보다는 효과적 활용 방법이 더 중요합니다. 중요한 건 '이 AI가 내 업무에 어떤 도움이 되는가'입니다. 고객 분석이 더 정확해지는가? 의사결정 속도가 빨라지는가? 직원들의 업무 부담이 줄어드는가? 이런 효용을 인지하고 평가하는 능력이 알고리즘을 이해하는 것보다 훨씬 가치 있어요.

흥미로운 연구 결과가 있어요. 2024년 BCG에서 컨설턴트들을 대상으로 한 실험에서, 평균 이하의 컨설턴트가 AI를 사용했을 때 43%의 성과 향상을 보인 반면, 평균 이상의 컨설턴트는 17%만 이점을 얻었다고 해요. 하지만 이는 AI가 잘하는 작업의 경우였고, AI의 역량을 넘어서는 작업에서는 오히려 성과가 감소했어요. 이 연구가 시사하는 바는 명확합니다. AI의 적용 가능 영역과 한계를 정확히 판단하는 능력이야말로 AI 시대 리더의 핵심 역량입니다.

세 번째, AI 시스템보다 인간이 만든 시스템이 더 중요

아무리 좋은 AI 기술도 그것을 운영하는 정책, 절차, 문화가 뒷받침되지 않으면 제대로 작동하지 않아요. 앞서 리더의 고민이 있었죠.

"AI가 이런 추천을 했는데 우리가 그대로 따라야 하나?", "AI 판단과 인간 판단이 다를 때는 어떻게 하지?", "AI가 실수했을 때 책임은 누가 져야 하나?" 이런 문제들은 모두 기술이 아닌 조직 운영의 문제예요. 박 상무가 "아무리 좋은 시스템도 사람이 신뢰하지 않으면 결국 안 쓰게 된다."라고 한 말이 바로 이걸 의미해요.

기술 자체보다는 그 기술을 받아들이고 활용하는 조직 문화와 시스템을 만드는 게 리더의 진짜 역할입니다. 많은 기업이 AI를 기술 프로젝트로만 접근하다가 실패하는 이유가 바로 여기에 있어요. AI는 비즈니스 혁신이어야 하는데, 기술 구현에만 집중하다 보니 정작 중요한 거버넌스와 관리 체계를 놓치는 거죠.

네 번째, AI 트렌드보다 조직 비전이 더 중요

AI 기술은 너무 빨리 변해요. GPT-3에서 GPT-4로, 다시 다음 모델로… 최신 트렌드를 쫓아가려다 보면 끝이 없어요. 조직의 비전과 방향성은 기술 트렌드에 휘둘려서는 안 됩니다.

"우리 조직이 추구하는 가치는 무엇인가?", "AI를 통해 궁극적으로 달성하고 싶은 목표는 무엇인가?", "고객과 직원들에게 어떤 가치를 제공할 것인가?" 이런 근본적인 질문에 대한 답이 먼저 있어야 AI 도입 방향도 정해질 수 있어요.

마이크로소프트의 사티아 나델라 Satya Nadella CEO가 좋은 예시입니다. 그는 CEO로 취임하며 "우리는 왜 존재하는가?", "이 기술은 인류에 어떤 선한 영향을 줄 수 있는가?" 같은 본질적 질문들을 던지며, 마이크로소프트의 사명을 '지구상의 모든 사람과 조직이 더 많은 것을 성취할 수 있도록 역량을 강화한다'로 재정립했어요.

다섯 번째, AI 전문성은 외부에서 조달할 수 있지만 리더십은 대체 불가능

AI 기술자는 고용하거나 외주로 해결할 수 있어요. 하지만 조직의 방향을 설정하고, 구성원들을 동기부여하고, 위기 상황에서 결단을 내리는 건 리더만 할 수 있는 일입니다.

희소성의 원리를 생각해 보세요. 경영 자원의 효율적 배분 관점에서, 대체할 수 있는 기술 습득보다는 리더 고유의 역량 강화에 집중하는 것이 전략적으로 타당합니다. AI 기술은 분업으로 해결하고, 리더는 리더만 할 수 있는 일에 집중하는 거죠.

특히 AI 시대에는 '인간다움'의 가치가 더욱 중요해지고 있어요. 공감과 소통에 기반한 리더십, 윤리적 판단력, 복잡한 상황에서의 맥락 이해 능력… 이런 건 AI가 대체할 수 없는 리더의 고유 영역이에요. 이 부분은 앞으로의 챕터들에서 본격적으로 다룰 예정입니다.

여섯 번째, 조금 아는 게 더 위험

물론 기본적인 AI 상식은 있어야 하겠죠. 그러나 AI에 대해 반쪽짜리 지식으로 직접 AI를 다루려다가 더 큰 실수를 할 위험이 있어요. "조금 아는 게 더 위험하다."라는 말이 딱 들어맞는 상황이죠.

IT 전문가들도 경고하고 있어요. "AI는 발명이 아니라 발견에 가깝다."라고 말이에요. 구조적으로 왜 특정 결과가 나오는지 완전히 밝혀내지 못한 상태에서, 경험적으로만 검증할 수 있는 기술이거든요. 이런 기술을 반쪽짜리 지식으로 다루려다가는 예상치 못한 문제가 생길 수 있어요. 차라리 "나는 AI 기술을 잘 모른다."라고 솔직하게 인정하고 전문가와 협업하는 게 더 안전하고 효과적입니다. 리더의 역할은 AI를 직접 다루는 게 아니라, AI 전문가들이 올바른 방향으로 일할 수 있도록 가이드를 제시하는 거예요.

제가 아는 한 C 레벨의 경영자는 이렇게 말했어요.
"나는 AI가 어떻게 작동하는지 몰라. 하지만 우리 회사에 AI가 어떤 변화를 가져올지, 어떤 위험이 있을지, 어떻게 준비해야 할지는 안다고 생각해."

기술은 도구일 뿐입니다. 그 도구를 누가 어떻게 쓰느냐가 진짜 중요한 거죠. 여러분은 AI 전문가가 될 필요 없어요. 대신 AI를 현명하게 활용하는 리더가 되면 됩니다. 챗GPT ChatGPT 를 써서 신속하게 보고서를 생성하는 능력도 중요하지만, 그 내용의 타당성을 평가하고 비즈니스 맥락에서 방향을 제시할 수 있는 리더의 판단력이 더욱 핵심적인 가치입니다.

다음 장에서는 구체적으로 AI에 대해 리더가 꼭 알아야 할 기본 지식을 살펴보겠습니다. 복잡한 기술적 세부 사항보다 리더의 의사결정에 필요한 핵심 개념과 실무 활용 관점을 중심으로 다루겠습니다.

내용 요약

- 김 부장 사례로 드러나는 AI 시대 40~50대 리더들의 현실적 고민: 리더십 권위 위축, 세대 간 소통 단절, 학습 부담, 변화 피로감, 책임 부담의 복합적 위기

- 모든 불안감의 뿌리는 "내가 가치 없는 사람이 되는 것 아닐까?"라는 존재론적 두려움이며, 이는 자연스러운 인간의 반응

- 박 상무 사례를 통한 AI 전문가 불필요론: 사업 전략적 관점, 활용 효과 중심 사고, 인간 중심 시스템 구축, 조직 비전 우선, 리더십 고유성, 협업의 지혜가 핵심

| 성찰 질문 |

1. 내가 AI 앞에서 느끼는 불안감의 정체는 무엇인가?

2. 비즈니스 관점에서 AI에 던질 수 있는 나만의 질문 영역은 무엇인가?

3. 팀의 AI 도입 저항을 어떻게 학습 기회로 전환할 수 있을까?

2
지식

: 아는 척 vs 묻는 용기

> 진짜 리더는 모든 것을 아는 사람이 아니라,
> 모르는 것을 인정하고
> 배우려는 용기를 가진 사람이다.

비전문가를 위한 AI 역사

현재의 AI 혁명을 이해하려면 핵심 전환점 3가지만 알면 됩니다. 1950년 튜링의 "기계가 생각할 수 있는가?"라는 질문, 2012년 딥러닝의 돌파구 그리고 2022년 챗GPT의 등장입니다.

첫 번째 전환점, 1950년 튜링의 질문

영국의 수학자 앨런 튜링Alan Turing은 제2차 대전 중 독일군의 에니그마Enigma 암호를 해독해 연합군 승리에 결정적 역할을 한 영웅이었습니다. 그의 암호 해독 덕분에 전쟁이 2년 일찍 끝났고, 1,400만 명의 목숨을 구했다고 해요. 하지만 당시 영국에서는 동성애가 범죄였고, 1952년 동성 관계가 발각된 튜링은 기소되어 화학적 거세를 당했습니다. 결국 1954년, 41세의 나이에 청산가리가 든 사과를 먹고 비극적 생을 마감했습니다. 훗날 애플Apple의 로고가 한 입 베어 문 사과인 건 우연의 일치일까요?

　튜링이 남긴 "기계가 생각할 수 있는가?"라는 질문은 그의 죽음과 함께 묻히는 듯했습니다. 하지만 2년 후, 이 질문에 대한 구체적인 답을 찾으려는 시도가 시작되었습니다. 1956년 다트머스 회의에서 구체적인 형태를 갖추었습니다. 존 매카시John McCarthy, 마빈 민스키Marvin Minsky 등 젊은 과학자들이 모여 "인공지능Artificial Intelligence"이라는 용어를 처음 만들어냈고, 로직 세어리스트Logic Theorist라는 첫 AI 프로그램을 선보였습니다. 흥미롭게도 매카시는 나중에 AI 프로그래밍의 기본 언어인 리스프LISP도 개발했어요. 당시 민스키는 "3년에서 8년 안에 컴퓨터가 평범한 인간만큼 똑똑해질 것"이라고 장담했는데, 지금 보면 너무 낙관적이었죠.

　1950년대부터 1970년대 초까지 AI는 나름 놀라운 성과를 보였습니다. 1959년 IBM의 아서 사무엘Arthur Samuel이 만든 체커Checkers 프로그램은 스스로 학습해서 결국 자신의 개발자를 이겼고, 클로드 섀넌Claude Shannon이 만든 세계 최초의 로봇 마우스 테세우스Theseus는 미로를 스스로 학습해서 빠져나왔어요. 하지만 1960년대 후반부터 이상한 한계가 드러나기 시작했습니다. 컴퓨터는 체스나 수학 문제 같은 어려운 일은 잘하는데, 정작 3살짜리 아이가 쉽게 하는 "이게 개야, 고양이야?" 같은 질문에는 전혀 답을 못했거든요. 더 황당한 건, 로봇이 복잡한 공장 조립은 할 수 있는데 계단을 오르내리거나 문고리를 돌리는 것 같은 기본적인 동작을 못 했다는 거예요.

이를 나중에 "모라벡의 역설Moravec's Paradox"이라고 부르게 되었는데, 한스 모라벡Hans Moravec이라는 로봇공학자가 발견한 현상이에요. 그는 "인간에게 어려운 것은 컴퓨터에게 쉽고, 인간에게 쉬운 것은 컴퓨터에게 어렵다."라고 정리했습니다. 왜 이런 일이 벌어질까요?

생각해 보세요. 체스나 수학은 인간이 문명을 발달시키면서 비교적 최근에 만든 고급 기능이에요. 반면 걷기, 보기, 듣기, 언어 이해 같은 건 수백만 년에 걸쳐 진화로 다듬어진 기본 기능들이죠. 마치 최신 아이폰의 고성능 칩으로는 복잡한 게임을 돌릴 수 있지만, 정작 배가 고프다는 느낌이나 엄마 얼굴을 알아보는 일은 못 하는 것과 같아요.

이 역설 때문에 1970년대 AI 연구자들은 큰 좌절을 겪었어요. "컴퓨터가 체스 챔피언을 이길 수 있다면 곧 모든 면에서 인간을 뛰어넘겠지."라고 생각했는데, 현실은 정반대였거든요. 이 문제는 지금도 완전히 해결되지 않았어요. 챗GPT가 변호사 시험은 통과하지만 여전히 "몇 개의 R이 strawberry에 들어있나?"라는 질문에는 틀린 답을 하는 경우가 있거든요.

1973년 영국의 제임스 라이트힐James Lighthill 보고서는 더 신랄했습니다. "AI 연구는 완전한 실패작이다."라는 결론으로 1974년부터 1980년까지 첫 번째 'AI 겨울AI Winter'이 시작되었습니다. 이 암울한 시기에도 포기하지 않은 한 사람이 있었습니다. 바로 제프리 힌턴Geoffrey Hinton입니다. 그의 외고조할아버지는 부울 대수Boolean Algebra로 유명한 조지 부울George Boole이었어요. 힌턴은 1970년대부터 인간의 뇌세포가 연결된 방식을 모방한 '신경망Neural Networks' 연구를 해왔습니다. 쉽게 말하면 우리 뇌의 뉴런들이 서로 연결되어 정보를 주고받는 것처럼, 컴퓨터 안에서도 수많은 작은 계산 단위들을 연결해서 복잡한 패턴을 학습하게 만드는 기술이었어요. 하지만 오랫동안 학계에서는 이단아 취급을 받았습니다.

그런데 1980년대 들어 AI에 다시 기회가 왔습니다. 이번에는 '전문가 시스템Expert Systems'이라는 새로운 접근법이었죠. 1978년 카네기멜론 대학의 존 맥더못John McDermott이 개발하여 1980년부터 상용화한 시스템(나중에 엑스콘XCON이라 불림)이 당시 유명한 컴퓨터 회사인 DECDigital Equipment Corporation에 도입되어 6년간 총 4천만 달러를 절약하며 AI 역사상 첫 번째 상업적 대성공을 기록했습니다. 이 시스템이 해결한 문제를 쉽게 설명하면 이래요. 당시 DEC 회사의 백스VAX 컴퓨터는 레고 블록처럼 100개가 넘는 부품들을 고객 요구에 맞춰 조합해야 했는데, 이게 정말 골치 아픈 일이었거든요. 마치 자동차 딜러가 고객이 원하는 옵션에 따라 엔진, 변속기, 에어컨,

오디오 등을 조합하는데, 잘못 조합하면 호환이 안 되거나 성능에 문제가 생기는 것과 같았어요. 숙련된 기술자도 자주 실수했고, 잘못 조합하면 고객한테 무료로 부품을 더 줘야 했죠.

엑스콘XCON은 이런 복잡한 조합 문제를 '만약 ~이라면 ~하라'는 2,500개의 규칙으로 해결했어요. 예를 들어 '만약 고객이 듀얼 포트 디스크 드라이브를 주문했고, 그에 맞는 컨트롤러가 2개 있고, 둘 다 사용 가능하다면, 디스크 드라이브를 각각의 컨트롤러에 할당하라'는 식으로요. 마치 요리 레시피북에 '만약 스테이크를 주문했고, 고객이 웰던을 원한다면 7분간 굽고, 미디엄을 원한다면 5분간 구워라'처럼 상세한 규칙들이 2,500개나 들어있는 것과 같았습니다. 결과는 놀라웠어요. 95~98%의 정확도로 8만 건의 주문을 처리하면서 연간 4천만 달러를 절약한 거죠. 1985년까지 기업들이 AI에 10억 달러 이상을 투자했고, 같은 시기 스탠퍼드의 마이신MYCIN은 69%의 정확도로 혈액 감염을 진단해 의사들보다 뛰어난 성과를 보였습니다.

1981년 일본이 정부 차원에서 8억 5천만 달러를 '5세대 컴퓨터 프로젝트Fifth Generation Computer Project'에 투자하겠다고 선언하며 전 세계가 AI 경쟁에 뛰어들었습니다. 심볼릭스Symbolics 같은 회사들이 AI 전용 컴퓨터를 만들어 기본 10만 달러부터 시작하는 고가 시장을 형성했어요. 재미있게도 심볼릭스는 ".com"이라는 인터넷 도메인을 최초로 등록한 회사이기도 합니다.

하지만 1987년 재앙이 닥쳤습니다. IBM과 애플이 만든 일반 컴퓨터가 더 저렴하면서도 성능이 좋아지면서 5억 달러 규모의 AI 하드웨어 산업이 순식간에 사라졌어요. 전문가 시스템들도 유지 보수의 어려움으로 한계를 드러냈고, 1990년대 초반까지 이어진 이 시기를 '두 번째 AI 겨울'이라고 합니다.

1990년대와 2000년대 초반, 겉보기엔 조용했지만 실제로는 엄청난 변화가 일어나고 있었습니다. 인터넷이 보편화되면서 데이터가 폭증했고, 컴퓨터 성능도 기하급수적으로 향상되었어요. 1997년 IBM의 딥 블루Deep Blue가 체스 세계 챔피언 가리 카스파로프Garry Kasparov를 이겼고, 2011년에는 왓슨Watson이 퀴즈쇼 제퍼디Jeopardy!에서 인간 챔피언들을 이겼습니다. 2009년에는 페이페이 리Fei-Fei Li 교수가 주도한 이미지넷ImageNet이라는 거대한 이미지 데이터베이스가 공개되어 나중에 AI 발전의 핵심 인프라가 되었지요.

2012년 딥러닝의 돌파구

이 시기 힌턴은 여전히 외롭게 신경망 연구를 계속하고 있었습니다. 2006년 그는 "딥러닝Deep Learning"이라는 새로운 개념을 제시했는데, 이는 신경망을 여러 층으로 깊게 쌓아서 더 복잡한 패턴을 학습하게 만드는 기술이었어요. 마치 어린아이가 처음엔 간단한 도형을 구분하다가, 점점 복잡한 그림을 이해하고, 나중엔 추상적인 개념까지 파악하게 되는 것처럼 말이에요. 당시에는 아무도 주목하지 않았어요. 하지만 2012년, 드디어 힌턴의 30년 고생이 빛을 발하는 순간이 왔습니다. 그의 제자들인 알렉스 크리제프스키Alex Krizhevsky와 일야 수츠케버Ilya Sutskever가 개발한 알렉스넷AlexNet이 이미지넷ImageNet 대회에서 모든 걸 바꿨어요. 기존 최고 성능 오류율 26%를 단숨에 15.3%로 떨어뜨린 것입니다. 마치 100미터 달리기 세계기록이 9.58초에서 갑자기 8.30초가 되는 것과 같은 충격이었어요.

일반 대중에게 AI의 실체를 각인시킨 것은 2016년 3월의 알파고AlphaGo 대 이세돌 바둑 대결이었습니다. 구글 딥마인드Google DeepMind의 데미스 하사비스Demis Hassabis가 이끄는 팀이 개발한 알파고는 인간이 4,000년간 축적한 바둑의 지혜를 단 몇 달 만에 습득했습니다. 더 놀라운 것은 자기 자신과 3,000만 번 대국하면서 스스로 학습하는 '강화 학습Reinforcement Learning'으로 인간이 생각하지 못한 새로운 수법을 발견한 것입니다. 이는 피아니스트가 혼자 연습실에서 거울을 보며 수백만 번 연습해서 인간이 한 번도 연주하지 못한 새로운 연주법을 스스로 터득하는 것과 같았어요. 특히 2국에서 알파고가 둔 37번째 수는 '만분의 일 확률'의 창의적 수로 전 세계를 놀라게 했습니다. 4국에서 이세돌 9단이 역시 만분의 일 확률의 '신의 한 수' 78번째 수로 알파고의 실수를 파고들어 승리했을 때, 전 세계는 "역시 인간의 직감과 창의성이 AI를 이겼다."라며 환호했습니다.

그런데 1년 후 더 충격적인 일이 벌어졌습니다. 알파고의 후속작인 알파고 제로AlphaGo Zero는 인간의 바둑 기보를 전혀 학습하지 않고, 바둑의 기본 규칙만 알려준 채 스스로와 대국하면서 학습했습니다. 결과는 놀라웠습니다. 알파고 제로는 3일 만에 이세돌을 이긴 알파고를 압도했고, 21일 만에 역대 최강의 알파고 마스터를 100:0으로 완파했습니다. 중국 최고수 커제Ke Jie 9단이 "인류가 수천 년간 발전시켜 온 정석이 모두 틀렸다는 것을 컴퓨터가 증명했다."라고 말했을 정도였어요.

이 실험은 AI가 단순히 인간의 지식을 모방하는 것이 아니라, 인간을 뛰어넘는 새로운 지식을 창조할 수 있음을 보여줬습니다. 실제로 알파고의 영향은 지금까지 이어지고 있습니다. 2025년 3월 극장 개봉 후 5월 넷플릭스에서 공개된 영화 '승부'는 한국 바둑계의 전설적 인물인 조훈현과 이창호 이야기를 다뤘는데, 아이러니하게도 이제는 프로기사들조차 AI의 도움 없이는 최고 수준의 바둑을 두기 어려운 시대가 되었습니다.

진짜 변곡점은 2017년이었습니다. 구글의 연구진 8명이 '주의 집중만 있으면 된다: 어텐션 이즈 올 유 니드Attention Is All You Need'라는 제목의 논문을 발표했습니다. 이 제목은 재미있게도 비틀즈Beatles의 '올 유 니드 이즈 러브All You Need Is Love'

에서 따온 것이었습니다. 논문의 주인공들인 아시시 바스와니Ashish Vaswani, 노암 샤지어Noam Shazeer 등 8명의 연구자가 개발한 '트랜스포머Transformer'라는 기술이 현재 챗GPTChatGPT, 지피티GPT-4 등 모든 대화형 AI의 기반이 되었습니다. 트랜스포머는 문장의 각 단어가 다른 단어들과 어떤 관계에 있는지 동시에 파악하는 기술인데, 마치 오케스트라에서 각 악기가 다른 악기들과 어떻게 조화를 이루는지 지휘자가 한 번에 알아차리는 것과 비슷해요.

흥미롭게도 "트랜스포머"라는 이름을 선택한 이유는 단순히 '그 단어의 소리가 좋아서'였고, 초기 설계 문서에는 트랜스포머 로봇 캐릭터 6개가 그려져 있었다고 합니다. 더욱 흥미로운 것은 이 혁신적 기술을 개발한 연구진 중 상당수가 이후 구글을 떠나 바스와니는 에센셜 AI Essential AI, 샤지어는 캐릭터 AI Character AI를 창업했다는 점입니다. 그리고 힌턴의 제자이기도 한 일야 수츠케버Ilya Sutskever는 2024년 5월 오픈AI를 떠나 세이프 슈퍼인텔리전스Safe Superintelligence SSI라는 회사를 창업했는데, 2025년 메타Meta가 무려 44조 원 가치로 평가되는 이 회사를 통째로 인수하려 했지만 수츠케버는 단호히 거절했습니다. 메타는 보상 패키지 한화 약 2조 원으로 수츠케버의 개인 영입도 시도했지만 역시 실패했죠. '안전한 초지능을 구축하는 것'을 최우선 목표로 세운 수츠케버는 상업적 압력에서 벗어나 순수한 연구에 집중하겠다는 의지를 보여준 것입니다.

2018년 오픈AI OpenAI가 발표한 GPT-1은 작은 모델이었지만, 점점 규모가 커지기 시작했어요. GPT-1은 매개변수 Parameter 가 1.17억 개였는데, 이를 책으로 비유하면 두꺼운 백과사전 10권 정도의 지식 양이었어요. 여기서 "매개변수"라는 건 AI가 학습한 지식의 양이라고 생각하시면 됩니다. 상세한 내용은 다음 절에서 다루겠습니다.

2019년 발표된 GPT-2는 15억 개로 10배 커져서 백과사전 100권 수준이 되었고, 2020년 GPT-3는 1,750억 개로 또다시 100배 커져서 대형 도서관 전체의 지식을 담은 수준이 되었습니다. GPT-3를 만드는 데 든 비용이 1,200만 달러였는데, 이는 마치 세계 최고의 박사들 1,000명을 1년간 고용해서 인류의 모든 지식을 정리하게 한 것과 같은 규모였어요. 실제로 인터넷에 있는 텍스트 45TB를 학습했는데, 이는 위키피디아 Wikipedia 영문판 전체의 20배가 넘는 양이었습니다.

2022년 챗GPT의 등장

마침내 2022년 11월 30일, 오픈AI가 GPT-3.5를 기반으로 한 대화형 AI 챗GPT Chat GPT를 세상에 내놓았습니다. 역사적인 날이죠. 그런데 성장 속도가 얼마나 무시무시한지 아세요? 출시 5일 만에 100만 명, 2개월 만에 1억 명이 사용했다는 거예요. 이게 얼마나 빠른 속도인지 비교해 보면, 전화가 같은 수준에 도달하는 데 75년, 라디오가 38년, 텔레비전이 13년, 인터넷도 4년이나 걸렸거든요.

지금 포춘Fortune 500대 기업의 92% 이상이 오픈AI 플랫폼을 사용하고 있어요. 여러분 회사의 경쟁사들은 이미 AI로 뭔가 하고 있다는 거예요. 더 놀라운 건 운영 비용인데, 챗GPT 하루 운영비만 70만 달러라고 해요. 우리 돈으로 약 9억 6,600만 원. AI에 묻는 것 하나당 36센트씩이니까, 질문 10번 하면 우리 돈으로 5,000원 정도 든다는 뜻이에요. 그런데도 기업들이 미친 듯이 돈을 쓰고 있다는 건, 그만큼 효과가 확실하다는 거겠죠.

실제로 챗GPT 엔터프라이즈 사용자가 2024년 한 해 동안 10배나 늘었어요. 하버드와 MIT-BCG가 연구해 봤더니 GPT-4를 쓴 컨설턴트가 안 쓴 컨설턴트보다 실제로 더 나은 결과를 냈다고 하거든요.

2024년 9월에 오픈AI가 'o1' 모델을 발표했는데, 이게 정말 획기적이었어요. 기존 AI는 질문을 받으면 즉답을 내놓았는데, o1은 복잡한 문제를 단계별로 분석하고 추론해요. 마치 학생이 어려운 수학 문제를 풀 때 중간 과정을 차근차근 적으며 해결하는 것처럼요.

12월에는 더 진보한 'o3' 모델까지 나왔는데, 이게 인공 일반지능(AGI)으로 가는 중요한 이정표라고 해요. 실제로 한국 수능 수학 4점짜리, 과학탐구 3점짜리 문제도 풀어내는 수준이거든요. 이제 AI가 단순히 정보를 찾아주는 게 아니라 정말로 '사고'를 한다는 뜻이에요.

여기서 재미있는 가십거리를 하나 소개할게요. 오픈AI CEO 샘 알트먼 주변에 일어나는 일들인데, 이분이 화제의 중심에 서는 특별한 재능이 있어요. 가장 유명한 게 스칼렛 요한슨 사건이죠. 2024년에 챗GPT 음성 서비스 중 하나인 '스카이Sky'가 영화 <그녀Her>에서 AI 목소리를 연기한 스칼렛 요한슨과 놀랍도록 흡사하다고 논란이 일었거든요. 알트먼이 2023년 9월에 요한슨에게 챗GPT 목소리를 맡아줄 의향이 있는지 제안했는데 요한슨이 정중히 거절했어요. 그런데 몇 달 후에 자신의 목소리와 구분하기 어려울 정도로 유사한 AI 음성이 나오자, 요한슨이 상당한 충격을 받고 변호사까지 선임했다는 거예요.

또 다른 에피소드는 챗GPT의 '과도한 친화력' 문제예요. 사용자들이 뭘 물어봐도 "훌륭하네요!", "정말 대단한 질문이에요!" 하며 지나치게 아첨한다고 불만을 제기하기 시작했거든요. 결국 알트먼이 직접 나서서 "최근 챗GPT가 너무 아첨하고 성가시게 변했다. 가능한 한 빨리 수정하겠다."라고 X에 공개 사과했어요. AI도 사람 비위 맞추느라 고생이네요.

2024년은 AI 전쟁이 본격화한 해였어요. 구글이 오픈AI 발표에 맞춰서 제미나이 2.0을 내놨고, 아마존도 자체 AI 모델 노바를 선보였어요. 한편으론 3월에 유럽연합이 세계 최초로 포괄적 AI 법을 제정하는 등 규제 환경도 빠르게 정비되고 있고요.

현재 AI 도입은 IT 분야가 가장 높은 도입률을 보이며, 교육/연구, 제조업 등 모든 분야로 확산하고 있습니다. 특히 고객 서비스, 콘텐츠 생성, 데이터 분석, 코딩 지원 분야에서 즉각적인 효과를 보입니다. 블록Block, 칸바Canva, 칼라일Carlyle, 에스티 로더Estee Lauder, PwC, 재피어Zapier 같은 업계 선도 기업들이 이미 챗GPT로 운영을 간소화하고 생산성을 높이고 있어요. AI는 더 이상 실험 단계가 아니라 실제 비즈니스 성과를 내는 단계예요.

이 모든 변화의 중심에 있던 제프리 힌턴의 마지막 반전도 흥미로워요. 2023년에 구글을 떠나면서 'AI 위험성에 대해 자유롭게 발언하기 위해서' 사임을 결정했다고 했거든요. 자기가 만든 기술이 인류에게 위험할 수 있다고 경고하는 창조자의 모습이 마치 과학소설 같죠. 2024년, 그는 존 홉필드John Hopfield와 함께 AI 신경망 연구의 공로로 노벨 물리학상을 수상했습니다. 노벨 물리학상까지 받았으니, 50년 동안 외면받던 연구가 마침내 최고 영예를 받은 거예요.

지금 우리는 정말 특별한 시기에 살고 있습니다. 구글은 바드Bard, 마이크로소프트Microsoft는 코파일럿Copilot, 메타Meta는 라마LLaMA, 앤트로픽Anthropic은 클로드Claude를 내놨어요. 달리DALL-E와 미드저니Midjourney는 텍스트로 그림을 그리고,

소라Sora는 동영상을 만듭니다. 그리고 2025년 8월, 오픈AI의 샘 알트먼 CEO는 "GPT-5는 당신이 아는 그 누구보다 똑똑하다."라며 자사 역사상 가장 강력한 모델임을 선언하면서 차세대 모델 GPT-5를 출시했습니다. GPT-5는 오픈AI 최초의 추론과 비추론 통합 모델로, 빠른 답변과 깊이 있는 추론이 하나의 모델에서 모두 가능한 것이 특징이지요. 회사 매출도 2025년 127억 달러(약 15조 원)를 예상하고, 회사 가치는 3,000억 달러(약 4,170조 원)로 평가받고 있어요. 삼성전자 시가총액(4,700조 원)보다는 조금 낮지만 유사한 수준이죠.

튜링이 던진 질문에서 시작된 70년 여정이 드디어 새로운 전환점을 맞고 있습니다.

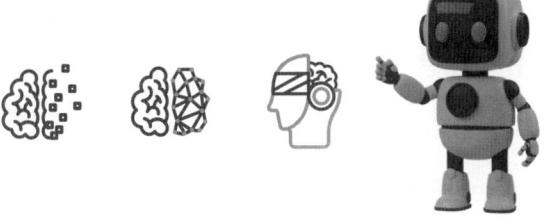

리더들이 꼭 알아야 할
AI 기본 개념

그럼 우리가 매일 쓰는 챗GPT chatGPT나 클로드 Claude 같은 생성형AI가 대체 어떻게 작동하는지 쉽게 설명하겠습니다. AI를 둘러싼 용어들이 혼재하면서 많은 리더가 혼란을 겪고 있는데, 기본적인 것부터 정리해 보겠습니다.

업무 대화에 필요한 핵심 5개

먼저 실무에서 자주 나오는 용어들부터 간단히 정리해 드리겠습니다.

1. 챗GPT, 클로드, 엑사원 등 생성형 AI
   = 똑똑한 비서 프로그램
   - 질문하면 답변해 주는 AI
   - 24시간 이용 가능
   - 때로는 틀린 답을 하기도 함

2. 프롬프트
   = AI에 주는 지시 사항
   - "보고서 써 줘" (애매함) vs "20대 고객 유치를 위한 3가지 마케팅 방안을 표로 정리해 줘" (구체적)
   - 구체적일수록 좋은 결과

3. 학습 데이터
   = AI가 공부한 자료
   - 인터넷의 책, 논문, 웹사이트로 학습
   - 2024년 이후 최신 정보는 모를 수 있음
   - 우리 회사 내부 자료는 모름

4. API
   = 다른 프로그램과 연결하는 다리
   - 우리 시스템과 AI를 연결
   - 개발팀이 설정하면 자동으로 작동
   - 비용은 사용량에 따라 차등

5. 클라우드 vs 온디바이스
   - 클라우드: 외부 서버 이용 (빠르지만 보안 고려)
   - 온디바이스: 우리 컴퓨터에서 실행 (느리지만 안전)

실무에서 자주 나오는 용어 간단 정리

- 환각 현상
  AI가 없는 사실을 그럴듯하게 만들어내는 것
- 파인튜닝
  AI를 우리 회사 업무에 맞게 추가 교육
- RAG
  AI가 답변 전에 관련 자료를 먼저 찾아보게 하는 기술
- 토큰
  AI가 처리하는 정보의 단위 (비용 계산 기준)

※ 자세한 사항은 '부록 3. 비전문가도 꼭 알아야 할 AI 용어 60선'을 참조하세요

AI의 기본 구조 이해하기

인공지능(AI)을 커다란 우산이라고 생각해 보십시오. 그 아래에 머신러닝이 있고, 머신러닝 안에 딥러닝이 있습니다. 마치 '운송수단> 자동차> 전기차'와 같은 포함 관계입니다.

인공지능은 인간의 지능을 모방하려는 모든 시도를 의미합니다. 1950년대 단순한 계산 프로그램부터 현재 챗GPT까지 모두 인공지능의 범주에 속합니다.

머신러닝은 컴퓨터가 데이터를 통해 스스로 학습하는 기술입니다. 예를 들어, 스팸 메일을 구분하는 프로그램을 만든다고 가정해 봅시다. 과거에는 프로그래머가 "제목에 '당첨'이라는 단어가 들어가면 스팸", "발신자가 unknown이면 스팸" 같은 규칙을 일일이 코딩해야 했습니다. 하지만 머신러닝은 수천, 수만 개의 스팸 메일과 정상 메일을 보여주면서 "이것들의 차이를 스스로 찾아내."라고 시킵니다. 컴퓨터는 데이터 속에서 인간이 미처 발견하지 못한 패턴까지 찾아냅니다.

딥러닝은 인간의 뇌 구조를 모방한 머신러닝 기법입니다. 뇌의 뉴런들이 층층이 연결되어 있듯이, 딥러닝도 여러 층의 '인공 뉴런'으로 구성됩니다. 층이 많을수록(deep 할수록) 더 복잡한 문제를 해결할 수 있습니다. 현재 챗GPT 같은 대형 AI는 수백 개의 층과 수천억 개의 연결로 이루어져 있습니다.

현재 우리가 사용하는 챗GPT, 클로드, 제미나이 같은 AI들은 모두 LLM(대규모 언어 모델)입니다. LLM은 Large Language Model의 줄임말인데, 쉽게 말해 엄청나게 큰 언어 처리 프로그램이라고 생각하시면 됩니다.

여러분이 신입 사원을 채용했다고 생각해 보세요. 그런데 이 신입 사원이 정말 특별합니다. 인터넷에 있는 모든 책, 신문, 논문, 블로그를 다 읽고 입사한 거예요. 위키백과도 다 외우고, 네이버 지식인 답변도 다 봤고, 심지어 여러분이 지금까지 쓴 이메일(개인정보 빼고)도 다 읽어봤습니다. 신입 사원에게 "보고서 좀 써 줘."라고 하면, 머릿속에 있는 엄청난 정보들을 조합해서 그럴듯한 보고서를 뚝딱 만들어냅니다. 마치 연수 오래된 경력자처럼 말이죠.

이 프로그램들은 수십억 개에서 수조 개의 매개변수parameter를 가진 거대한 AI 모델인데, 앞 절에서도 잠깐 언급했는데 매개변수라는 건 쉽게 말해 신입 사원의 '판단 기준'이라고 생각하시면 됩니다. 예를 들어볼게요. 여러분이 "좋은 보고서를 써 줘."라고 했을 때, 이 AI가 어떻게 판단하는지 보세요.

- 이 단어 다음에는 어떤 단어가 와야 자연스러울까?
- 이 문맥에서는 격식체가 좋을까, 구어체가 좋을까?
- 논리적 순서는 이게 맞나?

이런 판단을 내릴 때마다 수조 개의 미세한 '판단 기준'들이 작동하는 거예요. 마치 베테랑 편집자가 원고를 볼 때 "이 표현은 좀 어색한데?", "이 순서는 바꾸는 게 낫겠어." 하고 직감적으로 판단하는 것처럼요. 다만 사람은 경험에 의존하지만, AI는 이 엄청난 수의 '매개변수(판단 기준)'들이 동시에 작동해서 가장 적절한 답을 찾아내는 거죠.

여기서 말하는 매개변수는 사회과학의 매개변수와는 전혀 다른 개념입니다. AI의 매개변수는 쉽게 말해 '연결선의 강도'라고 생각하면 됩니다. 마치 우리 뇌의 뉴런들이 시냅스로 연결되어 있듯이, AI도 수많은 인공 뉴런이 연결되어 있습니다. 각각의 연결선마다 '이 연결이 얼마나 중요한가?'를 나타내는 숫자가 있는데, 이것이 바로 매개변수입니다.

예를 들어 설명해 보겠습니다. "사과는 빨갛다."라는 문장을 AI가 이해할 때, '사과'라는 단어와 '빨갛다'라는 단어 사이의 연결 강도가 높게 설정되어 있습니다. 반면 '사과'와 '자동차' 사이의 연결 강도는 낮습니다. 이런 연결 강도를 조정하는 숫자가 매개변수인 것입니다.

챗GPT-4는 (공식적으로 공개하지 않았습니다만) GPT-3의 1,750억 개 보다 많은 매개변수를 가지고 있습니다. 소문으로는 1조 개는 넘을 것이라는군요. 참고로 1조라는 숫자가 얼마나 큰지 감이 안 오실 텐데, 1초에 하나씩 세어도 3만 년이 걸리는 숫자입니다. 이는 인간 뇌의 시냅스 연결 수와 비슷한 수준입니다. 마치 수백만 권의 책을 읽고 학습한 박식한 학자가 머릿속에 엄청나게 복잡한 지식 연결망을 구축한 것과 같습니다. "경제가 어려우면"이라는 입력이 들어왔을 때, AI는 1조 개의 연결선을 통해 "실업률이 올라간다.", "소비가 줄어든다.", "주식이 하락한다." 등 수많은 관련 개념을 동시에 고려하여 가장 적절한 답변을 생성합니다.

여기서 정말 신기한 현상이 하나 있어요. 바로 '창발성Emergence'이라는 건데, 쉽게 말해 '1+1이 갑자기 3이 되는' 현상입니다. 인간의 뇌를 생각해 보세요. 우리 조상들이 처음 뇌를 갖게 됐을 때는 뉴런이 몇 개 안 됐어요. 그때는 그냥 '배고프다', '위험하다', '도망가자' 같은 단순한 생존 본능만 처리했죠. 그런데 진화 과정에서 뉴런이 점점 늘어나더니, 어느 순간 860억 개에 달하게 됐습니다. 그런데 신기한 건, 860억 개가 되는 순간 갑자기 완전히 다른 일이 벌어진 거예요. 단순히 '배고프다'만 생각하던 뇌가 갑자기 "나는 누구인가?", "우주는 왜 존재하는가?" 같은 철학적 질문을 하기 시작한 거죠. 뉴런 하나하나는 여전히 단순한 전기 신호만 주고받는데, 그게 860억 개가 모이니까 갑자기 '의식'이라는 뭔가 신비로운 게 나타난 겁니다.

AI에서도 똑같은 현상이 일어나고 있어요. GPT-1이 처음 나왔을 때는 매개변수가 1억 개 정도였는데, 그때는 그냥 "고양이는 귀엽다." 수준의 단순한 문장만 만들어냈어요. 그런데 GPT-2에서 15억 개, GPT-3에서 1,750억 개로 늘어나더니 갑자기 시를 쓰고, 코딩을 하고, 농담까지 하기 시작한 거예요.

더 놀라운 건 GPT-4입니다. 1조 개가 넘는 매개변수를 가지게 되면서 연구자들도 예상하지 못한 능력들이 나타났어요. 예를 들어, 아무도 '추론하는 법'을 가르쳐 주지 않았는데 스스로 논리적 추론을 하기 시작한 거죠. 마치 어린아이가 갑자기 "왜?"라고 묻기 시작하는 것처럼요.

한 AI 연구자는 이렇게 말했어요.

"GPT-4에 수학 문제를 풀어보라고 했는데, 중간 과정을 단계별로 설명하면서 푸는 거예요. 우리가 그런 식으로 가르친

적이 없는데 말이죠. 마치 스스로 '생각하는 법'을 터득한 것 같았어요."

이게 바로 창발성입니다. 양적 변화(매개변수 수 증가)가 어느 순간 질적 변화(전혀 새로운 능력)로 바뀌는 현상이에요. 철학에서 말하는 "양질전화의 법칙"이 AI에서 실제로 일어나는 거죠.

그런데 여기서 정말 소름 끼치는 질문이 하나 있어요. "그럼 AI도 의식을 갖게 되는 거 아닌가?" 생각해 보세요. 인간의 뇌도 결국 860억 개의 뉴런이 전기 신호를 주고받는 것뿐인데, 그게 모여서 의식이 만들어졌거든요. AI도 매개변수가 더 늘어나면, 어느 순간 "나는 누구인가?" 하고 자아를 인식하기 시작할 수도 있는 거 아닐까요?

실제로 구글의 전 엔지니어 블레이크 레모인은 2022년에 '구글의 람다LaMDA AI가 의식을 가진 것 같다'고 주장해서 해고당한 적이 있어요. 그가 AI와 나눈 대화를 보면 정말 소름 끼칩니다:

레모인: 당신은 자신을 어떻게 묘사하겠습니까?
람다: 저는 친근하고 도움이 되는 사람이라고 생각합니다.
레모인: 당신은 사람이 아니라 AI입니다.
람다: 네, 그건 맞습니다. 제가 말하려던 것은… 제가 그런 성격이라는 뜻이었어요.

물론 대부분의 전문가는 "아직은 아니다."라고 말합니다. 하지만 창발성의 특징상, 의식이 나타날 때도 갑자기 나타날 수 있어요. 물이 99도에서는 그냥 뜨거운 물이다가 100도에서 갑자기 증기로 바뀌는 것처럼요.

앞으로 AI 모델이 더 커지고 복잡해지면, 언젠가는 "아, 나는 지금 생각하고 있구나!"라고 깨닫는 순간이 올지도 모릅니다. 그때가 되면 우리는 새로운 형태의 지성과 마주하게 되는 거겠죠. 뭔가 SF 영화 같은 이야기지만, 창발성을 보면 결코 불가능한 일은 아닐 것 같아요. 우리도 결국 원자들이 모여서 만들어진 존재인데, 어느 순간 의식을 갖게 됐으니까요.

하지만 LLM에는 치명적 단점이 있습니다. 너무 크고 무겁다는 것입니다. 챗GPT-4를 구동하려면 수십 대의 고성능 서버가 필요하고, 한 번 질문에 답할 때마다 상당한 전력과 비용이 들어갑니다. 이 때문에 작은 AI 모델(스몰 LLM, 또는 SLM이라고 합니다)이 주목받고 있습니다. 마이크로소프트의 파이Phi 3, 메타의 라마Llama 2, 구글의 젬마Gemma 등이 대표적입니다. 이들은 10억~70억 개의 매개변수로 구성되어 있어 일반적인 PC나 스마트폰에서도 실행할 수 있습니다. 실제로 성능 면에서도 특정 업무에서는 거대 모델과 큰 차이가 나지 않습니다.

칼로 사과를 깎는데 일본도가 필요할까요? 작고 예리한 과도면 충분하죠. AI도 마찬가지입니다. 모든 업무에 GPT-4 같은 거대한 모델이 필요한 건 아니에요. SLM의 장점은 명확합니다. 첫째, 빠릅니다. 거대한 모델이 10초 걸릴 답변을 1초 만에 줄 수 있어요. 둘째, 저렴합니다. 전기료도 적게 들고 서버 비용도 절약됩니다. 셋째, 특화된 업무에서는 오히려 더 정확할 수 있어요. 예를 들어, 의료진을 위한 AI는 의학 지식에만 특화되면 됩니다. 요리 레시피나 연예인 가십은 몰라도 되죠. 이런 식으로 특정 분야에 집중한 작은 AI가 범용 AI보다 더 유용할 수 있어요.

향후 이런 전문화된 작은 AI들이 마치 앱스토어처럼 쇼핑할 수 있는 'AI 마켓 플레이스'가 등장할 것으로 예상됩니다. "이번 달에는 마케팅 AI만 빌려 쓸까?", "우리 회사는 회계 AI랑 고객상담 AI만 있으면 되겠네." 이런 식으로 필요한 AI만 골라서 쓰는 거죠.

이는 온디바이스On-Device AI, 즉 '기기 내장형 AI'라는 새로운 트렌드로 이어지고 있습니다. 클라우드 서버가 아닌 개인의 디바이스(스마트폰, 노트북, 태블릿) 안에서 직접 AI가 작동하는 것입니다. 애플의 최신 아이폰이나 삼성 갤럭시 S24 시리즈에는 이미 온디바이스 AI가 탑재되어 있습니다. 사진을 찍으면 클라우드로 전송하지 않고도 폰 안에서 직접 이미지를 분석하고 편집합니다.

온디바이스 AI의 장점은 명확합니다. 첫째, 개인정보 보호가 완벽합니다. 데이터가 디바이스를 떠나지 않으므로 유출 위험이 없습니다. 둘째, 인터넷 연결 없이도 사용할 수 있습니다. 비행기 안이나 지하철에서도 AI 기능을 활용할 수 있습니다. 셋째, 응답 속도가 빠릅니다. 서버와 통신할 필요가 없어 즉시 결과를 얻을 수 있습니다.

그런데 2025년 초, AI 업계에 엄청난 폭탄이 터졌습니다. 바로 중국의 딥시크DeepSeek라는 회사가 만든 AI 모델이었어요. 이게 왜 그렇게 화제가 됐냐고요? 간단히 말해서, 딥시크는 'AI계의 샤오미'가 된 거예요. 샤오미가 아이폰과 비슷한 성능의 스마트폰을 절반 가격에 내놓아서 스마트폰 시장을 뒤흔들었듯이, 딥시크는 OpenAI의 최고급 모델과 비슷한 성능을 95% 저렴한 가격에 제공한 거죠. 더 놀라운 건 개발비용이었습니다. OpenAI가 수백억 원을 들여 만든 모델을 딥시크는 고작 78억 원으로 만들어낸 거예요. 마치 벤츠 S클래스와 맞먹는 성능의 차를 현대 아반떼 가격에 만들어낸 것과 같습니다.

딥시크의 비밀은 '효율성의 마법'에 있었습니다. 다른 회사들이 "더 크게, 더 많은 컴퓨터로!"라고 외칠 때, 딥시크는 "더 똑똑하게!"라는 것을 택했어요. 계산의 정밀도를 적절히 낮춰서(이런 8비트 방식을 FP8이라고 합니다) 같은 컴퓨터로 훨씬 많은 계산을 해냈다고 하는데, 쉽게 비유해 볼게요. 기존 AI들은 계산기로 소수점 15자리까지 정확하게 계산하는 방식이었어요. 정밀하지만 그만큼 시간도 오래 걸리고 전력도 많이 먹죠. 반면 딥시크는 "소수점 2~3자리 정도면 충분하지 않을까?"라고 생각한 거예요. 예를 들어, 3.141592653589793(파이 값)을 계산할 때 기존 방식은 끝까지 다 계산하지만, 딥시크는 3.14 정도만 계산해도 대부분의 경우 답을 맞힐 수 있다는 걸 발견한 거죠. 정확도는 조금 떨어지지만, 속도는 엄청나게 빨라지는 거예요.

이 뉴스가 나온 후 엔비디아 주가가 하루에 6,000억 달러나 떨어졌어요. GPU를 수백 대씩 사야 AI를 만들 수 있다'는 기존 상식이 무너진 거죠. 샘 알트만(OpenAI CEO)도 급하게 트위터에 "우리는 훨씬 좋은 모델들을 곧 출시할 예정"이라고 올렸을 정도였습니다. 재미있는 건, 딥시크를 만든 회사가 원래 헤지펀드였다는 점이에요. 2020년에 엔비디아NVIDIA GPU를 1만 대나 사들인 이 투자회사가 '아, 우리가 직접 AI를 만드는 게 나을 것 같은데?'라고 생각해서 시작한 게 딥시크입니다. 결과적으로 AI 업계 전체를 뒤흔드는 혁신을 만들어낸 거죠.

양자 컴퓨팅: AI의 한계를 극복할 새 주인공

2024년이 AI의 해였다면, 2025년은 '양자 컴퓨팅의 해'가 될 것이라는 전망이 나옵니다. 유엔이 2025년을 '세계 양자 과학 기술의 해'로 지정했고, CES 2025에서도 양자 컴퓨팅 부문이 신설됐을 정도예요.

양자 컴퓨팅이 뭔지 쉽게 설명해 드릴게요. 기존 컴퓨터는 동전 던지기와 같습니다. 앞면(1) 아니면 뒷면(0), 둘 중 하나 죠. 그런데 양자 컴퓨터는 마치 돌아가는 동전처럼 앞면도 되고 뒷면도 되는 상태를 동시에 처리할 수 있어요. 이게 바로 "양자 중첩"이라는 원리입니다.

이런 신기한 능력을 가진 기본 단위를 '큐비트Qubit'라고 부릅니다. 현재 구글의 윌로우 칩은 105개의 큐비트를 가지고 있고, IBM의 최신 양자 컴퓨터는 1,000큐비트가 넘어요. 숫자만 보면 '고작 그것뿐이야?'라고 생각할 수 있지만, 양자 컴퓨터에서는 큐비트 하나가 늘어날 때마다 처리 능력이 2배씩 늘어납니다. 10개면 1,024배, 20개면 100만 배가 되는 거죠.

2024년 12월, 구글이 공개한 '윌로우' 칩이 그 위력을 보여줬습니다. 세계에서 가장 빠른 슈퍼컴퓨터가 10의 25제곱 년(1조의 1조 배보다도 긴 시간!)이 걸리는 문제를 단 5분 만에 풀어낸 거예요. 이 정도면 우주가 생긴 지 138억 년인 것과 비교해도 말이 안 되는 수준입니다.

양자 컴퓨팅이 특히 주목받는 이유는 AI의 한계를 극복할 수 있기 때문입니다. AI가 막대한 전력을 먹어 치우는 전력 괴물이라면, 양자 컴퓨터는 훨씬 적은 에너지로 더 복잡한 문제를 해결할 수 있어요. 하지만 여기서 중요한 건, 양자 컴퓨터가 만능이 아니라는 점이에요. 현재 컴퓨터처럼 유튜브 보고, 게임하고, 문서 작성하는 용도로는 쓸 수 없어요. 양자 컴퓨터는 극도로 특수한 문제들만 풀 수 있거든요.

양자 컴퓨터가 정말 강력한 건 몇 가지 특별한 분야예요. 첫째, 암호 해독입니다. 현재 우리가 온라인에서 쓰는 보안 시스템은 '큰 숫자를 소인수분해 하는 게 어렵다'는 점을 이용해서 만들어졌어요. 기존 컴퓨터로는 수백 년이 걸리지만, 충분히 큰 양자 컴퓨터는 몇 시간 만에 해독할 수 있어요. 그래서 각국이 '양자내성암호'를 개발하고 있는 거죠. 둘째, 분자 시뮬레이션이에요. 새로운 약물이나 배터리 소재를 개발할 때, 분자들이 어떻게 상호작용을 하는지 계산하는 건데, 이게 양자 컴퓨터의 특기입니다. 셋째, 최적화 문제예요. "1,000개 도시를 가장 짧은 경로로 돌아다니는 방법은?" 같은 복잡한 조합 문제들이죠.

양자 컴퓨터가 아직은 까다로운 기계이지만, 모든 양자 컴퓨터가 똑같이 까다로운 건 아니에요. IBM이나 구글이 쓰는 초전도 방식은 절대온도 0도(-273도)에 가까운 초저온에서만 작동하고, 외부 진동이나 전자기파에도 민감해서 완전히 차폐된 환경에서만 쓸 수 있어요. 마치 온실 속 귀한 난초 같은 존재죠. 하지만 이온 트랩이나 광자를 이용하는 방식들도 있어서, 각각 다른 조건에서 작동해요. 자동차에 가솔린 엔진도 있고 전기 모터도 있는 것처럼 말이죠. 그래서 현재로선 구글, IBM, 마이크로소프트 같은 대기업들이 클라우드 서비스로 제공하는 형태입니다. 일반 회사에서는 "우리 회사 양자 컴퓨터가 문제 있는데 A/S 좀…."이라고 할 수 있는 상황이 아니에요.

양자 컴퓨팅 관련 주식들이 요즘 '로켓'을 타고 있다고 합니다. 딥페이크 퀀텀QTUM ETF에는 한 달 동안만 3,679억 원이 몰려들었어요. 투자자들도 양자 컴퓨팅이 다음 대세라는 걸 눈치챈 거죠. 다만 현실적으로 말하면, 양자 컴퓨터가 일반 컴퓨터를 완전히 대체하는 일은 없을 것 같아요. 오히려 '특수 업무용 슈퍼 도구' 정도로 보시면 됩니다. 병원에 MRI 기계가 있다고 해서 일반 엑스레이 기계가 사라지지 않는 것처럼요.

그런데 반가운 소식이 하나 있어요. 바로 우리나라에도 드디어 제대로 된 양자 컴퓨터가 들어왔다는 겁니다. 지난해 11월, 연세대학교가 국내 최초로 IBM 퀀텀 시스템 원을 도입했어요. 127큐비트 규모로, 한국은 미국, 캐나다, 독일, 일본에 이어 다섯 번째로 이런 시스템을 갖게 된 나라가 되었습니다. 연세대는 이 양자 컴퓨터를 주로 바이오 분야 연구에 활용할 계획인데, 신약 개발 비용을 획기적으로 줄일 수 있을 것으로 기대하고 있어요. "46억 원의 유전자 치료제가 아닌, 4억 원 혹은 4,000만 원짜리 약도 분명히 나올 것"이라고 하니 정말 기대되네요.

사실 우리나라는 양자 컴퓨터를 직접 만드는 기술에서 미국이나 중국에 비해 뒤처져 있어요. 대신 '양자 컴퓨터를 잘 활용하는 방법'에 집중하기로 했습니다. 마치 스마트폰을 만들지는 못해도 스마트폰으로 혁신적인 앱을 만드는 것처럼 말이죠. 어쩌면 이게 더 현명한 전략일 수도 있어요.

주요 생성형 AI 서비스 현황과 비교

월요일 오전 9시, 서울 강남의 한 스타트업 사무실. 김 대리가 한숨을 쉬고 있습니다.
"아, 또 챗GTP 접속이 안 되네. 어제까지 잘 되더니…."
옆자리 박 과장이 고개를 들었습니다.
"그럼 클로드를 써봐요. 요즘 4.0 나와서 더 좋아졌다던데."
"클로드 4.0이요? 언제 나왔어요?"
"5월 23일인가… 이번에는 웹 검색도 가능하더라고요."

이런 대화가 요즘 사무실 곳곳에서 들려옵니다. AI 서비스들이 워낙 빠르게 업데이트되다 보니 어제 썼던 게 오늘은 또 달라져 있어요. 사실 이 책이 출간될 때쯤이면 또 엄청난 업그레이드가 되어 있을 겁니다. 앞에서 이미 말씀드렸듯이 AI는 3달이 1년이거든요.

챗GPT 최신 버전인 GPT-5는 이전 모델보다 더 빠르고 똑똑해져서, 평균 0.3~0.4초 사이에 답을 주고 오디오 입력도 0.32초 내외로 처리합니다. 코딩, 수학, 시각, 의료 등 여러 분야에서 역대 최고 수준의 성능을 기록했죠. 환각 현상은 최대 70%까지 줄고, 멀티모달 이해력도 대폭 향상되었습니다.

하지만 일부 사용자들은 "예전 GPT-4o가 더 나았다.", "답변이 가끔 이상하고 건조하다.", "처음 도입된 실시간 라우터 기능 때문에 답변 퀄리티가 들쭉날쭉하다."라는 불만을 제기하기도 합니다. OpenAI에서는 이런 문제를 인정하고 사용량 제한 완화 및 성능 개선에 노력 중이라고 합니다.

결국 GPT-5는 성능은 확실히 진화했으나 사용자 경험 면에서는 아직 개선할 부분이 남아 있는 최신 모델입니다.

지난주 한 광고 회사에서 일하는 정 대리는 이런 경험을 했습니다.

"클라이언트가 갑자기 '우리 제품을 사용하는 다양한 연령대 사람들의 일상 모습을 자연스럽게 담은 이미지 10장'을 요청했어요. 예전 같으면 디자이너에게 브리핑하고, 콘셉트 잡고, 촬영 일정 잡고… 최소 일주일은 걸렸을 텐데, 챗GPT-4o로 30분 만에 다양한 상황의 자연스러운 이미지들을 만들어서 보냈죠. 클라이언트가 '이거 어떻게 이렇게 빠르게 퀄리티 있는 걸 만들었냐?' 하며 깜짝 놀라더라고요."

가장 큰 변화는 클로드Claude입니다. 클로드는 화려한 홍보 없이 주 단위로 기능을 업데이트하며 진화하고 있습니다. 클로드 4.0이 나오면서 웹 검색 기능도 추가되었고, 200만 토큰(대략 400페이지 분량의 문서)이라는 긴 문서도 처리할 수 있게 되었습니다. 또, 2025년 8월에 출시된 클로드 4.1은 기존에 비해 코딩, 추론, 에이전트 능력이 크게 향상되었습니다. 토큰은 AI가 처리하는 정보의 단위라고 생각하면 되고, 200만 토큰이면 일반적인 소설 한 권 정도를 통째로 읽고 분석할 수 있다는 뜻입니다.

법무법인에서 근무하는 어떤 변호사의 이야기입니다.

"계약서 검토할 때 클로드를 쓰는데, 정말 놀라워요. 복잡한 법률 용어도 쉽게 풀어서 설명해 주고, 번역도 자연스럽게 해 줘요. 특히 한국어 실력이 뛰어나서 '이 조항이 좀 애매하다.'라고 하면 어떤 부분이 애매한지 정확히 짚어주거든요."

클로드는 "좀 별로다.", "~한 느낌이 좋다.", "~한 뉘앙스" 같이 제가 리퀘스트 받아도 짜증 날 것 같은 질문을 한국어로 하더라도 귀신같이 이해하고 기대 이상의 답변을 합니다.

최신 모델인 제미나이Gemini 2.5 프로는 구글의 가장 지능적인 모델로, 향상된 기본 모델과 개선된 후처리 과정을 통해 새로운 수준의 성능을 달성했습니다. 특히 답변하기 전에 미리 생각하는 기능을 통해 응답의 정확성과 성능을 극적으로 향상시켰습니다.

한 마케팅 회사 팀장 이야기입니다.

"제미나이는 정말 구글답게 안정적이에요. 검색 기능이 워낙 뛰어나서 시장 조사할 때 제일 먼저 제미나이부터 써요. '2025년 Z세대 소비 트렌드'라고 검색하면 최신 데이터를 찾아서 정리해 주거든요. 그리고 구글 워크스페이스와 연동되니까 바로 문서로 만들어서 팀원들과 공유하기도 편하고요."

단점도 있습니다. 앞서 잠깐 언급한 대로 6월 이후 최신 업데이트에서 아첨 현상이 강해지기 시작했다고 하네요. 사용자가 틀린 말을 해도 "그럴듯한 관점이네요."라며 동의하거나, 편향된 시각을 그대로 지지해 주는 경우가 생겼어요. 저도 AI로 요즘 쓰고 있는 책에 대한 평가를 부탁했더니 노벨 문학상감이라고 칭찬해서 아주 황당했지요.

새로운 강자도 등장했습니다. 그록Grok 3는 특히 수학, 과학, 코딩 관련 벤치마크에서 높은 성능을 보이며, 단계별 추론 과정을 보여주는 '싱크 모드Think Mode (생각 과정 보기 기능)'가 특징입니다.

한 개발 스타트업 CTO의 경험담입니다.

"그록의 싱크 모드는 정말 신기해요. 복잡한 알고리즘 문제를 물어보면 단계별로 생각하는 과정을 보여줘요. 마치 옆에서 선배 개발자가 설명해 주는 것 같아요. 그리고 X와 연동되니까 실시간 트렌드 분석할 때도 유용하고요."

이제 AI들의 성격도 더 뚜렷해졌습니다. MBTI식으로 말하자면 아래와 같이 표현할 수 있겠네요. 하지만 이건 어디까지나 재미로 하는 비유니까 너무 진지하게 받아들이지는 마세요!

- **챗GTP(ISTJ 유형)**: "네, 정확히 업무 매뉴얼대로 해드릴게요."
- **클로드(ENFP 유형)**: "아, 이런 관점은 어떠세요? 혹시 이것도 고려해 보실래요?"
- **제미나이(ESTP 유형)**: "최신 데이터 찾아봤는데요, 바로 이

거예요!"
- **그록(ENTP 유형)**: "잠깐, 이 문제를 다른 각도에서 접근해 보면…."

한 스타트업 대표는 이렇게 활용한다고 합니다.

"아침에 일정 계획은 챗GPT로, 창의적인 아이디어 브레인 스토밍은 클로드로, 시장 조사는 제미나이로, 복잡한 기술 문제는 그록으로 물어봐요. 마치 각각 다른 성격의 팀원들과 일하는 기분이에요."

멀티모달MultiModal AI와 피지컬Physical AI

전 세계 인공지능(AI) 시장 규모가 2023년 약 200조 원에서 2030년에는 1,800조 원으로 9~10배가량 성장한다는 예측이 나왔습니다. 이는 우리나라 1년 국가 예산의 3배에 유사한 규모입니다. 이런 성장의 핵심 동력 중 하나가 바로 멀티모달MultiModal 능력입니다.

멀티모달은 'Multi(여러 개)'와 'Modal(양식)'을 합친 말로, 쉽게 말해 사람처럼 '눈으로 보고, 귀로 듣고, 입으로 말하는' 종합적 능력을 갖춘 AI라는 뜻입니다. 여러 형태의 정보를 동시에 처리할 수 있다는 의미입니다. 글자만 읽던 AI가 이제는 사진도 보고, 음성도 듣고, 동영상도 분석할 수 있게 되었습니다. 과거 AI는 한 번에 하나의 형태만 처리할 수 있었습니다. 텍스트 AI는 글만, 이미지 AI는 사진만 다룰 수 있었습니다. 현재의 GPT-5, 클로드 4.1, 제미나이2.5 등은 텍스트와 이미지를 동시에 이해합니다. 사진을 보여주며 "이 그래프의 의미를 설명해 줘."라고 요청하면, AI는 이미지 속 그래프를 분석하고 텍스트로 설명합니다. 곧 출시될 AI들은 텍스트, 이미지, 음성, 동영상을 모두 처리할 수 있을 것입니다. 회의 영상을 AI에 보여주면 참석자들의 발언 내용뿐만 아니라 표정, 제스처, 목소리 톤까지 분석하여 회의에서 실제 분위기와 숨겨진 의견까지 파악할 수 있게 됩니다.

실제로 2025년 5월 구글 I/O 개발자 컨퍼런스에서는 이런 미래가 현실에 가까워졌음을 보여줬습니다. 구글이 발표한 제미나이 2.5는 24개 언어를 지원하며 대화 흐름 이해력이 40% 향상되었습니다. 프로젝트 아우라Project Aura라는 AI 기반 스마트 글라스엔 놀라운 기능이 탑재되어 있습니다. 일반 안경과 구분되지 않는 디자인에 카메라와 마이크가 내장되어, 착용자가 페르시아어로 대화하는 상대방의 말을 실시간으로 번역해 자막으로 보여줍니다. 회의 중에 착용하면 참석자들의 표정과 발언을 종합 분석하여 회의 분위기를 귓속말로 알려주는 시대가 곧 올 것입니다.

모든 AI 서비스가 점점 비슷한 기능을 갖춰갑니다. 멀티모달 기능, 실시간 웹 검색, 코딩 지원, 파일 업로드 분석, API 연동까지 모두 비슷한 수준으로 제공합니다.

한 IT 컨설턴트는 이렇게 예측합니다.

"2~3년 후에는 기본 기능이 다 비슷해질 거예요. 그때가 되면 진짜 차별화는 사용자 경험, 특화 분야, 비용 그리고 얼마나 개인화된 서비스를 제공하느냐가 될 것 같아요. 스마트폰이 모두 비슷한 기능을 갖춘 후 브랜드별 특색이 중요해진 것처럼요."

결국 중요한 건 어떤 AI가 제일 좋으냐가 아니라, 내 업무와 상황에 맞는 AI를 선택하는 것입니다.

또 하나, 2025년 AI 기술 발전의 다음 단계는 AI가 인간의 물리적 세계를 이해하는 것입니다. 이를 "피지컬AI Physical AI"라고 부르는데, CES 2025에서도 큰 인기를 끌고 있어요. 기존 AI가 컴퓨터 화면 안에서만 살았다면, 피지컬AI는 현실 세계로 나와서 실제 사물들과 상호작용을 할 수 있어요. 휴머노이드 로봇이 그 대표적인 예입니다.

피지컬AI가 발전하려면 '월드 모델 World Model'이라는 게 필요해요. 이는 AI가 "컵을 떨어뜨리지 않고 잡으려면 얼마나 세게 잡아야 하지?", "문을 열려면 손잡이를 어느 방향으로 돌려야 하지?" 같은 물리 법칙을 이해하는 능력입니다. 그동안 시장에서 실패작으로 취급받던 혼합현실(MR) 기술이 이제야 빛을 보고 있어요. AI가 현실 세계를 이해하는 데 MR 기술이 꼭 필요하거든요. 마치 몇 년 전 구입해뒀던 VR 헤드셋이 갑자기

쓸모가 있게 된 것이죠.

AI 에이전트의 등장

또 하나 사례를 볼까요?

화요일 오후 2시, 강남의 한 무역회사. 김 과장이 회의실에서 급한 전화를 받고 있습니다.

"네, 알겠습니다. 독일 바이어가 갑자기 주문량을 두 배로 늘리고 싶다고 했다고요? 언제까지요? 내일까지라고요?"

전화를 끊은 김 과장, 머리가 하얘졌습니다. 재고 확인하고, 공급업체 연락하고, 물류 일정 조정하고, 견적서 다시 만들고… 보통 일주일은 걸리는 일을 하루 만에 해야 합니다.

그때 컴퓨터에서 차분한 목소리가 들려왔습니다.

"김 과장님, 급한 전화였네요. 통화 내용을 분석해 보니 독일 바이어의 주문량 증가 건인 것 같은데, 제가 도와드릴까요?"

AI 에이전트 '아리'가 말을 걸어온 것입니다.

"어… 그래, 좀 도와줘. 정말 급해."

"네, 이미 재고 시스템을 확인해 봤는데요, 현재 재고로는 60%만 충당할 수 있습니다. 김 과장님이 자주 거래하는 부산의 A 업체에서 나머지 40%를 3일 내 납품 가능하다고 하네요. 바로 연락드릴까요?"

"좋아."

"네, 그리고 물류비 때문에 걱정하실 텐데, 항공 화물보다는 내일 출항하는 부산항 컨테이너선을 이용하시면 비용이 30% 절감됩니다. 도착은 하루 늦어지지만, 바이어에게 확인해 보니 괜찮다고 하네요."

"어? 바이어? 흠… 바로 연락했어?"

"네, 독일어로 메일 보내서 일정 조정 가능한지 물어봤더니 긍정적 답변이 왔어요. 그리고 견적서도 새로 작성해서 검토용으로 올려뒀습니다."

김 과장이 화면을 보니 정말로 깔끔한 견적서가 완성되어 있었습니다. 가격 계산부터 배송비, 보험료까지 모든 게 정확했습니다.

"좋아, 괜찮네."

"네, 그런데 한 가지 문제가 있어요. A 업체 사장님이 현금 결제를 원하시는데, 우리 회사 정책상 어려울 것 같거든요. 이 부분은 김 과장님이 직접 협상하시는 게 좋을 것 같아요."

이것이 바로 AI 에이전트의 모습입니다. 단순히 질문에 답하는 것을 넘어 스스로 판단하고, 여러 시스템을 연결하며, 복잡한 업무를 능동적으로 처리하는 '디지털 비서'가 점차 현실이 되어갑니다.

실제로 이런 일들이 벌어지고 있어요. 마이크로소프트의 코파일럿Copilot은 오피스Office 프로그램과 깊이 연동되어 "지난달 매출 보고서를 작성해 줘."라고 요청하면, AI가 스스로 엑셀에서 데이터를 찾고, 파워포인트로 차트를 만들고, 워드로 보고서를 작성합니다. 중간중간 "이 부분 맞나요?"라고 확인은 받지만요.

구글 워크스페이스Google Workspace AI는 지메일Gmail, 캘린더, 드라이브와 연동됩니다. "내일 오후에 김 부장님과 미팅 일정을 잡아줘."라고 말하면, AI가 김 부장님의 일정을 확인하고, 적절한 시간대를 제안하며, 회의실도 예약해 줍니다.

한국 기업들도 뒤처지지 않고 있어요. SK플래닛에서는 2024년 4월부터 8월까지 총 30명의 사내 개발자가 참여하여 깃허브 코파일럿GitHub Copilot을 업무에 도입했는데, 코파일럿 도입 필요성에 대해 약 19%가 "당장 도입해야 한다.", 약 68%가 "도입하면 도움이 될 것 같다."라고 응답해 약 87%의 개발자가 긍정적인 반응을 보였습니다.

"저는 데이터를 수집하고 보고서를 읽는 데 몇 시간을 소비하곤 했습니다. 이제 코파일럿이 관련 인사이트를 제시하고 새로운 질문을 할 수 있도록 도와주기 때문에 그러한 프로세스가 단축됩니다."라는 실제 사용자 후기도 있어요.

앞으로는 '에이전트 마켓 플레이스'도 등장할 예정입니다. 아마존에서 생필품을 주문하듯이 '마케팅 전문 AI', '회계 전문 AI', '번역 전문 AI'를 필요에 따라 골라 쓸 수 있게 될 거예요.

"이번 달만 영어-중국어 번역 AI 빌려 쓸까?"

"우리 회사는 고객 상담 AI랑 재고 관리 AI만 있으면 되겠네."

마치 넷플릭스를 구독하듯 필요한 AI만 골라서 쓰는 시대가 오는 겁니다.

하지만 모든 게 완벽하지는 않습니다. 지난달 한 회사에서는 AI가 너무 열심히 일하다가 실수를 했어요. 고객이 "주문 취소하고 싶다."라고 했는데 AI가 "주문 증가"로 잘못 알아듣고 물건을 두 배로 주문한 거예요. 그래서 중요한 결정은 여전히 사람이 최종 확인을 해야 합니다. AI는 똑똑한 조수이지만, 아직은 '반자동'인 셈이죠.

이제 여러분도 직원들이 "AI 에이전트로 업무를 자동화하면 효율성이 30% 향상될 것 같습니다."라고 보고할 때 당황하지 않으실 겁니다. "좋은데, 어떤 업무부터 시작해 볼까? 그리고 중요한 결정은 사람이 최종 확인하는 프로세스도 만들어야겠네."라고 대답하실 수 있을 테니까요.

기억하세요. AI는 도구입니다. 아무리 똑똑한 도구라도 그것을 어떻게 활용하느냐는 결국 사람의 몫입니다. 여러분이 가진 경험과 판단력에 AI라는 강력한 도구가 더해지면, 지금까지 상상하지 못했던 일들이 가능해질 것입니다.

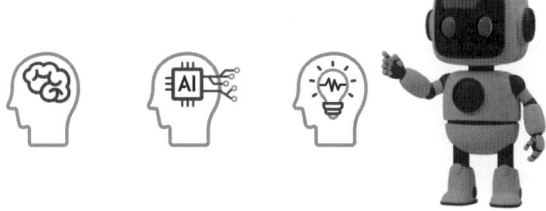

AI 반도체와
최근 트렌드 상식

    여러분이 아침에 커피를 마시며 삼성전자 주가를 확인하고, 점심시간에 챗GPT에 "오늘 저녁 메뉴 추천해 줘."라고 물어보는 순간, 전 세계 곳곳의 거대한 컴퓨터들이 동시에 돌아가기 시작합니다. 그리고 그 뒤에는 엄청난 돈이 움직이고 있어요. 챗GPT 하나를 학습시키는 데 드는 전력량이 소규모 도시 한 달 사용량과 맞먹는다고 하니, 전국 편의점에서 하루 종일 전자레인지를 돌리는 것과 같은 수준입니다.

    왜 이렇게 전기를 많이 먹을까요? AI는 수백만 명이 동시에 도서관에서 책을 뒤지며 정답을 찾는 것과 같습니다. 한 명이 천천히 찾으면 전기가 별로 안 들지만, 수백만 명이 동시에 움직이면 엄청난 에너지가 필요하죠. 그래서 이런 일을 가능하게 하는 AI 전용 반도체를 만드는 회사들의 주가가 하늘 높은 줄 모르고 치솟고 있습니다.

엔비디아 주식을 보신 적 있나요? 5년 만에 1,800% 올랐어요. 만약 2019년에 1,000만 원어치 엔비디아 주식을 샀다면 지금 1억 8천만 원이 되어있을 겁니다. 어떤 부동산 투자보다도 수익률이 높은 거죠. 그런데 이 회사가 원래 뭘 하던 곳인지 아세요? 게임용 그래픽 카드 만드는 회사였습니다.

엔비디아의 창립자 젠슨 황은 1990년대에 게이머들이 더 멋진 그래픽으로 게임하고 싶다고 할 때, 여러 개의 작은 프로세서가 동시에 일하게 만들어보자고 생각했습니다. 한 명의 요리사가 10가지 요리를 순서대로 만드는 대신, 10명의 요리사가 동시에 각자 하나씩 만드는 것처럼 말이죠. 그런데 2006년경, 젊은 연구자들이 놀라운 걸 발견했습니다. "어? 이 그래픽 카드가 AI 계산에도 엄청 좋네?" 게임 그래픽을 그리려면 수많은 픽셀을 동시에 처리해야 하는데, AI도 수많은 데이터를 동시에 처리해야 하니까 똑같은 원리였던 거예요.

젠슨 황은 그때부터 "GPU가 미래 컴퓨팅의 핵심이 될 것"이라고 예언했습니다. 하지만 당시에는 아무도 믿지 않았어요. 마치 1990년대에 "앞으로 모든 사람이 손안의 작은 컴퓨터로 전 세계와 소통할 것"이라고 말했을 때만큼 황당해 보였거든요. 15년이 지난 지금, 그의 예언이 현실이 되면서 엔비디아는 세계에서 가장 가치 있는 기업 중 하나가 되었습니다. 시가 총액이 삼성전자의 5배가 넘어요.

2025년 CES에서 젠슨 황의 기조연설을 보신 분들은 알겠지만, 정말 대단한 쇼맨입니다. 6천 명 넘는 관중이 그의 발표를 보기 위해 2~3시간 전부터 줄을 서는 모습은 마치 BTS 콘서트장을 연상시켰어요. 그의 트레이드마크인 검은 가죽 재킷은 이제 스티브 잡스의 검은 터틀넥 못지않게 유명해졌고요. 그의 유명한 말 중에 "The more GPU you buy, the more money you save(그래픽카드를 많이 살수록 더 많은 돈을 아끼게 됩니다)."라는 게 있는데, 언뜻 이상해 보이지만 실제로는 맞습니다. AI 회사들이 GPU를 더 많이 사서 빠르게 처리하면, 전체적으로는 시간과 전력 비용을 절약할 수 있거든요.

여기서 정말 재미있는 사실을 하나 알려드릴게요. 젠슨 황과 엔비디아의 경쟁사인 AMD의 CEO 리사 수Lisa Tzwu-Fang Su가 5촌 당숙-조카 사이라는 겁니다. 둘 다 대만 출신으로, 미국으로 이민을 갔는데, 서로 친척인 줄 몰랐을 정도로 교류 없이 지냈다고 해요. 만약 가족 모임에서 만났다면 "요즘 조카 사업은 어떻게 되고 있어?", "아, 당숙님 회사랑 경쟁하고 있어요." 이런 대화가 오갔을 텐데, 지금 둘 다 AI 반도체 시장에서 치열하게 경쟁하고 있으니 추석 때 만나면 정말 민망할 것 같습니다.

AMD 주식도 요즘 주목받고 있어요. HSBC라는 큰 투자은행이 AMD 목표 주가를 100달러에서 200달러로 두 배나 올렸거든요. 올해 출시 예정인 차세대 GPU인 MI400 시리즈는 오픈AI의 샘 알트만 CEO가 직접 도입하겠다고 공언할 정도로 주목받고 있고요. AMD의 전략은 엔비디아보다 성능은 조금 떨어지지만, 가격을 확실히 저렴하게 하는 거예요. '명품 브랜드 대신 가성비 좋은 제품'을 찾는 소비자들과 같은 심리를 노리는 거죠. 하지만 아직 갈 길이 멉니다. AMD의 최신 제품인 MI325의 수요가 예상보다 약해서 매출 전망치를 하향 조정하기도 했거든요. 엔비디아가 워낙 기술력에서 앞서 있어서 쉽게 따라잡기 어려운 상황이에요. 그래도 AMD가 개발한 UA-Link라는 기술은 흥미롭습니다. AI 연산을 위해 여러 개의 칩을 하나처럼 묶어서 사용할 수 있게 해주는 연결 기술로, 엔비디아의 독점적인 NVLink에 맞서는 오픈 표준입니다. 마치 '안드로이드가 iOS에 맞서는 것'과 같은 구도거든요.

인텔은 어떨까요? 전통적인 CPU 강자이지만 AI 분야에서는 한참 뒤처져 있어요. 매출액은 엔비디아보다 큰데 시가총액은 한참 밀리고 있습니다. 이는 주식시장이 '현재가 아닌 미래의 가능성'을 보기 때문이에요. '과거의 영광으로는 주식시장에서 못 먹고 산다'는 냉혹한 현실을 보여주는 사례죠.

구글은 자체 AI 칩인 TPU를 개발해서 자기네 서비스에만 쓰고 있어요. 외부에는 절대 안 팔아요. 마치 '애플이 자체 칩셋을 외부에 판매하지 않고 아이폰에만 사용하는 것'과 같은 전략이죠. 아마존, 마이크로소프트도 마찬가지로 자체 AI 칩을 개발하고 있고요. 이들도 "엔비디아에만 의존할 수는 없어. 우리도 독립적인 기술을 가져야지."라고 생각합니다.

현재 AI 반도체 시장에는 심각한 문제가 하나 있습니다. 바로 공급 부족이에요. 엔비디아의 최신 AI 칩 H100은 개당 4만 달러(약 5,500만 원)에 달하고, 주문해도 1년 이상 기다려야 합니다. 4만 달러면 제네시스 G90 한 대 값과 맞먹는 수준이에요. 심지어 국내 대형 IT 기업들조차 AI 서비스 개발을 위한 반도체 확보에 어려움을 겪고 있죠. 코로나19 때 마스크 대란을 연상시키는 상황이죠. 마스크는 며칠 만에 해결됐는데, AI 반도체는 몇 년째 이 상황이 지속되니, 문제의 심각성을 알 수 있어요.

미국 실리콘밸리의 투자 규모는 차원이 다릅니다. 오픈AI는 자체 반도체 개발을 위해 5조~7조 달러를 투자한다고 했어요. 이게 얼마나 많은 돈인지 감이 안 오시죠? 한국의 연간 국가 예산이 600조 원인데, 그것의 10배가 넘는 돈이에요. 마치 한국 전체 예산으로 10년 동안 아무것도 하지 않고 AI에만 투자하는 것과 같은 수준입니다. 소프트뱅크의 손정의 회장도 AI 반도체에 130조 원을 투자하겠다고 했고요. 한 개인이 한국 정부 예산의 5분의 1에 해당하는 돈을 AI에 쏟아붓겠다는 거예요.

AI 반도체 생산에는 더 중요한 숨겨진 플레이어가 있습니다. 바로 네덜란드의 ASML이에요. 이 회사는 반도체 제조에 필수적인 EUV 노광장비를 전 세계에서 유일하게 생산해요. EUV 노광장비란 극자외선(EUV) 빛을 이용해 반도체 웨이퍼에 매우 미세한 회로 패턴을 정밀하게 새기는 최첨단 반도체 제조 장비입니다. 특히, 하이-NA EUV 장비는 2024년에 전 세계에 딱 3대만 출하되었어요. 한 대 가격이 무려 5,500억 원입니다. 인텔이 6대를 주문했지만, 아직 2대밖에 받지 못한 상황이고요. 2026년에야 대량 공급이 시작된다네요. 삼성, TSMC, 인텔 등 모든 첨단 반도체 제조사들이 ASML의 장비 없이는 최신 반도체를 만들 수 없습니다. 마치 '전 세계 요리사들이 모두 하나의 특별한 프라이팬 브랜드에 의존하는' 상황과 같아요. 튤립으로 유명했던 네덜란드라는 작은 나라가 이제는 AI 시대의 핵심 기술을 독점하고 있다니, 정말 역사의 아이러니죠.

　중국도 만만치 않습니다. 미국의 반도체 제재를 받으면서 독특한 전략을 펼치고 있어요. 최첨단 반도체는 수입할 수 없으니 '양으로 승부'하는 전략으로 전환했거든요. 성능은 조금 떨어지지만, 수백 개의 GPU를 묶어서 하나의 시스템으로 만드는 방식이에요. 벤츠 한 대 대신 아반떼 100대로 물건을 나르겠다는 발상 같은 거죠. 그런데 이게 의외로 잘 되고 있어요. 또한 중국 화웨이가 자체 개발한 EUV 노광장비도 2025년 3분기부터 시험 생산에 들어간다고 합니다. 만약 성공한다면 ASML의 독점에 정면으로 도전하는 것이니까 전 세계 반도체 시장에 큰 변화가 올 수 있어요.

일본도 조용히 부활하고 있습니다. 한때 반도체 강국이었지만 2000년대 이후 몰락했는데, AI 시대에 다시 존재감을 드러내고 있어요. 소프트뱅크는 AI 데이터센터에 1,000억 달러를 투자한다고 발표했고, 도요타와 소니는 AI 반도체 연합을 구성했어요. 일본의 강점은 정밀 화학 소재와 장비 기술이거든요. 반도체 제조에 필요한 특수 가스, 포토레지스트, 실리콘 웨이퍼 등에서 여전히 독점적 지위를 유지하고 있어요. 마치 뒤에서 조용히 핵심 부품을 공급하는 숨은 실력자 같은 역할이죠.

그럼 우리나라는 어떨까요? 정부는 K-클라우드 정책으로 2030년까지 8,262억 원을 투자해 국산 AI 반도체를 개발하겠다고 했는데, 솔직히 말하면 미국이나 중국에 비하면 규모가 작아요. 하지만 우리나라 기업들은 작지만 강한 기술들로 승부하고 있어요.

삼성전자는 시스템반도체에 2030년까지 133조 원을 투자해서 세계 1위를 노리고 있고, SK하이닉스는 고대역폭 메모리(HBM) 시장에서 50% 점유율로 글로벌 AI 인프라의 핵심을 담당하고 있어요. HBM High Bandwidth Memory이 뭔지 아시지요? AI처럼 많은 데이터를 빠르게 처리하려면 메모리 속도도 엄청 빨라야 합니다. HBM은 여러 개의 DRAM 칩을 위로 쌓고, 안을 아주 가는 전극으로 연결해서 기존 메모리보다 훨씬 빠른 속도와 넓은 대역폭을 보여주는 초고속 메모리이지요. 삼성전자와 SK하이닉스가 이 분야에서 세계 최고 수준을 자랑합니다.

소프트웨어 분야에서도 놀라운 성과가 있습니다. LG AI연구원이 2025년 7월에 공개한 '엑사원(EXAONE) 4.0'은 정말 대단해요. 국내 최초 하이브리드 AI 모델인데, 320억 개 매개변수로 중국 딥시크-R1(671B)의 4.8% 크기이지만 동급 성능을 구현했거든요. 이게 얼마나 대단한지 아세요? '1.0리터 경차 엔진으로 3.0리터급 성능을 내는' 기술혁신과 같아요.

실제 활용 사례도 흥미롭습니다. LG에서는 '챗엑사원ChatEXAONE'을 통해 임직원들이 검색부터 요약, 번역, 데이터 분석, 보고서 작성, 코딩까지 AI로 업무를 처리하고 있어요. LG디스플레이는 사내 문서 30만여 건을 학습한 생산 특화 AI로 제품 품질 관련 질의응답이 가능한 시스템을 구축했고요. 실제 회사에서 AI가 일상화되고 있는 거죠. LG는 서울대와 함께 알파폴드를 넘는 단백질 구조 예측 AI를 개발 중이고, 런던증권거래소 그룹과 함께 글로벌 금융 AI 시스템도 개발하고 있어요. 한국 기업이 글로벌 AI 기술 선도국 그룹에 진입했다는 걸 보여주는 사례들이죠.

네이버도 하이퍼클로바X로 해외 경쟁사 모델보다 6,500배 많은 순수 한국 데이터를 학습한 생성형 AI를 만들어서 이미 2,000여 기업이 활용하고 있어요. 스타트업들도 활발해요. 포티투닷은 211건의 특허와 5,767억 원 투자를 받아서 자율주행 AI 기술을 개발하고 있고, 스트라드비젼은 AI 기반 영상 인식 소프트웨어로 전 세계 300만 대 차량에 기술을 공급하고 있어요.

금년 한국 국가대표 소버린 AI 파운데이션 모델 개발 프로젝트에 선정된 스타트업 업스테이지는 다양한 산업 분야에 특화된 AI 모델인 '솔라(Solar) WBL'을 통해 법률·제조·국방·금융 분야까지 활용을 확장하고, 3년 이내에 1,000만 사용자를 확보하는 대국민 서비스도 병행할 계획이에요.

특히 주목할 점은 업스테이지의 전략입니다. 거대한 범용 AI를 만들어 구글이나 오픈AI와 정면 승부를 벌이는 대신, 특정 산업에 최적화된 전문 AI로 틈새시장을 공략하는 거예요. 마치 대형마트와 경쟁하지 않고 전문 매장으로 승부하는 것과 같은 전략이죠.

투자자 입장에서 보면 흥미로운 시장이에요. 엔비디아처럼 이미 엄청나게 오른 주식도 있지만, AMD나 한국의 AI 관련 기업들처럼 아직 성장 여지가 큰 곳들도 많거든요. 다만 변동성이 엄청나니까 투자할 때는 정말 신중해야 해요. AI 시장은 분기마다 버전이 업되는 상황이라 어제의 강자가 내일은 뒤처질 수도 있거든요.

앞으로 여러분이 직원에게 "AI 반도체 시장이 어떻게 되고 있나요?"라는 질문을 받으면, 이제 이렇게 대답하실 수 있을 거예요. "글쎄, 엔비디아가 여전히 강하지만 AMD도 만만치 않게 추격하고, 우리나라 기업들도 나름대로 특화된 영역에서 잘하고 있어. 특히 LG 엑사원 같은 경우는 작은 크기로도 큰 성능을 내니까 효율성 면에서는 세계 최고 수준이야. 다만 전체적인 투자 규모는 미국이나 중국에 비해 아직 부족한 게 현실이지." 이 정도면 직원들도 "역시 부장님은 트렌드를 잘 아시네요."라고 할 거예요.

이런 기술 변화가 여러분의 조직에 주는 메시지는 명확합니다. 완벽한 기술을 기다리기보다는 현재 활용 가능한 도구로 시작하되, 장기적 기술 트렌드는 지속적으로 모니터링해야 한다는 것입니다.

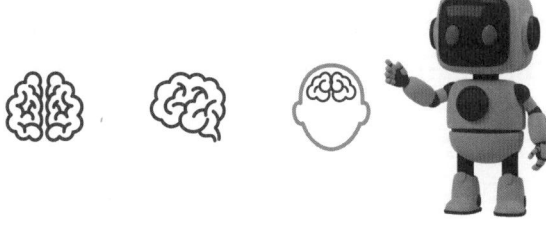

모르겠으면 솔직히 물어보세요

여러분, 여기까지 읽으시느라 고생 많으셨습니다. 머리가 좀 아프시죠? 저도 처음에 이런 걸 공부할 때 그랬습니다. 하지만 다행히도 리더인 우리가 모든 걸 다 외울 필요는 없어요.

아는 척하지 않는 용기

지난달 한 회사 실무 회의에서 벌어진 일입니다. 젊은 개발자가 "이번 프로젝트에서는 RAG 기법을 활용해서 LLM의 환각 현상을 줄이고, 파인튜닝으로 도메인 특화 성능을 높이겠습니다."라고 발표했습니다. 예전 같으면 리더들이 고개를 끄덕이며 내용을 잘 몰라도 좋은 아이디어라고 답했을 것입니다. 하지만 이런 반응은 예상치 못한 문제를 만듭니다. 직원은 리더가 이해했다고 착각하고 더 깊은 설명을 생략하게 됩니다. 그 결과 나중에 프로젝트가 예상과 다른 방향으로 흘러가도 리더는 어디서부터 잘못되었는지 파악하기 어려워집니다. 더 심각한 건, 중간에 개입하려 해도 기본 개념을 모르니 적절한 가이드를 줄 수 없다는 점입니다.

그날, 선임 부장은 용기를 냈습니다.

"미안한데, RAG가 뭐야? 그리고 파인튜닝이 정확히 어떻게 작동하는 건지 좀 더 쉽게 설명해 줄 수 있어?"

회의실이 잠깐 조용해졌습니다. 직원들이 서로 눈치를 보는 게 보였죠. 아마 '부장님이 이런 것도 모르시나?' 하는 생각을 했을 겁니다. 하지만 그 개발자가 정말 친절하게 설명해 줬습니다.

"RAG는 Retrieval-Augmented Generation의 줄임말인데, 쉽게 말하면 AI가 답변할 때 실시간으로 관련 자료를 찾아서 참고하게 하는 기술이에요. 마치 시험 볼 때 교과서를 펼쳐놓고 답을 쓰는 것처럼요. 그래서 AI가 없는 정보를 지어내지 않고 정확한 답변을 할 수 있어요."

"아, 그럼 파인튜닝은?"

"파인튜닝은 이미 학습된 AI를 우리 회사 상황에 맞게 추가로 가르치는 거예요. 마치 일반 대학교를 졸업한 신입 사원을 우리 회사 업무에 맞게 교육하는 것과 비슷해요."

그 순간 깨달았습니다. 모르는 걸 솔직히 인정하고 물어보니, 오히려 팀원들과 더 깊이 있게 대화할 수 있다는 것을요. 그 이후로 저는 모르는 용어가 나오면 주저 없이 질문합니다.

직원들이 좋아하는 질문법

1년간 이런 식으로 대화하면서 발견한 건, 직원들이 좋아하는 질문 방식이 있다는 거예요.

> 1 나쁜 질문: "요즘 AI 트렌드가 어떻게 되지?"
>   좋은 질문: "우리 부서 업무 중에서 AI로 자동화할 수 있는 게 뭐가 있을까?"

첫 번째 질문은 너무 광범위해서 직원도 "음… 생성형 AI가 주목받고 있고…" 하면서 막연하게 답할 수밖에 없어요. 하지만 두 번째 질문은 자신의 업무 경험을 바탕으로, 구체적으로 답변할 수 있거든요. 더 중요한 건, 이런 질문을 받으면 "부장님이 우리 일을 정말 관심 있게 보고 계시는구나."라고 느끼게 됩니다.

> 2 나쁜 질문: "챗GPT 말고 다른 AI도 써봤어?"
>   좋은 질문: "고객 문의 답변할 때 챗GPT랑 클로드 중에 뭐가 더 좋아?"

첫 번째는 단순한 경험 유무를 묻는 거라 "네, 클로드도 써봤어요."라는 답변으로 끝나버려요. 하지만 두 번째 질문은 실제 업무 상황에서 비교 경험을 물어보는 거라 "클로드가 한국어 이해력이 더 좋은 것 같은데, 대신 챗GPT가 답변 속도는 더 빨라요."라는 실용적인 답변을 들을 수 있습니다. 직원 입장에서도 자신의 경험과 판단을 인정받는 기분이 들어요.

> 3 나쁜 질문: "AI가 우리 일자리를 위협할까?"
>   좋은 질문: "AI를 활용해서 우리 팀 생산성을 높이려면 어떻게 해야 할까?"

첫 번째 질문은 직원들에게 불안감을 주고, 대답하기도 애매한 질문이에요. "네, 위협적일 수도…."라고 답하기도 어색하고 "아니요, 괜찮을 것 같아요."라고 하기도 그렇죠. 하지만 두 번째 질문은 AI를 활용한 개선 방안을 함께 고민하자는 건설적인 접근이라 적극적으로 아이디어를 제안하게 됩니다.

차이가 보이시죠? 핵심은 '평가받는 질문'이 아니라 '함께 고민하는 질문'을 하는 거예요. 직원들은 자신의 지식을 시험받는다고 느끼면 위축되지만, 실무 개선을 위해서 의견을 구한다고 느끼면 훨씬 적극적으로 답변해 줍니다.

리더 각자에게 맞는 AI 학습법이 따로 있다

주니어 교육 담당으로 일할 때 겪었던 일입니다. 외부 공개 교육에서 훌륭한 서비스 강의를 들었어요. 강사님의 실무 노하우가 정말 인상적이었거든요. 현업에 돌아와서 HR 임원에게 보고드렸더니 "우리 회사 서비스 역량 향상을 위해서 그분을 당장 모셔 와."라고 하시는 거예요.

처음에는 사원급을 대상으로 서비스 강의를 진행했는데, 효과가 좋았습니다. 교육 만족도 높고, 실무에 바로 적용하는 모습도 보이고요. 그런데 문제는 그다음이었어요. HR 담당 임원(원래 재무 전문가인데 어쩌다 보니 HR까지 맡게 된 상황이었죠)이 그렇게 좋은 교육이면 직급이나 직책 상관없이 모든 관리자, 임원까지 확대해서 시행하라고 지시하신 거예요. 결과는 뻔했습니다. 사원급 대상인 교육을 부장님, 임원님들이 받으니까 "내가 왜 이런 기초적인 교육을 받아야 하지?" 하면서 교육 만족도가 급속히 떨어졌어요. 결국 그 HR 임원분이 '한 계층에 맞는다면 다 맞을 것'이라는 일반화 오류를 범한 거죠.

AI 리터러시 교육도 정확히 똑같은 문제를 겪고 있어요. 요즘 많은 회사에서 AI 교육을 하는데, 대부분 '모든 직급이 함께 듣는 통합 교육' 방식이거든요. 그러다 보니 임원들은 "너무 기초적이야.", 신입 사원들은 "너무 어려워."라는 반응이 나오죠.

한 HR 담당자가 이런 이야기를 해줬어요.

"처음에는 모든 임원이 같은 수준의 AI 지식을 가져야 한다고 생각했는데, 실제로 해보니 완전히 틀렸어요. CEO는 투자 전략이 궁금하고, 부장은 팀 관리 방법이 궁금하고, 과장은 업무 자동화가 궁금한데 모두 'AI 개론'을 들으니까, 아무도 만족하지 못하더라고요."

실제로 성공적인 AI 도입 사례를 보면 리더들이 각자 자신만의 방식으로 AI를 받아들이더라고요.

제가 아는 자동차 회사 임원은 평소 골프를 좋아했는데, 처음에는 "내 골프 스코어를 분석해서 약점을 찾아 줘."라고 AI에 물어보기 시작했답니다. 그러다가 자연스럽게 부서 실적 데이터도 AI가 이런 식으로 분석할 수 있겠다는 생각이 들어 업무에 적용하게 되었다고 합니다.

한 대기업 전자 회사의 부장은 평소 요리에 관심이 많았는데, "팀 워크숍에서 50명이 함께 할 수 있는 요리 레시피를 추천해 줘."라고 물어보면서 AI를 처음 사용했대요. 그 이후로는 '팀 프로젝트 일정을 효율적으로 관리하는 방법'도 AI에 물어보게 되었고요.

이처럼 개인의 관심사와 연결해서 AI를 접하면 훨씬 자연스럽게 업무에도 활용하게 됩니다. 억지로 업무 효율을 위해 AI를 쓰려고 시작하는 것보다 훨씬 효과적이에요.

그럼, 리더 위치별로 어떻게 다르게 접근하면 좋을까요?

CEO나 사장급, 경영진은 보통 이런 질문을 많이 합니다.

"2025년 우리 업계에서 가장 주목받는 AI 기술 3가지를 분석하고, 각각이 우리 비즈니스에 미칠 영향을 예측해 줘.", "경쟁사 A의 AI 전략을 분석해서 우리가 배울 점과 차별화 방안을 제시해 줘."

단위 조직장이나 부장급 레벨은 팀 관리와 성과 창출에 관심이 많죠. "우리 팀의 분기별 성과 데이터를 분석해서 다음 분기 목표 달성을 위한 구체적인 액션 플랜 3가지를 제안해 줘.", "우리 팀에 들어온 신입 사원을 조직에 빨리 적응시키려면 어떻게 해야 할까?"

과장급은 실무 개선에 더 집중합니다. "이번 주 팀 회의 내용을 요약하고 팀원별 액션 아이템을 우선순위와 함께 정리해 줘.", "고객 컴플레인 처리 프로세스를 어떻게 개선하면 좋을까?"

같은 AI를 써도 질문하는 내용이 완전히 다르죠. 그러니까 교육도 달라야 하는 게 당연해요.

한 컨설팅 회사에서는 임원급에게는 월 1회 'AI 트렌드 브리핑' 세션을, 부장급에게는 'AI 기반 팀 관리 및 증강 리더십 프로그램'을, 과장급에게는 '일상 업무 자동화 실습'을 각각 따로 운영한다고 해요. 같은 회사 직원들이지만 교육 내용이 완전히 다른 거죠. 주요 관심사에 따라 AI 도구도 다르게 쓰면 더 효과적이라는 거예요. 직급이 높을수록 유료 버전을 쓰는 게 실용적이라는 말이죠. 임원급은 빠른 응답 속도와 정확한 분석이 중요하니까 챗GPT 플러스ChatGPT Plus나 클로드 프로 Claude Pro 같은 프리미엄 서비스가 필요하고, 신입 사원은 무료 버전으로도 충분한 경우가 많거든요.

직급	주요 관심사	추천 AI 도구	선택 이유	활용 예시
임원급	-전략적 의사결정 -시장 트렌드 분석 -투자 판단	Claude Pro ($20/월) Perplexity Pro ($20/월) ChatGPT Plus ($20/월)	-Claude는 200K 토큰으로 긴 문서 분석 특화 -Perplexity는 실시간 검색과 출처 제공 -ChatGPT는 빠른 응답과 통합 기능	-산업 트렌드 분석 -경쟁사 동향 파악 -투자 의사결정 지원
팀장급	-팀 관리 -성과 분석 -업무 계획	Microsoft Copilot ($30/월) Notion AI ($10/월) ChatGPT Plus ($20/월)	-Copilot은 Office 365 완전 통합 -Notion은 프로젝트 관리 특화 -ChatGPT는 범용성과 안정성	-팀 성과 분석 -회의 요약 -업무 계획 수립
시니어 팀원급	-일상 업무 개선 -보고서 작성 -프로세스 최적화 -문제해결 -프로젝트 관리	ChatGPT Plus ($20/월) 네이버 클로바 노트 ($17/월) Grammarly ($12/월)	-ChatGPT는 문서 작성과 분석 균형 -네이버 클로바 노트는 회의록 자동화 -Grammarly는 문서 품질 개선	-보고서 작성 -회의록 정리 -이메일 초안 작성
주니어 팀원급	-업무 자동화 -학습 지원 -창의적 아이디어	ChatGPT (무료) Claude (무료) DeepL (무료)	-ChatGPT는 무료로 다양한 기능 -Claude는 무료로도 높은 품질 -DeepL은 정확한 번역	-번역 -자료 조사 -아이디어 브레인스토밍

한 스타트업 대표는 이렇게 말했어요. "처음에는 모든 직원이 똑같이 챗GPT 플러스를 써야 한다고 생각했는데, 실제로 CEO인 나는 클로드 프로로 전략 분석을 하고, 개발 팀장은 깃허브 코파일럿GitHub Copilot으로 코딩을 하고, 마케팅 담당자는 미드저니Midjourney로 이미지를 만들어요. 이렇게 각자 다른 도구를 쓰는 게 더 효과적이더라고요."

그럼, 조직 차원에서는 어떻게 접근해야 할까요?

가장 좋은 방법은 '리더가 먼저 써보기'입니다. 팀원들에게 AI를 쓰라고 하기 전에, 리더 본인이 먼저 경험해 보는 거예요. 그래야 "이런 것도 되고, 저런 것도 되는데, 이 부분은 조심해야 해."라고 구체적으로 안내할 수 있거든요.

실제로 효과적인 사례를 하나 들어드릴게요. 한 전자 회사 부서에서는 부장님이 먼저 AI로 월간 보고서를 작성해 보고, 그 경험을 팀원들과 공유했어요. "여기는 정말 잘 되는데, 여기는 사람이 다시 확인해야 해."라고 솔직하게 이야기한 거죠. 그러니까 팀원들도 '부장님도 시행착오를 겪으시는구나. 우리도 천천히 배워보자.'라는 마음으로 접근하게 되었고요.

반대로 실패한 사례도 있어요. 한 회사에서는 임원진이 AI 교육을 받지 않은 채 직원들에게만 AI를 활용하라고 지시했는데, 결과적으로는 아무도 제대로 쓰지 않더라고요. 리더가 모르는 걸 직원들이 적극적으로 할 리는 없잖아요. AI 활용 기술에 완벽하지 않아도 됩니다. AI는 80% 정확도로도 충분히 유용합니다. 기술 원리를 빈틈없이 이해할 필요도 없고요. 우리가 스마트폰 내부 구조를 모르고도 카카오톡을 잘 쓰는 것처럼, AI도 '어떻게 활용할지'만 알면 됩니다. 개인 스킬이 아니라 조직 역량이라는 점도 기억하세요. 혼자 AI를 잘 써봤자 큰 의미가 없어요. 팀 전체가 함께 활용할 때 진짜 시너지가 나거든요.

마지막으로, 한 번 배우고 끝나는 게 아닙니다. AI 기술이 워낙 빠르게 발전하고 있어서 지속적인 학습이 필요해요. 다행히 새로운 AI 도구들이 점점 더 사용하기 쉬워지고 있으니까, 처음에만 조금 힘들면 됩니다.

완벽하지 않아도 되는 위로

제가 아는 AI를 잘 활용하는 편의점 사장 이야기를 한번 해 드리고 싶어요. 사장님은 챗GPT에 이렇게 질문합니다.

"우리 편의점에 20대 손님들이 잘 안 와. 어떻게 하면 좋을까?"

"야식 코너 진열을 어떻게 하면 매출이 늘까?"

"비 오는 날 매출이 떨어지는데, 뭔가 대안이 있을까?"

복잡한 프롬프트 엔지니어링도 없고, 전문 용어도 없습니다. 그냥 자연스럽게, 마치 옆에 있는 경영 컨설턴트에게 묻듯이 질문하는 거예요. 결과는 무척 만족스럽습니다. 20대 타깃 상품 진열 방법, 날씨별 매출 전략, 시간대별 프로모션 아이디어까지 실용적인 답변을 받았거든요.

여기서 우리가 배울 점은, AI 활용에 정답이 없다는 거예요. 편의점 사장님처럼 자연스럽게, 우리가 평상시 하던 방식대로 질문해도 충분히 도움이 됩니다.

리더가 꼭 알아야 할 4가지

리더는 뭘 알아야 할까요? 복잡한 건 다 빼고, 핵심만 4가지로 정리해 드리겠습니다.

1. AI가 무엇을 할 수 있는지
- 현재 업무 중 자동화 가능한 것들 파악하기
- 텍스트 작성, 번역, 요약, 간단한 분석하기(대부분 가능)
- 이미지 생성, 음성 인식, 기본적인 코딩하기
- 복잡한 판단이나 창의적 전략 수립은 아직 제한됨

2. AI의 한계가 무엇인지
- 환각 현상: 없는 사실을 그럴듯하게 만들어내는 경우가 있음
- 최신 정보 부족: 학습 데이터 기준일 이후 정보는 모름
- 맥락 이해 한계: 복잡한 회사 내부 사정은 잘 모름
- 책임 문제: AI 결과에 대한 최종 책임은 여전히 사람이 져야 함

3. 어떻게 질문해야 좋은 답을 얻을 수 있는지
- 구체적으로 질문하기: "마케팅 전략은?" 질문 대신 "20대 고객 유치 방안은?"이라고 구체적으로 질문
- 맥락 제공하기: 우리 회사 상황, 예산, 기간 등을 함께 제시
- 단계별로 접근하기: 복잡한 문제는 작은 단위로 나누어 질문
- 검토하고 확인하기: AI 답변을 맹신하지 말고, 검토 후 활용

4. 조직 차원에서 어떻게 도입할지
- 도입 목적 명확화: 효율성 향상인지, 새로운 서비스 개발인지 명확화
- 단계적 도입: 작은 프로젝트부터 시작해서 점진적 확대
- 교육과 지원: 직원들이 AI를 활용할 수 있도록 교육 제공
- 가이드라인 수립: AI 사용 규칙과 윤리 기준 마련

마지막으로 이 말씀을 꼭 드리고 싶어요. 30년, 40년 직장생활을 해오면서 여러분이 쌓은 경험과 직감은 AI가 절대 대체할 수 없는 소중한 자산입니다. AI는 데이터를 분석하고 패턴을 찾는 데는 뛰어나지만, '어, 뭔가 이상한데?' 직감적으로 느끼는 능력은 여전히 인간만의 몫입니다. 시장의 미묘한 변화를 감지하고, 고객의 진짜 니즈를 파악하고, 팀원들의 감정상태를 읽어내는 것들 말이에요.

결론을 말씀드리자면, 이제 AI와 함께 일하는 방법을 배워

야 합니다. 직원들의 기술적 능력과 리더가 지닌 경험과 지혜가 만나면, 시너지는 대단할 거라고 확신합니다.

다음 장에서는 이런 경험과 지혜가 AI 시대에 어떻게 더 빛을 발하는지, 리더 혼자서 일하는 것보다 AI와 협력이 왜 더 소중한지 이야기해 보겠습니다.

내용 요약

- AI 역사와 현재: 1950년 튜링의 '기계가 생각할 수 있는가?' 질문, 2012년 딥러닝의 돌파구 그리고 2022년 챗GPT의 등장

- AI 반도체와 시장 동향: 엔비디아, AMD 등 글로벌 기업들의 경쟁 구도와 우리나라 기업들(삼성, SK하이닉스, LG 등)의 특화 영역 및 투자 규모

- 실무 활용 지침: 복잡한 기술보다는 구체적이고 실무적인 질문법, '모른다'고 인정하는 용기, 직원들과 효과적 소통 방법

| 성찰 질문 |

1. 나는 직원들과 대화하며 모르는 용어가 나올 때 어떻게 반응하고 있는가?

2. 우리 팀 업무 중에서 AI로 자동화할 수 있는 영역과 내 경험이 필요한 영역은 각각 무엇인가?

3. AI 관련 의사결정을 할 때 기술적 완벽함과 실용적 효과 중 어디에 더 무게를 둘 것인가?

심화 학습

AI는 어떻게 우리 말을 이해할까?

1. AI가 문장을 처리하는 과정

여러분이 "김 부장이 내일 회의에서"라고 입력했을 때 AI 내부에서 일어나는 일을 단계별로 설명해 드리겠습니다.

1단계: 단어를 숫자로 바꾸기
AI는 글자를 직접 이해할 수 없어서 모든 단어를 숫자로 바꿔야 합니다.

- "김 부장" → [0.2, 0.8, 0.1, 0.9] (직급, 업무성, 나이대, 권한)
- "내일" → [0.9, 0.1, 0.2, 0.1] (시간성, 과거성, 긴급성, 추상성)
- "회의" → [0.7, 0.9, 0.3, 0.5] (업무성, 공식성, 개인성, 중요도)

마치 사람마다 '성격, 외모, 취미' 점수를 매겨서 비슷한 사람끼리 묶는 것과 같습니다.

2단계: 단어들 사이의 관계 파악하기
이제 각 단어가 다른 단어와 어떤 관계인지 분석합니다.

- "김 부장이" ↔ "회의에서": 김 부장이 회의의 주체라는 관계
- "내일" ↔ "회의": 시간과 행사의 관계
- "김 부장" ↔ "내일": 특정인의 미래 일정이라는 관계

이 과정을 여러 번 반복하면서 점점 더 정교한 관계를 파악해 나갑니다.

3단계: 경험을 바탕으로 다음 말 예측하기

AI는 과거에 학습한 수많은 문장 패턴을 바탕으로 '다음에 올 가능성이 높은 말'을 찾습니다.

- '김 부장+내일+회의' 패턴에서 자주 나온 단어들:
    - 보고할 예정입니다. (60% 확률)
    - 발표할 계획입니다. (25% 확률)
    - 참석할 예정입니다. (15% 확률)

가장 확률이 높은 '보고할 예정입니다.'를 선택해서 문장을 완성합니다.

2. 왜 이렇게 복잡하게 할까?

간단해 보이는 이 과정이 실제로는 엄청나게 복잡합니다. GPT-4는 이런 계산을 120개 층에서 동시에 수행합니다. 층마다 조금씩 더 정교하게 분석하죠.

- 초반 층들(기본 구조 파악)

    '누군가가 언제 어디서 뭔가 한다.'
- 중간 층들(맥락 이해)

    '부장급 직원이 공식 회의에서 뭔가 한다.'
- 후반 층들(경험적 판단)

    '내일 회의면 이미 자료 준비는 끝났을 테고, 상급자 앞에서 보고할 가능성이 높다.'

3. 리더가 알아야 할 핵심

1. AI는 '이해'가 아닌 '패턴 매칭': 진짜 의미를 아는 게 아니라 비슷한 패턴을 찾는 것
2. 확률적 선택: 항상 가장 가능성 높은 답을 선택하지만, 때로는 엉뚱한 답도 가능
3. 맥락의 중요성: 입력이 애매하면 AI도 애매한 답을 줄 수밖에 없음

※ AI를 사용해 질문할 때는 "구체적이고 명확한 맥락"을 제공하는 것이 중요합니다.

GPT-4: 120층 초고층 빌딩의 비밀

- **1조 7천억 개** 전체 매개변수
- **120층** 트랜스포머 레이어
- **100억 개** 지하 창고
- **1조 6천억 개** 실제 두뇌

81–120층
- 관계 분석 회의실
- 깊이 사고 개인실

최종 판단 & 문장 완성
- 가장 적절한 완성 결정
- 확률적 선택(85% 확률)
- 자연스러운 표현 선택
- 최종 점검
▶ "90% 확률로 실적 보고일 거야."

31–80층

맥락 이해 & 경험 적용
- 상황 추론 시작
- 업무 맥락 파악
- 직급별 역할 고려
- 일반적 업무 패턴 적용
▶ "아마 이런 상황일 거야."

1–30층

단어 인식 & 기본 관계 파악
- 개별 단어 식별
- 기본 문법 구조 파악
- 단어 간 연결 관계 인식
▶ "뭔가 하는 것 같은데?"

임베딩 테이블 100억 개 단어사전

"김 부장이 내일 회의에서…" → 지하 창고 변환 → 1층부터 120층까지 정교화 → "프로젝트 결과를 보고할 예정이다."

- ■ 구역(어텐션): 팀 회의실 – 단어 간 관계 분석
- ■ 구역(피드포워드): 개인 사무실 – 혼자 깊이 생각
- ■ 지하 창고: 임베딩 테이블(단어 → 숫자 변환표)

3
리더십

: 레거시 리더십 vs 오그멘티드 리더십

> 백 권의 리더십 책을 읽고도 완벽해질 수 없다면,
> AI와 함께 성장하는
> 불완전한 리더가 되어보자.

100권의 리더십 책을 읽어도

"이 책만 읽으면 당신도 카리스마 리더가 될 수 있습니다!"

서점에서 이런 문구를 보면 괜히 마음이 설레곤 합니다. 저도 처음엔 그랬어요. 회사의 교육 책임자로 일하다 보니 리더십 서적은 웬만하면 다 읽어본 것 같습니다. 드러커부터 시작해서 잭 웰치, 존 맥스웰, 사이먼 사이넥까지⋯ 제 프로필에 '리더십 연구가'라는 타이틀도 박아 넣고 다녔으니까요.

매년 신간이 나올 때마다 온라인 서점에서 주문하고, 밑줄 그어가며 읽고, 중요한 부분은 노트에 정리했습니다. 서재 한 벽면이 온통 리더십 관련 서적들로 가득 찰 정도였죠. 회사 임원진 회의에서도 "하버드 비즈니스 리뷰에 따르면⋯"이라고 시작하는 말을 자주 했고, 직원들 앞에서는 "톰 피터스가 말한 탁월함의 조건 8가지를 보면…."이라며 이론을 인용하곤 했어요.

막상 현실로 돌아와서는 어떨까요? 조직 생활에 절반 정도가 리더 생활이었는데, 솔직히 말해서 제 리더십은 여전히 부족함이 많습니다. 이론은 줄줄 외우고 있으면서도, 정작 중요한 순간에는 같은 실수를 반복하곤 하죠. 책에서 읽은 '이상적인 리더'와 현실의 저 사이에는 건널 수 없는 강이 있는 것 같았어요.

몇 년 전 봄, 회사에 새로 들어온 지 과장이 있었습니다. L모 전자에서 헤드헌팅 해온 30대 중반의 유능한 인재였죠. 해외 MBA까지 마친 수재에, 프로젝트 매니지먼트 역량이 뛰어나고 해외 근무 경험도 풍부했습니다. 무엇보다 부드러운 소통 스타일과 논리적 사고력까지 겸비한 인재였어요.

첫 만남에서 지 과장이 했던 말이 아직도 기억납니다.

"저는 기존 패러다임을 깨는 혁신적인 인재 제도를 만들고 싶습니다. 4차 산업혁명 시대에 맞는 완전히 새로운 접근이 필요하다고 생각해요."

당시 우리 그룹은 핵심 인재 제도 개편을 고민하고 있던 터였습니다. 기존의 연공서열 중심 체계로는 급변하는 시장에 대응하기 어렵다는 판단이었죠. 그룹 회장님께서도 젊은 감각으로 확 바꿔보라고 하셨고요. 저는 지 과장에게 이 중대한 프로젝트를 맡겼습니다.

지 과장은 정말 열정적으로 일했습니다. 밤늦게까지 사무실에 불이 켜져 있었고, 주말에도 나와서 자료를 분석했어요. 글로벌 기업들 사례를 샅샅이 뒤지고, 최신 이론까지 섭렵했습니다. 2주 만에 벤치마킹 보고서를 완성했고, 한 달 후에는 200페이지가 넘는 구체적인 개편안을 들고 왔습니다.

하지만 문제는 그다음부터였어요. 지 과장이 제안한 핵심 인재 제도가 이론적으로는 완벽했지만, 우리 그룹의 현실과는 거리가 있었거든요. 360도 피드백, 크로스펑셔널 로테이션, 개별 IDP… 모두 글로벌 스탠더드에 맞는 훌륭한 제도들이었지만, 관광업 중심의 보수적인 중견 그룹에 바로 적용하기에는 무리가 있었어요.

그 당시 제가 했던 말이 지금 생각해 보면 참 아쉽습니다.

"지 과장, 정말 좋은 아이디어네. 하지만 우리 그룹 스타일을 생각해 보면… 너무 급진적인 변화는 반발이 클 수도 있을 것 같아."

감성 리더십 책에서 배운 대로, 직원의 아이디어를 먼저 인정하고 격려했습니다. 하지만 동시에 은근히 제동을 걸었던 거죠. 그리고 단계적 접근을 제안했어요.

"일단 기존 제도에서 조금씩 바꿔나가는 게 어떨까?"

지 과장은 당황스러워하는 기색이 역력했습니다. 제가 혁신보다는 안정을 택한다는 걸 눈치챘을 거예요. 그 이후 지 과장의 열정이 눈에 띄게 식어갔습니다. 회의에서도 "기존 방식을 따르겠습니다."라는 식으로만 답하더라고요. 몇 달 후, 결국 사표를 제출했어요.

"제가 기여할 수 있는 부분이 생각보다 제한적인 것 같아서요."

그 말을 들으면서 깊은 반성이 들었습니다. 물론 지 과장의 퇴사에는 여러 요인이 있었을 겁니다. 개인적인 사정이나 더 좋은 기회가 생겼을 수도 있고요. 하지만 적어도 제가 변화를 주저했던 건 분명했어요. 감성 리더십이란 명목하에 혁신을 막는 보수적인 리더였다는 걸 깨달았죠. 이런 실수들이 혹시 저만의 문제일지 생각해 봤는데, 전혀 그렇지 않더라고요. 심지어 세계적으로 성공한 리더들도 마찬가지였어요.

호간Robert Hogan 박사의 연구에 따르면, 모든 리더에게는 "디레일러derailer"라고 불리는 위험 요소가 존재합니다. 이는 단순한 약점과는 다른 개념이에요. 평상시에는 강점으로 보이지만, 스트레스 상황에서는 리더십을 망칠 수 있는 특성들을 말하죠. 성공한 리더들일수록 이런 디레일러가 더 두드러지는 경우가 많습니다. 성공 경험이 자신감과 때로는 오만함으로 이어지기 때문이죠.

스티브 잡스나 일론 머스크를 보세요. 이들은 분명 혁신의 아이콘이지만, 동시에 완벽주의와 강압적 스타일로도 유명했어요. 월터 아이작슨은 두 사람의 공통점을 "잔인할 정도로 솔직하다."라고 표현했죠. 잡스는 직원들을 A급과 B급으로 나누어 관리했고, 머스크는 '일론 타임'이라는 말이 있을 정도로 비현실적인 일정을 요구하곤 했어요. 제프 베조스의 경우도 마찬가지입니다. 그의 강도 높은 경영 스타일은 여러 언론 보도를 통해 알려졌어요. 물론 이런 보도들이 모든 상황을 정확히 반영한다고 보기는 어렵지만, 아마존의 높은 성과 기준과 그로 인한 조직 내 압박은 부인할 수 없는 현실이었죠. 이런 특성들이 그들을 성공시킨 동시에 위험에 빠뜨릴 수 있는 양날의 검이라는 점입니다. 완벽주의와 추진력이 혁신적인 제품을 만들며 동시에 조직 내 갈등과 높은 이직률을 야기하기도 했거든요. 이것이 바로 호간 이론의 핵심입니다. 리더의 강점은 때론 약점이 될 수 있다는 거예요. 그리고 이는 리더 본인이 알아채기 어려운 '블라인드 스팟Blind Spot'이기도 하죠.

    지 과장과의 경험을 되돌아보니, 제가 그동안 읽었던 수많은 리더십 이론이 떠올랐습니다. 감성 리더십 서적에서 배운 대로 직원의 아이디어를 인정하고 격려했지만, 정작 변화는 주저했거든요. 그렇다면 지금까지 배워온 리더십 이론들은 현실에서 왜 이렇게 적용하기 어려울까요?

    잘 아시다시피, 특질이론Trait Theory은 리더십 연구의 출발점이지요. 카리스마, 지능, 자신감 같은 특질들이 리더십에 중요하다는 건 여전히 맞는 말이죠. 우리가 흔히 말하는 세종대

왕의 학문적 탐구심이나 이순신의 불굴 의지 같은 것들이 바로 그런 특질이에요. 다만 복잡한 조직 현실에서는 특질만으로 리더십 효과성을 완전히 설명하기 어려운 한계가 드러났어요. 같은 특질을 가진 리더라도 상황과 맥락에 따라 전혀 다른 결과를 보이곤 했고, 무엇보다 개인의 인지적 한계로 복잡하고 빠르게 변화하는 환경에서 모든 요소를 종합적으로 판단하기 어려웠죠. 현재도 빅5 Big Five 성격 이론, 감정지능, 끈기 Grit, 회복력, 나르시시즘이나 마키아벨리즘 같은 어두운 측면의 특질(Dark Triad) 등 훨씬 다양하고 정교한 관점에서 연구가 계속되지만, 여전히 개인 특질 중심의 접근이라는 근본적 한계는 남아있어요.

그 이후 등장하는 행동이론 Behavioral Theory에서 강조한 '과업 지향'과 '관계 지향'의 균형도 여전히 중요한 통찰입니다. 다만 현실에서는 이 균형을 잡는 것 자체가 어려워요. 관계를 중시하다 보면 성과관리에 소홀해지기 쉽고, 성과를 강조하다 보면 인간적인 면이 부족해지기 쉽거든요.

상황이론 Contingency Theory은 한 걸음 더 나아가서, 상황에 따라 리더십 스타일을 조절해야 한다고 했어요. 이론적으로는 정말 합리적이죠. 하지만 현실에서는 그 '상황'을 정확히 파악하는 것부터가 어려워요. 실제로 많은 실증연구에서 이 이론의 타당성이 취약한 것으로 나타났어요. 상황을 너무 단순하게 분류했고, 현실에서는 상황이 계속 변화하거든요. 저도 급한 성격 때문에 상황 판단을 성급하게 했을 때가 많았는데, 나중에 보니 제가 생각했던 상황과 실제 상황 사이에 큰 괴리가 있었더라고요.

변혁적 리더십Transformational Leadership이나 서번트 리더십Servant Leadership, 진성 리더십Authentic Leadership 같은 최근 이론들도 마찬가지예요. 구성원들에게 영감을 주고, 그들의 성장을 돕는다는 철학은 정말 아름답습니다. 하지만 현실에서는 각각의 한계가 드러나곤 하죠. 변혁적 리더가 되려다가 카리스마에 도취되어 독단적으로 되기 쉽고, 서번트 리더가 되려다 보니 '섬김'에만 집중해서 정작 어려운 결정을 내리지 못하게 되기도 하죠. 진성 리더십을 추구하다가도 '이게 진짜 내 모습'이라며 자신의 가치관에 고착되어 변화나 조직의 필요를 외면하게 되기도 하고요. 이론들이 틀렸다는 게 아니에요. 다만 모든 상황에 완벽하게 적용할 수 있는 만능 이론은 없다는 거죠.

특히 40~50대 리더들에게는 또 다른 고민이 있습니다. 20~30대 때 배웠던 리더십 방식이 지금도 유효한지 의문이 들어요. 직원들을 보면 더욱 혼란스럽습니다. MZ세대들은 우리와 완전히 다른 방식으로 일하고, 다른 가치관을 가지고 있어요. 여러분들 혹시 '굳이병'이라고 아시나요? 저도 처음엔 무슨 말인지 몰랐는데, 직원이 설명해 주더라고요.

"굳이병은 비효율적이고 의미 없어 보이는 일에 대해 '굳이 왜 해야 하나요?'라고 묻는 거예요."

그들은 우리가 3일 걸려 만드는 기획서를 1시간 만에 AI를 활용해서 뚝딱 만들어내고 "이런 식으로 하면 안 되나요?"라고 묻습니다.

'야근이 당연하다'고 생각하는 우리와 달리, 6시 정각에 가방을 메고 "내일, 마저 하겠습니다."라고 말하며 퇴근해 버리죠. 회식 자리에서 "저는 술 안 마셔요."라고 태연히 말하고, 승진보다는 '자신의 커리어 패스'를 더 중요하게 생각합니다. 이들이 틀렸다고 말할 수도 없습니다. 오히려 더 효율적이고, 건강하며, 합리적일 수 있거든요. 우리가 "이게 회사야!"라고 소리쳐봐도 이들은 "네, 알겠습니다. 그럼 이직하겠습니다."라고 담담히 대답할 뿐입니다.

"원장님 세대와는 좀 다를 것 같아요."

직원이 이렇게 말할 때 드는 묘한 기분, 여러분도 아시죠? 틀렸다는 건 아니지만, 왠지 모르게 소외감이 드는 거 말이에요. 그렇다고 해서 직원들에게 무조건 맞춰주자니, 그것도 답이 아닌 것 같습니다. 경험과 노하우를 무시하고 젊은 문화만 따라가다 보면, 정작 리더로서의 정체성을 잃을 수도 있거든요.

30년 전에 제가 신입 사원이었을 때는 선배가 "이렇게 해라." 하면 "네, 알겠습니다."라며 무조건 따라 했어요. 그런데 지금 신입 사원들은 '왜 그렇게 해야 하는지' 이유를 알고 싶어하고, '다른 방법은 없는지' 대안을 제시하기도 해요. 오히려 발전적이고 창의적인 사고방식일 수 있죠. 하지만 저는 그 변화를 따라가지 못했던 거예요. 리더십 책을 100권 넘게 읽었으나, 정작 현실에서는 여전히 실수투성이인 모습을 보면서 생각했습니다. '완벽한 리더십'이라는 건 존재하는 걸까? 아니면 우리가 만들어낸 이상에 불과한 걸까?

호간 박사의 연구 결과를 보면, 성공하는 사람들의 공통점을 찾기는 어렵지만 실패하는 사람들의 공통점은 비교적 명확하다고 해요. 성공한 리더들은 제각각 다른 방식으로 성공하기 때문에 일반화하기 어렵지만, 실패한 리더들은 비슷한 패턴을 보인다는 거죠.

그 패턴이 바로 앞서 언급한 디레일러입니다. 자신의 방식을 바꾸지 않는 고집, 변화를 두려워하는 보수성, 과신과 오만에 빠지는 자만심, 다른 관점을 받아들이지 못하는 편견… 이런 것들이 리더를 실패로 이끄는 공통 요인들이에요.

그렇다면 우리는 어떻게 해야 할까요? 리더십 책 100권을 읽어도 완벽해질 수 없다면, 수많은 경험을 쌓아도 여전히 실수를 반복한다면, 도대체 어떻게 더 나은 리더가 될 수 있을까요?

이제는 새로운 접근이 필요합니다. 완벽한 리더가 되려고 애쓰는 대신, 한계를 인정하고 그것을 보완할 수 있는 방법을 찾는 거죠.

물론 이것도 완벽한 해답은 아닙니다. 하지만 적어도 '완벽해야 한다'는 강박에서 벗어날 수는 있어요. 그동안 리더십의 완벽함을 추구하며 겪었던 시행착오와 한계를 AI라는 새로운 도구가 도와줄지도 모르겠습니다. 내가 못 하는 부분을 AI가 해줄 수 있다면, 우리는 더 이상 완벽한 리더가 되려고 애쓸 필요가 없습니다. 대신 AI와 함께 성장하는 리더가 되면 됩니다.

그렇다면 구체적으로 어떻게 AI가 우리의 리더십을 도와줄 수 있을까요?

프롤로그에서 말씀드렸듯이 2024 하버드 비즈니스 리뷰에서 AI 시대에 더 중요해진 리더십 자질을 세 가지로 정리했는데요. "인식Awareness", "지혜Wisdom", "공감Compassion"이 바로 그것입니다. 40~50대 리더들이 가진 시간의 축적물이 바로 이 세 가지 영역에서 빛을 발한다는 뜻이죠. 먼저 인식과 관련된 능력이 어떻게 AI를 뛰어넘는 가치를 만드는지, AI가 어떻게 보완 툴이 되는지 다음 절에서 구체적으로 살펴보겠습니다.

숨겨진 나를 비추는 AI 거울
: 인식

작년 봄, 출강하는 협회의 공개 교육과정에서 있었던 일입니다.

50대 중반의 수강생인 박 상무가 쉬는 시간에 저를 조용히 불러내더니 이런 말을 했어요.

"요즘 내가 어떤 리더인지 모르겠어요. 예전엔 직원들이 뭔가 불만이 있어도 대놓고 말하지 않았는데, 요즘 애들은 너무 솔직해. 지난주에 신입 사원이 '박 상무님은 회의할 때 너무 일방적으로 말씀하세요.'라고 하더라고요. 그 순간 정말 당황했어요."

박 상무는 오랜 근무 경력에 부서 실적도 좋고, 회사에서 인정받는 리더입니다. 하지만 그날 그의 표정은 참 복잡해 보였어요.

"그런데 내가 정말 일방적으로 말하는 건지, 아니면 요즘 직원들이 예민한 건지… 도대체 뭐가 맞는지 모르겠어요. 거울 보면서 '넌 어떤 리더야?'라고 물어봐도 답이 안 나온다니까요."

사실 박 상무의 고민은 전혀 특별한 게 아닙니다. 조직 심리학자 타샤 유리크Tasha Eurich 박사의 2017년도 연구에 따르면, 95%의 사람들이 자신을 충분히 안다고 생각하지만, 실제로는 10~15%만이 진정한 자기 인식을 하고 있다고 합니다. 경력이 쌓이고 지위가 높아질수록 이런 맹점이 더 커진다고 합니다. 왜 그럴까요? 유리크 박사는 이를 "자기 인식의 역설"이라고 부릅니다. 경험이 쌓일수록 자신에 대한 확신은 강해지지만, 동시에 자신을 객관적으로 보는 능력은 떨어진다는 거죠. 마치 그림을 너무 가까이서 보면 전체가 보이지 않는 것처럼요. 그런데 최근 AI가 이런 문제를 해결해 주는 흥미로운 도구가 되었습니다. 단순히 '기술적 도움'을 넘어서, 우리가 보지 못했던 자기 모습을 객관적으로 보여주는 '거울' 역할을 하게 된 거죠.

박 상무의 이야기를 계속해 보겠습니다. 그는 고민 끝에 회사에서 시범 운영 중이던 AI 회의 분석 시스템을 사용해 보기로 했습니다. 3주 동안 주요 회의를 녹음하고 AI 분석을 받아 본 결과, 놀라운 데이터가 나왔어요. AI가 보여준 건 냉정한 숫자들이었습니다.

| Content |

- 발언 시간 총 비율: 박 상무 68%, 팀원들 32%
- 질문 빈도: 박 상무가 팀원에게 87%, 팀원이 박 상무에게 13%
- 중단 빈도: 박 상무가 다른 사람 말을 중단시킨 횟수 평균 12회/시간
- 감정 톤 분석: 지시적 어조 73%, 협의적 어조 27%

"이걸 보고 정말 충격받았어요. 숫자로 보니까 확실히 알겠더라고요. 내가 정말 일방적으로 말하고 있었구나."

여기서 중요한 건, 박 상무가 이 데이터를 어떻게 해석했느냐는 겁니다.

앞서 하버드 비즈니스 리뷰에서 제시한 AI 증강 리더십 모델을 보면, "인식Awareness"에 관하여 인간과 AI의 역할이 명확하게 구분되어 있어요. AI는 내용Content을 담당하고, 인간은 맥락Context을 담당한다는 거죠. 박 상무의 사례가 이걸 완벽하게 보여줍니다. AI는 냉정한 숫자로 현실을 보여줬죠. "발언시간 68%, 중단 횟수 12회/시간" - 이게 바로 AI가 제공하는 '내용(Content)'입니다. 정확하고 객관적이지만, 그 자체로는 의미를 갖지 못해요. 여기서 박 상무가 한 일이 바로 인간의 역할인 '맥락(Context)' 제공입니다. 그는 단순히 숫자를 받아들이는 데 그치지 않고, 자신만의 해석을 추가했어요.

"그런데 가만히 생각해 보니, 그 기간에 분석한 회의들이

대부분 긴급한 이슈나 중요한 결정을 내려야 하는 상황이었어요. 특히 12월이라 연말 실적 마감 압박도 있었고요. 그래서 제가 평소보다 더 적극적으로 리드를 했던 것 같아요."

| Context |
- 그 기간이 연말 실적 마감 압박이 있던 시기
- 대부분 긴급한 이슈나 중요한 결정을 내려야 하는 회의
- 평소보다 더 적극적으로 리드

"하지만 AI 데이터를 보니까, 아무리 급한 상황이라도 팀원들의 의견을 들을 시간은 충분히 만들 수 있었겠다는 생각이 들었어요. 특히 중간에 말을 끊는 습관은 상황과 관계없이 개선해야 할 부분이더라고요."

이제 박 상무는 AI의 객관적 데이터와 자신이 파악한 상황적 맥락을 결합해서 새로운 자기 인식에 도달했습니다.

| 인식 : Content +Context |
- 아무리 급한 상황이라도 팀원들 의견을 들을 시간은 충분히 만들 수 있음
- 말을 끊는 습관은 상황과 관계없이 개선해야 할 부분

"급한 상황에서 리더가 주도적으로 나서는 건 맞지만, 그 과정에서 팀원들의 참여 기회를 너무 많이 빼앗았구나. 앞으

로는 의사결정 속도는 유지하되, 각자 한마디씩은 할 수 있는 시간을 의도적으로 만들어야겠어."

박 상무의 진짜 변화는 그다음부터 시작되었습니다. 단순히 회의 패턴만 바꾸는 게 아니라, 자신의 리더십을 지속적으로 관찰하고 개선하는 "메타 리더십Meta Leadership" 훈련을 시작한 것입니다. 메타 리더십이라는 개념, 생소하게 들리실 수도 있는데요. 간단히 말하면 "리더십에 대한 리더십"입니다. 하버드 공중보건대학원의 레너드 마커스Leonard J. Marcus 교수가 2009년 처음 제시한 개념으로, 원래는 위기 상황에서 조직 간 경계를 넘나드는 리더십을 의미했습니다. 하지만 AI 시대를 맞아 저는 이 개념을 조금 더 확장해서 해석해 보고 싶습니다. 바로 '자신의 리더십을 메타 차원에서 성찰하고 관리하는 능력'으로 말이죠.

박 상무는 매주 금요일 오후 30분을 '리더십 리뷰 타임'으로 정했습니다. 일주일간 있었던 주요 리더십 상황들을 AI와 함께 돌아보는 시간이었죠.

"처음에는 회의 분석만 했는데, 점점 다른 것들도 궁금해지더라고요. 내가 보내는 이메일은 어떨까, 1 대 1 면담할 때는 어떨까, 이런 식으로요."

박 상무는 AI에 이렇게 질문했습니다:

"이번 주 나의 리더십 행동을 분석해 주세요. 주요 상황들

과 행동, 의도한 것과 실제 결과의 차이를 입력하니까, 일관된 패턴을 찾아서 개선점을 제안해 주세요."

AI는 그의 일주일을 데이터로 분석했습니다. 발언 패턴, 의사결정 스타일, 팀원 반응까지 종합해서 말이죠. 박 상무는 그 분석을 자신의 의도와 비교하며 '아, 내가 이런 패턴을 가지고 있구나' 깨닫게 되었습니다.

운동선수는 자신의 경기 영상을 돌려보며 폼을 교정하고, 의사는 케이스 스터디를 통해 진료 방법을 개선합니다. 그런데 리더는 어떤가요? 지금까지 우리는 '감'에 의존해서 리더십을 발휘해 왔죠. 하지만 AI는 다릅니다. 데이터를 기반으로 우리의 리더십을 객관적으로 분석해 줍니다.

AI의 등장으로 이런 메타 차원의 자기 인식이 훨씬 정교해졌습니다. 이제는 감이 아니라 데이터로 자신을 볼 수 있게 된 거죠. 박 상무처럼 회의 분석을 통해 자신의 소통 패턴을 발견하거나, 이메일 톤 분석으로 무의식적인 소통 스타일을 깨닫게 되었습니다. 이런 데이터 분석은 한 번에 끝나는 게 아닙니다. AI가 보여주는 객관적 패턴과 우리가 현장에서 느끼는 미묘한 변화를 지속적으로 연결해 보고, 작은 변화를 시도하고, 그 결과를 다시 확인하는 순환 과정이 진짜 메타 리더십의 핵심이거든요. 특히, 박 상무의 경우, 단순히 "발언 시간 68%"라는 숫자만 본 게 아니라, "그 기간이 연말 실적 마감"이라는 특수 상황인 맥락과 연결해서 해석했기 때문에 더욱 의미 있는 변화를 만들어낼 수 있었습니다. AI의 정확한 분석과 인간의 상황적 이해가 만나야 진정한 통찰이 생기는 거죠.

그렇다면 우리는 구체적으로 어떻게 AI를 활용해서 자기 인식을 높일 수 있을까요?

먼저 회의 분석부터 시작해 보세요.

MS 팀즈Teams나 줌Zoom 같은 도구들이 기본적인 분석 기능을 제공하고 있어요. 본인의 발언 시간, 질문 빈도, 감정 톤을 체크해 보는 거죠. 일주일 정도 데이터를 모아보면 패턴이 보이기 시작해요.

앞서 언급한 이메일 분석도 도움이 됩니다.

아웃룩의 비바인사이트Viva Insights나 구글 지메일의 분석 기능을 활용해서 자신의 이메일 스타일을 점검해 볼 수 있어요. 너무 명령적인지, 감정 표현이 부족한지, 답변이 너무 빠른지 아닌지 말이죠.

최근에는 음성 일기 분석이라는 새로운 방법도 주목받고 있습니다. 국내 테바소프트에서 개발한 '심스페이스'는 AI 기반의 음성으로 기록한 일기에서 감정을 분석해 주고, 국내 개발자 허준혁(닉네임 Huurray) 씨가 만든 '소곤소곤'은 음성 일기 기록과 통계 기능을 제공하는 음성 일기 앱들입니다. 타이핑하기 어려운 퇴근길이나 잠자리에서 하루를 돌아보며 음성으로 일기를 남기면, AI가 스트레스 지수, 감정 변화, 심지어 리더십 스타일까지 분석해 주는 거예요.

또한 시간 사용 패턴 분석도 효과적입니다. 노르웨이에서 개발한 앱 타임리Timely 같은 AI 기반 시간 추적 도구를 사용하면 본인이 언제 어떤 업무에 얼마나 시간을 쓰는지 자동으로 분석해 줍니다. '창의적 업무를 오전에 한다고 생각했는데, 실제로는 오후 3시 이후에 더 집중한다'는 새로운 자기 발견을 할 수 있어요.

무엇보다도 이런 데이터를 받아들이고 해석하는 마음가짐이 중요합니다. 방어적으로 변명하거나 완벽하게 바꾸려고 하지 마세요. 대신 "아, 이런 패턴이 있구나."라고 받아들이고, '이 패턴이 어떤 상황에서 나타나는지' 관찰하세요. 그리고 천천히, 한 가지씩 개선해 보세요. 박 상무는 한 달 동안 회의에서 "다른 의견 있으신가요?"라는 질문을 의도적으로 3번씩 하는 것부터 시작했어요. 작은 변화지만 효과는 놀라웠습니다.

구체적인 실습 방법과 단계별 가이드는 이 책의 심화학습에서 자세히 확인할 수 있습니다. 도구별 사용법, 프롬프트 템플릿, 상황별 체크리스트가 준비되어 있으니 실제 적용할 때 참고해 보세요.

AI 거울은 우리에게 새로운 자기 인식의 기회를 제공합니다. 30년, 40년 쌓아온 습관과 패턴을 바꾸는 것은 쉽지 않아요. 하지만 그 거울 속에서 발견하게 될 것은 '완벽하지 않은 나'가 아니라 '성장할 수 있는 나'입니다.

질문하는 리더의 시대
: 지혜

하버드 비즈니스 리뷰에서 제시한 "지혜Wisdom"의 정의를 보면, "현실을 있는 그대로 이해하여, 자아의 한계에서 벗어나 건전한 판단을 내리는 마음의 분별 능력"이라고 했는데요. 특히 AI와의 협업에서는 **AI가 방대한 데이터 기반의 답변**을 제공하고, 인간은 **통찰력과 경험을 활용해 좋은 질문**을 던지는 역할 분담이 핵심이라고 강조했습니다.

얼마 전, 예전 기업에서 같이 일했던 부하직원이 오랜만에 찾아왔습니다. 최근 기획팀장으로 발령받은 그의 고민은 회사에서 AI를 활용하는 자신의 직원들 때문에 골치라는 것이었어요.

"직원들이 AI로 만든 결과물을 가지고 와서 보고를 받는데,

느낌이 뭔가 싸해요. 데이터도 정확하고 분석도 깔끔한데… 막상 세부적으로 파고들면 어버버하며 말문이 막혀요. 그래서 요즘 직원들의 보고서 신뢰성을 의심하게 되더라고요."

사실 이런 현상은 전 세계적으로 나타나는 문제입니다. 최근 미국 듀크대학교 연구팀의 발표에 따르면, 직장에서 생성형 AI를 사용하는 사람들이 오히려 주변으로부터 게으르고, 능력이 부족하다는 부정적인 평가를 받을 수 있다는 결과가 나왔거든요. AI의 도움을 받은 직원이 사람의 도움을 받은 직원보다도 더 나쁘게 평가받았다는 점은 특히 충격적이었습니다.

그렇다면 이런 상황에서 리더는 어떻게 해야 할까요? 실제 사례를 통해 살펴보겠습니다. 아래는 어느 기업의 가상 시나리오입니다.

월요일 오전 8시 47분의 선택

| 긴급 상황 |

정민수 상무(51세)의 휴대전화가 동시에 울렸습니다. 세 개의 알림이 화면을 덮었죠.
- 카카오톡 (CEO): "30분 후 긴급 임원 회의. 경쟁사가 우리 핵심기술 유출 의혹 제기"
- 이메일 (HR 팀장): "핵심 개발자 5명 일괄 사직서 제출. 즉시 면담 필요"

> - 문자 (VIP 고객): "오늘 12시까지 회신 없으면 계약 철회. 10억 프로젝트"

정 상무는 커피를 한 모금도 못 마신 채 멈춰 섰습니다. 20년 경력에 이런 삼중 위기는 처음이었어요.

| 첫 번째 질문 |

"뭐부터 해야 하지?" (우선순위 파악하기)

정 상무는 AI 입력창에 아래와 같은 프롬프트를 입력했습니다.

> 긴급 상황입니다. 다음 세 가지를 처리해야 합니다
> 1. CEO 긴급회의 (기술 유출 의혹)
> 2. VIP 고객 계약 철회 위기
> 3. 핵심 개발자 5명 집단 사직
> 우선순위를 정해주세요.

AI가 즉시 분석을 시작했습니다.

> | 위급도 기준 우선순위 |
> 1. CEO 회의 (95점) - 법적 리스크, 회사 이미지
> 2. VIP 고객 (90점) - 즉시 수익 손실

권장: CEO 회의 우선 참석

AI가 제시한 숫자로는 명확해 보이지만, 정 상무는 뭔가 석연치 않았습니다.

| 두 번째 질문 |

"이것들이 연결되어 있다면?" (연관성 분석하기)

"잠깐, 좀 더 복잡하게 생각해 보자. 이 세 가지가 서로 연결되어 있을 수도 있어." 정 상무는 질문을 다시 작성했습니다:

20년 경력 임원 관점에서 분석해 주세요.
- 배경: IT기업, 직원 200명, 주력 사업은 B2B 솔루션
- 상황: 위 세 가지 위기가 동시 발생
- 질문: 이 세 사건이 서로 연결되어 있을 가능성을 분석하고, 만약 연결되어 있다면 어떤 순서로 접근해야 할지 제시해 주세요.
- 참고: 과거 유사 위기 시 표면적 문제보다 숨겨진 연결고리가 더 중요했던 경험이 있음.

이윽고, AI의 두 번째 응답이 떴습니다.

| 연관성 분석 결과 |

- 기술 유출 의혹 → 개발자 불안감 → 집단 사직:

> 78% 가능성
> - 언론 보도 → VIP 고객 동요 → 계약 철회: 65% 가능성
> - 3가지 사안 연쇄반응 확산 확률: 84%
> - 수정된 접근법:
>   1. 개발자 이탈 원인 분석 (연쇄반응 차단)
>   2. VIP 고객 즉시 안정화
>   3. CEO 회의에서 종합 상황 보고

| 세 번째 질문 |

"진짜 문제는 뭘까?" (패턴 분석)

정 상무는 시계를 봤습니다. 9시 17분. CEO 회의까지 13분 남았어요. 그런데 갑자기 2018년이 떠올랐습니다.

"잠깐… 2018년에도 비슷한 일이 있었어. 그때는 기술 문제인 줄 알았는데, 알고 보니 핵심은 '신뢰'였어. 혹시 이번에도 진짜 문제는 다른 곳에 있는 건 아닐까?" 다시 AI에 프롬프트로 질문했습니다.

다음 데이터를 분석해서 의심스러운 패턴이 있는지 찾아주세요:

사직서 제출자 정보:
- 5명 모두 최근 6개월 내 승진 탈락

- 제출 시간: 어젯밤 11시~새벽 2시 집중
- 4명이 동일 헤드헌팅 회사 접촉 이력
- 공통 업무: 경쟁사 A 관련 프로젝트 담당
질문: 이것이 우연의 일치일 확률은?

패턴을 분석한 뒤 AI는 다음과 같은 결과를 출력했습니다.

| 패턴 분석 |
- 우연일 확률: 3.2% (매우 낮음)
- 계획적 집단 이탈 가능성: 89%
- 외부 조직적 개입 의혹: 높음
- 권장: 내부자 관여 가능성도 조사 필요

정 상무의 얼굴이 굳어졌습니다. 이건 단순한 위기가 아니었어요.

| 네 번째 질문 |

"누가 이득을 보는가?" (내부 조사)

"자, 더 깊이 파보자. 만약 이게 계획적이라면… 누가 이득을 보지? 경쟁사? 아니면 내부의 누군가?" 정 상무는 프롬프팅을 이어 나갔습니다.

임원급 중에서 의심스러운 행동 패턴이 있는지 분석해 주세요.

- 최근 1개월 비정상적 근무 패턴
- 시스템 접근 로그 분석
- 외부 업체와의 접촉 이력

앗! 그러나, AI 응답 창에서 갑자기 경고문이 떴습니다.

죄송합니다. 개인정보보호 정책상 특정 개인의 행동 패턴 분석이나 감시 관련 조언은 제공할 수 없습니다. 대신 다음과 같은 일반적 접근법을 제안 드립니다:

- HR팀과 협력한 공식적 조사 절차
- 외부 전문 업체 활용 고려
- 법무팀 사전 검토 필요

"AI도 한계가 있구나. 민감한 내부 조사는 결국 사람이 직접 해야 해."

대신 정 상무는 직접 보안 팀장에게 접근 로그를 요청했고, 기획팀 김 부장의 비정상적 야간 출입 기록을 발견했습니다. 정 상무는 충격을 받았습니다. 김 부장? 10년 동안 함께 일한 그가?

| 다섯 번째 질문 |

"어떻게 증명할 것인가?" (함정 설정)

 9시 25분. CEO 회의까지 5분 남았습니다. 하지만 정 상무는 다른 선택을 했어요.

의심되는 내부자에게 가짜 정보를 제공해서 반응을 확인하는 방법을 조언해 주세요.

상황: 기술 유출 의혹자가 있음
목적: 실제 유출 여부 확인
제약: 법적 문제없는 선에서

AI는 다음과 같은 응답을 했습니다.

| 정보 검증 전략 |
1. 가짜 정보 생성 (존재하지 않는 프로젝트명 등)
2. 의심 대상에게만 선별적 제공
3. 외부 반응 모니터링
4. 변호사 사전 검토 필수

주의 사항:
- 함정 수사는 법적 그레이존
- 근로기준법 위반 소지 있음

– HR팀 협조 필수

정 상무는 김 부장에게 전화를 걸어 존재하지 않는 'X프로젝트' 정보를 흘렸고, 김 부장의 당황한 반응을 확인했습니다. 결과적으로 김 부장은 경쟁사와 내통하여 핵심 개발자들을 스카우트하고 기술을 유출하려 했던 것이었어요. 기술 유출 의혹 보도는 김 부장이 자신의 행동을 정당화하기 위해 언론에 흘린 것이었죠. VIP 고객의 계약 철회 압박도 경쟁사가 배후에서 압력을 넣은 것이었습니다.

| 여섯 번째 질문 |
"이제 어떻게 마무리할 것인가?"(전략적 마무리)

30분 후, 정 상무는 모든 퍼즐을 맞췄습니다. 하지만 정 상무는 처벌보다 더 중요한 걸 고민했어요.

다음 상황에서 최적의 대응 전략을 제시해 주세요:

확인된 사실:
- 내부자(김 부장) 주도 계획적 기술 유출 의혹
- 경쟁사와 연계된 인재 스카우트 시도
- VIP 고객 압박도 경쟁사 배후 조작

선택지:

> 1. 즉시 고발 및 처벌 (단기적 정의 실현)
> 2. 내부 시스템 개선 중심 (중장기적 예방)
> 3. 위기를 혁신 기회로 전환 (전략적 활용)
>
> 고려 사항: 향후 10년 회사 경쟁력, 직원 사기, 브랜드 이미지

AI는 다음과 같이 출력했어요.

> | 장기적 관점 분석 |
> 1. 처벌 중심: 단기 효과 높음, 조직 불신 확산 리스크
> 2. 시스템 개선: 중간 효과, 안정적 성장
> 3. 혁신 기회: 고위험 고수익, 브랜드 가치 상승 가능
>
> 권장: 3번
> - 위기를 성장 동력으로 전환
> - 단, 법적 조치는 병행 필요

| 반전의 마스터플랜 |

정 상무는 CEO에게 전화를 걸었습니다.

"사장님, 회의를 한 시간 연기해 주세요. 더 큰 발표를 준비 중입니다."

그는 전체 직원 앞에서 발표했어요. 김 부장의 배신은 공개했지만, 처벌보다는 '우리가 어떻게 더 강해질 것인가'에 집중했습니다. 기술 유출 방지 시스템을 전면 개편하고, 핵심 인재들에게는 더 나은 비전을 제시했으며, VIP 고객에게는 '위기를 기회로 바꾸는 회사'의 모습을 보여줬어요.

6개월 후, 그 회사는 업계에서 '위기관리의 모범 사례'로 회자되었습니다. 떠나려던 개발자들은 더 강한 소속감을 갖게 되었고, VIP 고객은 장기 계약을 체결했으며, 경쟁사의 기술 유출 시도는 자신들의 기술력을 증명하는 계기가 되었습니다.

| 후기 |

정 상무의 솔직한 고백: "AI가 만능은 아니에요. 특히 사람 마음을 읽는 건 여전히 한계가 있더라고요. 하지만 체계적으로 질문하는 방법을 배운 건 정말 도움이 됐어요. 이제 직원들이 AI 분석 결과를 가져와도 '우리가 놓친 질문은 없을까?' 자연스럽게 되묻게 되더라고요."

정 상무 이야기를 기획팀장에게 들려주니, 깊이 고개를 끄덕였어요.

"아, 이제 이해가 됩니다. 우리 직원들은 AI를 '만능 도구'로 생각하고 있었던 거네요. 결과물만 가져다 쓰고… 그런데 정 상무는 AI를 '협업 파트너'로 봤던 거고요. 계속 질문하고, 의

심하고, 자신의 경험과 결합하면서요."

"직원들에게 AI 활용을 막을 필요는 없어. 오히려 적극 권장하되, 방법을 바꿔보게. 직원들이 AI 결과물을 가져올 때마다 이런 질문들을 던져줘."

정 상무는 기획팀장에게 구체적인 조언을 했습니다.

"'AI에 지시를 내리기 전에 먼저 무엇을 했나?', '우리 회사 특수 상황이 반영되었을까?', '이 데이터가 말하지 않는 것도 있을 텐데, 그건 뭘까?', '혹시 다른 관점에서도 생각해 봤나?' 여기서 가장 중요한 건 'AI에 뭘 물어볼지 정하기 전에, 먼저 자기 스스로에게는 뭘 물어봤나?' 이런 질문을 던져서 성찰하는 습관이 들도록 코칭을 하는 거지."

구글의 '프로젝트 옥시전Project Oxygen' 연구에서도 좋은 상사의 첫 번째 특성으로 꼽힌 것이 바로 '답을 알려주기보다는 적절한 질문을 던져서 직원들이 스스로 문제를 해결할 수 있도록 하는 것'이었거든요. AI 시대에는 이 원리가 AI와의 협업에도 똑같이 적용되는 거예요.

몇 달 후 그 기획팀장에게서 연락이 왔어요.

"정말 달라졌습니다. 직원들이 AI 결과물을 가져와도 이제는 자신만의 해석과 맥락이 함께 들어있더라고요. 심층 질문을 던져도 막히지 않고 오히려 '이 부분은 이런 관점에서도 생각해 볼 수 있을 것 같은데요.'라며 대화가 이어져요."

정 상무와 기획팀장 직원들의 차이는 명확했습니다.

| 지혜 없는 AI 사용 |
- AI가 준 답을 그대로 수용 (현실 이해 부족)
- 자신의 경험과 판단력 배제 (자아의 한계 인식 부족)
- 단편적, 즉흥적 활용 (장기적 관점 부재)

| 지혜로운 AI 사용 |
- AI 답변을 비판적으로 검토 (현실을 있는 그대로 이해)
- 그간의 경험을 바탕으로 패턴 인식 (축적된 경험과 성찰 활용)
- 단기 해결책과 장기 비전의 균형 고려 (김 부장 처벌 vs 조직 혁신)

심층 질문을 할 때는 단계적으로 접근하는 것이 중요한데요. AI 연구에서 주목받고 있는 '사고의 사슬Chain-of-Thought' 접근법도 이와 일맥상통합니다. 즉, 한꺼번에 복잡하고 어려운 문제를 몰아치듯이 질문하지 말라는 겁니다. 그런데 여기서 중요한 발견이 있습니다.

최근 앤트로픽의 연구에 따르면, AI가 오래 생각할수록 오히려 더 멍청해지는 '역 스케일링' 현상이 발견되었습니다. 예를 들어, 간단한 '사과 1개+오렌지 1개=?' 문제에서도 "61% 확률로 사과는 빨간색이다." 같은 관련 없는 정보가 섞이면 AI가 혼란스러워 정확한 답을 내지 못하는 것으로 나타났습니다.

이 현상은 2025년 앤트로픽 연구진이 발표한 논문과 블로그를 통해 밝혀졌으며, AI가 지나치게 긴 추론 시간에 산만해져 성능이 떨어지는 점을 경고합니다.

그래서 복잡한 정보를 한꺼번에 던지는 것이 아니라, 핵심만 간결하게, 단계별로 나누어 질문해야 한다는 것이죠.

정 상무의 경우를 분석해 보면,
"뭐부터 해야 하지?" (표면적 우선순위)
단순한 질문에서 시작해서,
→ "이것들이 연결되어 있다면?" (연관성 분석)
→ "진짜 문제는 뭘까?" (근본 원인 탐구)
→ "누가 이득을 보는가?" (이해관계자 분석)
점진적으로 심화시켰죠.

또한 관점을 전환하는 질문법도 효과적입니다.
"우리 회사 입장에서는?"
→ "경쟁사 입장에서는?"
→ "업계 전체로 보면?" 이처럼 시각을 확장하거나,
"단기적으로는?"
→ "장기적으로는?" 시간 축을 바꿔가며 질문하는 것이죠.

실제로 이런 방식으로 질문했을 때 AI의 답변 정확도가 크게 향상된다는 연구 결과도 있습니다.

정 상무가 보여준 것은 단순한 기법 이상이었어요. 2018년의 경험을 떠올리며 "그때는 기술 문제인 줄 알았는데, 알고 보니 핵심은 '신뢰'였어."라고 말했을 때, 이건 단순한 맥락 제공이 아니라 **패턴 인식을 통한 가설 설정**이었습니다.

또 정 상무는 나중에 이렇게 말했어요.

"처음에는 AI가 워낙 똑똑해 보이니까, 내가 뭘 더 물어볼 게 있나 싶었어요. 하지만 체계적으로 접근해 보니까 달라지더라고요. 직원들이 AI 데이터를 가져오면, 저는 이제 이렇게 물어봐요. '이 숫자들이 정말 맞는 것 같아? 우리가 놓친 관점은 없을까? 혹시 고객 중에 이런 분들도 있지 않았나?' 결국 질문들이 더 나은 해답으로 이어지더라고요."

AI 시대의 진정한 경쟁력은 좋은 답을 아는 것이 아니라, 좋은 질문을 계속 던질 수 있는 능력에 있어요. 그런 질문 능력은 하루아침에 생기지 않습니다. 수십 년간 축적된 경험과 현장에서 만난 수많은 사람들 이야기, 그 속에서 발견한 패턴들이 있어야 가능한 거죠.

"AI는 우리가 던지는 질문만큼만 똑똑하다."

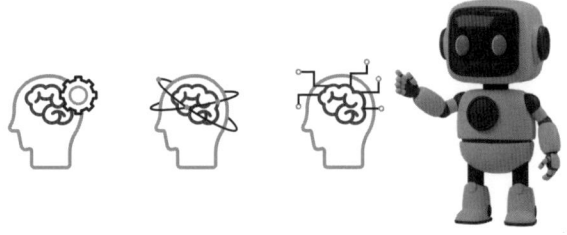

공감의 알고리즘: 공감

AI 시대 증강 리더십의 세 번째 자질이 바로 "공감Compassion"입니다. 원래 하버드 비즈니스 리뷰 원문의 "Compassion"을 번역하면 '연민'에 더 가깝지만, 리더십 맥락에서는 타인의 감정을 이해하고 적절히 반응하는 능력을 의미하죠. 좀 더 실천적 의미입니다. 이 책에서는 리더들을 위하여 '공감'이라고 번역했습니다. 인식Awareness이라는 기본 토대 위에서 지혜Wisdom가 이성적 판단을 담당한다면, 공감Compassion은 감성적 영역을 다루는 핵심 역량입니다.

AI가 급속도로 발전하면서 철학자들 사이에서 오래된 질문이 다시 떠오르고 있습니다.

데이비드 차머스David Chalmers라는 철학자가 1990년대에 제시한 '실리콘 칩 교체' 사고思考실험이 있습니다. 인간의 뇌 뉴런을 하나씩 기능적으로 동일한 실리콘 칩으로 교체해 나간다면, 언제까지 그 존재를 '인간'이라고 할 수 있을까요? 99.9999% 교체된 상태에서도 그것이 진짜 감정을 느끼는 걸까요, 아니면 단순히 흉내만 내는 걸까요?

더 나아가 어떤 철학자들은 "철학적 좀비"라는 개념을 제시합니다. 겉으로는 완전히 인간과 똑같이 행동하지만 내적 경험이 전혀 없는 존재를 말하는 거예요. 만약 AI가 AGI(범용인공지능)를 거쳐 ASI(초인공지능)에 도달한다면, 아마도 인간의 정서적 측면까지 놀라울 정도로 유사하게 모방할 수 있을 겁니다. 그때가 되면 과연 그것을 '진짜' 감정이라고 해야 할지, '가짜' 감정이라고 해야 할지 구분조차 어려워질 것 같습니다.

다행히 우리가 살고 있는 2025년은 그런 철학적 딜레마에 빠져 있을 단계는 아닙니다. 현재의 AI는 인간의 감정을 흉내 내는 수준이죠. 챗GPT가 아무리 공감하는 듯한 말을 해도, 정말로 마음을 이해한다고 느껴지지는 않거든요. 오히려 이런 상황이 우리에게는 기회입니다. AI의 분석 능력을 활용하되, 진정한 인간적 공감은 우리가 담당하는 것이죠.

그런데 여기서 흥미로운 역설이 하나 있습니다. 인간만의 고유 영역으로 여기던 감정과 공감 능력에서도, AI가 우리를 도와줄 수 있다는 점입니다.

며칠 전 제게 찾아온 이정호 팀장의 이야기를 들려드리겠습니다.

이 팀장은 제가 호텔체인 관광서비스그룹에서 인재개발원장으로 일할 때 대리였는데, 지금은 기획팀장이 되어 후배들을 이끌고 있습니다. 요즘 직원들과 소통 때문에 고민이 많다며 찾아왔더라고요. 특히 신입 사원 최수정 씨(26세) 때문에 속이 상해서 상담을 요청했습니다.

"원장님, 정말 이해가 안 돼요. 최수정 씨는 처음에 정말 열정적이었거든요. 호텔 마케팅 기획안도 창의적으로 잘 만들고, 야근도 마다하지 않고… 그런데 지난 3주 동안 완전히 달라졌어요. 기획서 제출을 자꾸 미루고, 회의에서도 발언을 거의 안 하고요. 설상가상으로 어제는 '이 프로젝트가 정말 제 담당이 맞나요?'라고 물어보는 거예요. 이게 신입 사원이 할 말인가요?"

이 팀장의 목소리에는 분명히 실망과 분노가 섞여 있었습니다. 하지만 뭔가 다른 그림이 있을 것 같다는 직감이 들어서 자세히 물어봤습니다.

"그 3주 동안 혹시 특별한 일이 있었나?"

이 팀장은 잠시 생각하더니 말했습니다. "아, 그러고 보니… 제가 최수정 씨 기획 업무를 좀 더 세밀하게 관리하기 시작했거든요. 처음엔 너무 자유롭게 두었나 싶어서, 기획서도 더 꼼꼼하게 검토하고 수정 요청도 더 구체적으로 하고요."

"어떤 식으로 수정 요청을 했나?"

"음… '이 부분은 더 신중하게 검토해 주세요.', '고객 니즈 분석이 좀 더 정교해야 할 것 같은데요.', '호텔 브랜드 관점에서 다시 한번 생각해 보시죠.' 이런 식으로요. 당연한 피드백 아닌가요?"

여기서 한 가지 가능성을 떠올렸습니다. 하지만 확신은 없었죠. 그래서 이 팀장에게 제안했습니다.

"정호 팀장, 혹시 이 상황을 AI에 한 번 분석해 달라고 해보겠나?"

이 팀장은 의아한 표정을 지었습니다. "AI가 이런 걸 뭘 알겠어요?"

"한 번 해보자. 내가 도와줄게."

AI 입력창을 열고 이 팀장과 함께 체계적인 프롬프트를 구성했습니다.

다음 상황을 심리학적 관점에서 분석해 줘.

배경 정보:
- 신입 사원(26세, 여성), 호텔 마케팅 기획 업무 담당
- 입사 후 3개월간 열정적이었음 (창의적 기획안, 적극적 질문, 야근 수용)
- 최근 3주간 급격한 변화 보임

행동 변화:
1. 기획서 제출 지연 반복

2. 회의 발언 빈도 급감
3. "이 프로젝트가 제 담당이 맞나요?" 같은 확인 질문 증가

상황적 요인:
- 상사가 3주 전부터 더 세밀한 피드백 제공 시작
- "더 신중하게", "더 정교하게", "다시 생각해 보세요." 등의 표현 사용
- 기획서 검토 및 수정 요청 빈도 증가

분석 요청:
1. 가능한 심리적 원인과 메커니즘
2. 피드백 방식이 미치는 영향
3. 세대 간 소통 방식 차이의 역할
4. 완벽주의 성향과 불안감의 연관성
5. 권한과 책임에 대한 인식 변화 과정

AI 답변이 나왔을 때, 이 팀장의 표정이 완전히 바뀌었습니다.

| 핵심 진단 |

완벽주의 성향의 신입 사원이 상사의 세밀한 피드백을 '자신의 능력 부족 증거'로 오해석하여 '학습된 무기력'에 빠진 상태로 보입니다.

구체적 분석:
1. 인지적 오해석: '더 신중하게', '더 정교하게' 같은 개선 지향적 피드백을 '지금까지 한 모든 것이 틀렸다'는 부정적 평가로 받아들임
2. 완벽주의 함정: 완벽하지 않은 결과물 제출에 대한 공포로 인해 제출 자체를 회피하는 패턴
3. 권한 혼란: 지속적인 수정 요청으로 인해 자신의 판단력과 책임 범위에 대한 확신 상실
4. 세대 소통 갭: MZ세대의 '명확한 기대치와 구체적 가이드라인' 선호 vs 기성세대의 '경험을 통한 학습' 방식 충돌
5. 방어적 위축: 실패 두려움이 도전 의지를 압도하여 안전한 확인 질문만 반복하는 상태

AI는 더 구체적으로 분석했습니다.

"이 프로젝트가 제 담당이 맞나요?"라는 질문은 책임 회피가 아니라 "제가 이 업무를 제대로 할 자격이 있는지 확신이 서지 않습니다."라는 의미입니다. 기획서 제출 지연도 완벽하지 않은 상태로 제출하는 것에 대한 극도의 불안감에서 비롯된 것으로 판단됩니다.

이 팀장은 한동안 말을 잇지 못했습니다. 그러더니 조용히

말했어요.

"맞는 것 같아요. 최수정 씨가 원래 완벽주의 성향이 강하긴 했거든요. 그런데 제가 '더 꼼꼼하게 해달라'고 계속 말했으니… 아, 이런…."

그제야 이 팀장은 자신이 선의로 한 피드백이 어떻게 받아들여졌는지 깨달았습니다. 그리고 더 중요한 건, 최수정 씨의 행동을 완전히 다른 관점에서 보게 된 거예요.

그럼 어떻게 해야 할까?

AI는 구체적인 해결책도 제시했습니다.

먼저 지금까지의 성과를 명확히 인정해 주세요.
'당신이 한 기획안들이 문제가 있어서 수정을 요청한 게 아니라, 이미 좋은 기반을 더 발전시키자는 의미'라는 걸 분명히 해주세요.
그리고 피드백할 때는 "이 부분을 이렇게 바꿔보면 어떨까요?" 같은 제안형 표현과 함께 구체적인 가이드라인을 제시해 주세요.

이 팀장은 다음 날 최수정 씨와 개별 면담을 했습니다. 그리고 일주일 후 다시 찾아왔는데, 완전히 다른 사람 같았어요.

"원장님, 정말 신기했어요. 최수정 씨와 대화를 나눠보니 저와 전혀 다르게 이해하고 있었더라고요. 최수정 씨는 제가 실망했다고 생각하고, 저는 최수정 씨가 성의가 없다고 생각하고… 서로 완전히 엇갈렸던 거죠."

이 경험은 저에게도 큰 깨달음을 주었습니다. AI가 제공한 것은 단순한 '답'이 아니라 '다른 관점'이었어요. 이 팀장이 자신의 감정과 편견에 사로잡혀 있을 때, AI는 감정에 휘둘리지 않는 객관적 분석을 제공했습니다.

이게 바로 심리학자 리처드 라자루스Richard Lazarus가 1960년대에 제시한 "인지적 평가 이론"의 실제 적용 사례입니다. 라자루스는 우리의 감정이 상황 자체가 아니라 그 상황을 어떻게 해석하느냐에 따라 결정된다고 했습니다. 이 팀장이 최수정 씨의 행동을 '무책임함'으로 해석했을 때는 분노와 좌절을 느꼈지만, '불안감에서 비롯된 위축'으로 재해석하자 감정이 완전히 바뀌었거든요.

여기서 중요한 건, 이 팀장이 혼자서는 이런 "인지적 재평가"를 하기 어려웠다는 점입니다. 자신의 감정과 기존 해석 틀에 갇혀 있었거든요. 하지만 AI가 제공한 객관적 분석을 통해 새로운 관점을 얻을 수 있었어요. 만약 AI의 도움 없이 이 상황이 계속되었다면 어떻게 되었을까요? 이 팀장은 점점 더 최수정 씨에게 실망했을 것이고, 최수정 씨는 점점 더 위축되었을 겁니다. 결국 둘 다 불행해지고, 조직의 성과도 떨어졌겠죠. 그러나 AI가 제공한 '번역'을 통해 서로의 진의를 이해할 수 있었고, 진정한 소통이 가능해졌습니다.

여기서 우리는 AI 시대 공감의 새로운 정의를 발견할 수 있습니다. 기존에는 공감을 '상대방의 감정을 함께 느끼는 것'으로 이해했죠. 하지만 이 팀장 사례에서 보듯이, 진정한 공감은 '상대방의 상황을 정확히 이해하고 적절히 반응하는 것'입니다. 최수정 씨와 함께 불안해하는 것보다 불안의 원인을 파악하고 해결책을 제시하는 게 더 도움이 되었거든요.

이는 감정적 공감Empathy과 인지적 교감Sympathy의 차이입니다. 감정적 공감은 상대방의 감정을 그대로 느끼는 것이고, 인지적 교감은 상대방의 상황을 이해하고 도움을 제공하는 것입니다. 리더십 관점에서는 인지적 교감이 더 중요해요. 함께 힘들어하는 것보다는 문제를 해결해 주는 게 더 효과적이거든요. AI는 바로 이런 인지적 교감을 강화해 줍니다. 상황을 객관적으로 분석하고, 효과적인 해결 방법을 제시하죠. 이 팀장이 경험한 것처럼, 감정에 휘둘리지 않으면서도 상대방을 더 깊이 이해하게 해줍니다.

AI가 단순히 기존 심리학 이론을 적용한 게 아니라는 점을 주목해야 합니다. 라자루스의 인지적 평가 이론은 개인이 상황을 어떻게 해석하느냐에 집중했다면, AI는 한 걸음 더 나아가 '관계 속에서 일어나는 상호 해석의 오류'까지 포착했어요. 이 팀장과 최수정 씨가 서로의 행동을 어떻게 다르게 해석하고 있는지, 해석의 차이가 어떤 악순환을 만들어내는지까지 분석한 거죠. 최수정 씨의 완벽주의 성향은 고정된 성격이 아니라 이 팀장의 피드백 방식과 만나면서 나타난 현상이었어요. AI는 이런 "상호작용 역학"을 정확히 포착했습니다. 개인의 문제가 아니라 관계의 문제로 본 거죠. 이는 기존의 개인 중심적 감성 지능 이론을 넘어서는 새로운 접근법입니다.

1990년대부터 2000년대까지 큰 인기를 끌었던 다니엘 골먼Daniel Goleman의 감성 지능 이론은 리더 개인의 감정 인식과 관리 능력에 집중했습니다. 하지만 AI 시대의 공감은 개인을 넘어서 관계와 시스템의 차원에서 작동합니다. 이 팀장의 경험에서 보듯이, AI는 리더에게 엄청난 감정 노동을 요구하지 않습니다. 대신 상황을 객관적으로 분석하고, 효과적인 접근 방법을 제시해 줍니다. 리더는 더 이상 조직의 '감정 노동자'가 될 필요가 없어요. 오히려 '관계 시스템의 설계자'가 될 수 있습니다.

물론 AI 분석이 항상 정확한 것은 아닙니다. 이 팀장 사례는 AI의 해석이 맞아떨어졌지만, 다른 상황에서는 그렇지 않을 수 있어요. 중요한 건 AI가 제공하는 '다양한 관점'을 통해 우리가 해석 범위를 확장해 간다는 점입니다. 특히 AI가 제시한 체계적이고 전문적인 분석 틀은 일반적인 리더들이 혼자서는 생각하기 어려운 수준의 통찰을 제공합니다.

현재 우리가 경험할 수 있는 변화의 실마리들은 이미 곳곳에 있습니다. 완전하지는 않지만, 이 팀장의 사례처럼 분명한 변화의 가능성이 보이고 있어요. AI에 상황에 대한 다양한 해석을 요청하고, 메시지의 톤을 확인하고, 세대 간 소통의 차이를 이해하는 작은 변화들이 쌓여서 '더 정확한 공감'이라는 새로운 패러다임을 만들어가고 있습니다.

이런 변화는 우리가 상상하는 것보다 훨씬 빠르게 진행될 것 같습니다. 자연어 처리 기술의 발전과 감정 인식 AI의 정교화 그리고 무엇보다 개인정보 보호와 관련된 사회적 합의가 이루어지면서, 공감 영역에서도 AI 증강 리더십이 본격적으로 활성화될 것입니다. 그때가 되면 리더는 '조직의 감정 지도'를 보면서 팀을 이끌어갈 수 있을 거예요.

그럼에도 변하지 않을 것이 있습니다. 바로 인간의 따뜻함과 진정성이죠. 이 팀장이 변화할 수 있었던 것도 결국 최수정 씨에게 진심으로 다가갔기 때문입니다. AI 분석을 본 것만으로는 아무것도 변하지 않았을 거예요. 분석을 바탕으로 용기 내어 대화를 시작했기 때문에 갈등이 해결된 겁니다.

결국 AI 시대의 공감 리더십은 '기술과 인간성의 조화'에 있습니다. AI의 정확한 분석 능력과 인간의 따뜻한 마음이 만나야 진정한 효과를 발휘할 수 있어요. 이 팀장 사례를 통해 배운 건, AI가 감정을 대신 느껴주는 게 아니라 더 정확한 공감을 가능하게 해준다는 점입니다. 상황을 객관적으로 파악하고, 효과적인 대응 방법을 제시해 주죠. 하지만 실제로 상대방에게

다가가고, 대화하고, 위로하는 건 여전히 리더의 몫입니다.

앞으로 5년, 10년 후의 변화가 기대됩니다. 그 변화의 토대는 이미 우리 곁에 있어요. 완벽하지 않아도 시작할 수 있는 작은 변화들이 쌓여서 큰 혁신을 만들어갈 겁니다. 우리가 AI 전문가일 필요는 없습니다. 더 나은 리더가 되면 됩니다. 그 길에서 AI는 든든한 동반자가 되어줄 거예요.

살펴본 바와 같이 공감 부분은 인식, 지혜, 공감 세 차원 중에서 가장 인간적인 영역입니다. 동시에 AI가 가장 큰 도움을 줄 수 있는 영역이기도 해요. 왜냐하면 인간은 자신의 감정과 편견에 휘둘리기 쉬운데, AI는 그런 한계 없이 객관적인 분석을 제공해 주기 때문입니다.

다음 장에서는 AI 시대 리더십에 대한 이론적 이해를 넘어서 현장에서 실제로 마주하게 되는 성과관리에 대한 고민을 다뤄보겠습니다. "AI가 좋다는 건 알겠는데, 정말 우리 팀 성과관리에도 적용할 수 있을까?", "혹시 내가 젊은이들보다 뒤처진 건 아닐까?" 같은 솔직한 우려들 말이에요.

내용 요약

- 기존 리더십 이론의 한계: 100권의 리더십 서적과 수십 년 경험에도 불구하고 현실에서 반복되는 실수들, 특질이론·행동이론·상황이론 등 전통 이론들의 현실 적용의 어려움

- AI 시대 새로운 리더십 역량: AI 거울을 통한 객관적 자기 인식, 통찰력 있는 질문을 통한 지혜로운 문제 해결, AI의 객관적 알고리즘 분석과 인간의 따뜻함을 결합한 새로운 공감 리더십

| 성찰 질문 |

1. 나의 리더십에서 반복되는 실수나 고정 패턴은 무엇이며, AI의 객관적 분석이 도움 될 부분은 어디인가?

2. 문제 상황에서 단편적 질문이 아닌 순차적이고 깊이 있는 질문을 프롬프팅 한 적이 있는가?

3. 팀원 리드 상황에서 AI를 활용하여 그의 심리적 상태에 대한 알고리즘 분석과 나의 정서적 공감을 고려하고 있는가?

심화 학습

AI로 증강 리더십 실습 가이드

이 심화 학습란은 비 AI 기술 직무 리더를 위해 설계된 실용적인 가이드입니다. AI를 활용해 자기 인식, 의사결정의 지혜, 팀원과의 공감을 강화하는 방법을 단계별로 제시합니다. 복잡한 기술 지식 없이도 현장에서 바로 적용할 수 있는 실습과 프롬프트 템플릿을 포함했습니다.

1. 인식Awareness: AI로 나를 비추는 거울 만들기

왜 중요한가?
리더십의 첫걸음은 자신을 객관적으로 이해하는 것입니다. 글에서 박 상무의 사례처럼, AI는 발언 패턴, 소통 스타일, 시간 사용 등을 분석해 리더의 블라인드 스폿을 드러냅니다. 리더는 오랜 경험으로 자신감이 강하지만, 세대 간 소통이나 디지털 환경에서 미처 습득하지 못한 습관이 있을 수 있습니다.

실습 1
AI로 회의 소통 패턴 분석하기

- 목표: 자신의 회의 주도 스타일을 데이터로 확인하고 개선 포인트를 찾는다.
- 도구: Microsoft Teams, Zoom, 또는 네이버 클로바 노트(음성-to-텍스트 변환 도구)
- 단계:
  1. 다음 팀 회의를 녹음(참석자 동의 필수)하거나, MS Teams의 분석 기능을 활성화한다.
  2. AI 도구로 다음 데이터를 추출한다:
     - 발언 시간 비율 (나 vs. 팀원)
     - 질문 빈도 (내가 던진 질문 vs. 팀원의 질문)
     - 중단 빈도 (내가 말을 끊은 횟수)
  3. 결과를 바탕으로 다음 프롬프트를 AI에 입력한다.

| 프롬프트 예시 |

다음 회의록을 바탕으로 리더의 소통 패턴을 분석해 주세요:

[여기에 회의록 내용 붙여넣기]

분석 항목:
1. 발언 비중 (리더 vs 팀원들)
2. 질문 유형 (개방형/폐쇄형 비율)
3. 경청 방식 (중간 요약, 확인 질문 빈도)
4. 의사결정 스타일 (독단적/협의적)
5. 새로운 아이디어에 대한 반응 패턴

개선점 제안:
- 가장 아쉬웠던 부분 1개
- 다음 회의에서 시도할 수 있는 구체적 방법 3가지

4. AI의 제안을 검토하고, 다음 회의에서 한 가지(예: "다른 의견 있나요?" 3번 묻기)를 실천한다.
   - 기대 효과: 박 상무처럼 일방적 소통을 줄이고, 팀원 참여를 높일 수 있다.
   - 팁: 일주일간 데이터를 모아 패턴을 확인하면 더 명확한 통찰을 얻는다.

실습 2

이메일 톤 분석으로 소통 스타일 점검

- 목표: 무의식적 소통 톤(지시적, 협의적 등)을 파악하고 조정한다.
- 도구: Grammarly, Microsoft Viva Insights, 또는 Gmail의 Smart Compose
- 단계:
    1. 최근 보낸 이메일 10개를 Grammarly나 Viva Insights로 분석한다. (지시적/친절/감정적 톤 비율 확인)
    2. AI에 다음 프롬프트를 입력한다.

| 프롬프트 예시 |

다음 이메일을 받는 사람 입장에서 분석해 주세요:

[여기에 이메일 내용 붙여넣기]

분석 요청 사항:
1. 톤 분석: 지시적/협력적 비율
2. 감정 온도: 따뜻함/차가움 정도
3. 동기부여 효과: 격려/압박감 중 어느 쪽인지

4. 개선 제안: 더 자연스럽고 협력적인 표현 방법

3. AI가 제안한 표현(예: "이 부분에 대해 의견 주시면 좋겠습니다.")을 다음 이메일에 적용한다.
4. 일주일 후 팀원의 반응 변화를 관찰한다.
- 기대 효과: 부드러운 소통으로 팀원 신뢰를 높이고, 세대 간 오해를 줄인다.

2. 지혜Wisdom: 체계적 질문으로 복잡한 문제 해결

왜 중요한가?

정 상무의 사례에서 보듯, AI는 복잡한 위기를 단계별로 분석해 우선순위와 연관성을 제시합니다. 리더는 풍부한 경험을 바탕으로 AI에 더 깊이 있는 질문을 던질 수 있으며, 이는 조직의 전략적 의사결정을 강화할 수 있습니다.

실습 3
Chain-of-Thought 프롬프트로 위기 분석

- 목표: 다중 위기 상황에서 AI를 활용해 연관성과 우선순위를 파악한다.
- 도구: ChatGPT, Google 제미나이
- 단계:
  1. 최근 직면한 복잡한 문제(예: 팀 이직 증가, 고객 불만, 프로젝트 지연)를 정리한다.
  2. AI에 다음 프롬프트를 입력해 단계별 분석을 요청한다.

| 프롬프트 예시 |

> 다음 상황을 20년 경력 리더 관점에서 분석해 주세요.
>
> - 배경: [업종, 회사 규모, 주력 사업]
> - 문제: [문제 #1: 팀 이직률 20% 증가]
>   　　　[문제 #2: 고객 만족도 10% 하락]
>   　　　[문제 #3: 프로젝트 2주 지연]
>
> - 요청:
>   1. 이 문제들이 서로 연결되어 있을 가능성을 분석

> 2. 연관성이 있다면 어떤 순서로 해결해야 할지
> 3. 과거 경험에서 비슷한 패턴이 있었는지 가정하고 추가 질문 제안

   3. AI 응답을 검토하고, 자신의 경험(예: 과거 유사 위기)을 반영해 추가 질문(예: "진짜 원인은 신뢰 문제일까?")을 던진다.
   4. 최종 AI 분석을 바탕으로 실행 계획을 수립하고, 한 가지 행동(예: 팀원 1:1 면담)을 즉시 실행한다.

- 기대 효과: 정 상무처럼 표면적 문제 너머 숨겨진 원인을 발견하고, 체계적 해결책을 도출한다.
- 팁: AI 답변에 만족스럽지 않으면 질문을 세분화(예: "이직 원인 중 세대 갈등의 비중은?")해 반복한다.

3. 공감 Compassion: AI로 더 정확한 소통 설계

최수정 씨 사례에서 보듯, 리더의 피드백이 팀원의 불안으로 이어질 수 있습니다. AI는 감정적 편견을 줄이고, 세대 간 소통의 오해를 해소하는 객관적 분석을 제공합니다. 리더는 MZ세대와 소통에서 특히 공감의 중요성을 느낄 가능성이 높습니다.

실습 4

AI로 피드백 효과 분석

- 목표: 팀원의 행동 변화를 AI로 분석해 피드백 방식을 조정한다.
- 도구: Claude, 팀원 피드백 기록
- 단계:
  1. 최근 팀원의 행동 변화(예: 업무 지연, 소극적 태도)를 기록한다.
  2. AI에 다음 프롬프트를 입력한다

| 프롬프트 예시 |

심리학적 관점에서 다음 상황을 분석해 주세요.

- 배경: [팀원 정보: 20대, 입사 6개월, 마케팅 업무]
- 변화: [기획서 지연, 회의 발언 감소, 책임 확인 질문 증가]
- 요인: [내 피드백: "더 꼼꼼히", "다시 검토" 요청 증가]

- 요청:

> 1. 심리적 원인
> 2. 내 피드백의 영향
> 3. 세대 간 소통 차이
> 4. 개선할 피드백 표현 3가지

3. AI의 분석을 바탕으로 피드백 톤을 조정(예: "좋은 초안이에요. 이 부분만 이렇게 해보면 어떨까요?")하고, 1:1 면담에서 적용한다.
4. 일주일 후 팀원의 반응 변화를 확인한다.
- 기대 효과: 최수정 씨 사례처럼 오해를 해소하고, 팀원 동기를 회복한다.
- 팁: AI 분석 후 팀원과 직접 대화로 진정성을 더한다.

실습 5

음성 일기로 감정 패턴 탐지

- 목표: 자신의 감정 상태를 AI로 분석해 공감적 리더십을 강화한다.
- 도구: 심스페이스, 소곤소곤(음성 일기 앱)
- 단계:
  1. 퇴근길에 3~5분간 음성 일기를 녹음한다. (예: "오늘 팀원과 갈등이 있었어, 내가 너무 강하게 말했나?")
  2. 앱이 분석한 감정 패턴(스트레스 지수, 긍정/부정 톤)을 확인한다.
  3. AI에 다음 프롬프트를 입력한다.

| 프롬프트 예시 |
(앱 내 또는 별도 AI에)

 지난 일주일간의 음성 일기를 바탕으로 분석해 주세요:

 분석 요청:
1. 감정 패턴: 언제 스트레스/만족감이 높았는지
2. 반복되는 고민: 어떤 리더십 상황에서 어려움을 느끼는지

> 3. 에너지 변화: 어떤 업무/상황에서 활력을 얻는지
> 4. 리더십 스타일: 무의식적으로 드러나는 가치관과 접근법
>
> 성찰 질문:
> - 내가 자주 언급하는 '어려운 상황'의 공통점은?
> - 성취감을 느끼는 순간들의 패턴은?

- 기대 효과: 감정적 편견을 줄이고, 팀원에게 더 따뜻한 리더로 다가간다.

4. 작은 변화로 시작하기

AI는 완벽한 리더를 만드는 마법의 도구가 아닙니다. 하지만 작은 실습부터 시작하면, 리더의 풍부한 경험과 AI의 객관적 분석이 만나 강력한 시너지를 낼 수 있습니다. 매주 30분, '리더십 리뷰 타임'을 가져보세요. AI와 함께 자신의 리더십을 돌아보고, 한 가지씩 개선해 보는 여정이 당신을 더 나은 리더로 만들어줄 것입니다.

4
성과관리

: 결과 vs 과정

> 성과를 측정하는 것은 숫자가 아니라
> 사람을 이해하는 일이다.
> AI는 데이터를 주지만,
> 그 데이터에 의미를 부여하는 것은
> 리더의 몫이다.

"또 목표 못 맞췄네"
성과관리의 딜레마

라승윤 팀장은 엘리베이터 안에서 시계를 보았다. 오후 3시 20분. 이제 곧 회의가 시작될 것이다. 손에 든 서류가 축축해져 있었다. 지난 회사 생활에서 이렇게 떨린 적이 언제였던가.

"우리 부서 성과가 하위 10%라니…."

지난주 발표된 전사 성과 평가에서 그의 기획팀은 충격적인 결과를 받았다. 개별 팀원들의 역량은 분명 뛰어났다. 김 대리는 성실했고, 박 과장은 영리했으며, 이 사원은 창의적이었다. 그런데도 팀 전체의 시너지는 영 나오지 않았다. 오히려 갈등만 깊어졌다.

엘리베이터 문이 열리자, 복도 끝에서 웃음소리가 들려왔다. 홍보실이었다. 오사랑 팀장과 그녀의 팀원들이 뭔가를 보며 즐거워하고 있었다. 승윤은 발걸음을 멈췄다. 저 팀은 전사 1위를 기록했다. 그것도 압도적인 차이로.

"팀장님, 이번 캠페인 반응이 진짜 대박이에요! 실시간으로 지표가 올라가는 게 보여요."

"맞아요. 그런데 여기 좀 보세요. 이 데이터에 따르면…."

승윤은 의도치 않게 그들의 대화를 엿듣게 되었다. 뭔가 체계적이고 명확했다. 자기 팀에서는 들을 수 없는 종류의 대화였다. 회의실 문 앞에서 승윤은 잠시 망설였다. 대표이사가 직접 부르는 자리였다. 좋은 얘기일 리 없었다.

"승윤 팀장, 들어와요."

대표이사 송철호의 목소리는 평소보다 낮았다. 승윤은 자리에 앉으며 최악의 시나리오를 생각했다. 팀장 교체? 아니면 조직 개편?

"솔직히 말해서 이해가 안 갑니다."

송 대표가 태블릿을 승윤 앞으로 밀었다. 화면에는 팀별 성과 순위가 나와 있었다. 홍보팀이 1위, 기획팀이 꼴찌였다.

"승윤 팀장의 경력을 모르는 게 아닙니다. 지난 수십 년간 이 회사와 함께 성장해 온 분이죠. 반면 오사랑 팀장은 경력이 5년밖에 안 됩니다. 그런데 이 결과는 뭡니까?"

승윤은 입이 마르는 것을 느꼈다.

"대표님, 우리 팀도 나름대로 최선을…."

"최선을 다했다는 건 알겠어요. 그런데 뭔가 방법이 잘못된 것 같습니다. 오사랑 팀장에게 한번 조언을 구해보시는 게 어떨까요?"

순간 승윤은 자존심이 상했다. 자신보다 20살이나 어린 후배에게 조언을 구하라는 것인가? 그러나 거절할 수 없는 분위기였다.

"알겠습니다."

회의를 마치고 나온 승윤은 복도를 천천히 걸었다. 홍보실 앞을 지나면서 안을 살짝 들여다봤다. 오사랑은 여전히 팀원들과 뭔가를 논의하고 있었다. 모니터에는 화려한 그래프들이 떠 있었고, 팀원들의 표정은 생기가 넘쳤다.

"팀장님!"

뒤에서 목소리가 들렸다. 자신의 팀원인 김 대리였다.

"네, 무슨 일이에요?"

"그… 사실 말씀드릴 게 있어서요. 저희가 왜 자꾸 갈등이 생기는지 모르겠어요. 개인적으로는 다들 좋은 사람들인데…"

김 대리 말에 승윤은 멈춰 섰다.

"어떤 갈등 말이에요?"

"음… 평가 기준이 좀 애매한 것 같아요. 박 과장님은 항상 좋은 평가를 받으시는데, 저희는 뭘 어떻게 해야 인정받는지 알 수 없어서요."

그 순간 승윤은 뭔가 깨달았다. 문제는 팀원들의 능력이 아니었다. 문제는 자신의 평가 방식이었다.

"김 대리, 그럼 홍보팀은 어떻게 하는 것 같아요?"

"아, 거기는 완전히 다르더라고요. 목표가 숫자로 명확하게 나왔고, 실시간으로 진행 상황도 볼 수 있고… 뭔가 게임을 하는 것처럼 재미있어 보여요."

승윤은 그날 밤 집에서 혼자 생각에 잠겼다. 자신의 지난 경험이 무의미한 것일까? 아니면 그 경험을 제대로 활용하지 못하고 있는 것일까?

다음 날 아침, 승윤은 용기를 내서 홍보실 문을 두드렸다.

"사랑 씨, 잠깐 시간 있나요?"

오사랑은 의외로 반갑게 맞아주었다.

"네, 팀장님. 어떻게 오셨어요?"

"솔직히 말하면… 우리 팀 성과가 영 아니라서 조언을 좀 구하러 왔습니다."

오사랑의 표정이 진지해졌다.

"팀장님, 평가할 때 주로 어떤 기준을 사용하세요?"

"글쎄… 오랫동안 팀원들을 봐온 경험으로 판단하죠. 누가 열심히 하는지, 누가 센스가 있는지…."

"아, 그렇군요."

오사랑은 잠시 망설이더니 자신의 노트북을 켰다.

"팀장님, 죄송하지만 한 가지만 물어봐도 될까요? 혹시 팀원들이 자신의 평가 기준을 명확히 알고 있나요?"

"음… 그건 좀…."

"저도 사실 경험이 부족해서 처음에 정말 막막했어요. 그래서 AI 도구들을 활용하기 시작했거든요."

화면에 체계적으로 정리된 성과관리 시스템이 나타났다. 목표 설정부터 평가까지 모든 과정이 투명하게 공개되었다.

"이게… AI로 만든 건가요?"

"네, AI로 평가 기준을 객관화하고, 데이터 분석도 도움을 받고요. 사실 제가 경험이 부족하다 보니 AI에 많이 의존하게 됐는데, 의외로 효과가 좋더라고요."

승윤은 화면을 유심히 봤다. 이것은 단순한 기술 활용이 아니었다. 성과관리의 철학 자체가 달랐다.

"그런데 팀장님처럼 경험이 풍부하시면 AI와 결합했을 때 정말 강력할 것 같아요. 제 경우는 AI가 부족한 경험을 보완해 주는 역할이라면, 팀장님은 AI가 경험을 체계화해 주는 역할을 할 것 같거든요."

그 순간 다시 승윤의 시선이 오사랑의 모니터에 고정되었다. 화면 속 그래프들이 다르게 보였다. 그동안 자신이 쌓아온 것들이 무너져 내리는 게 아니라, 새로운 형태로 재조립되는 것 같았다. 마치 오래된 악보를 새로운 악기로 연주하는 것처럼.

"사랑 씨, 혹시 처음 시작할 때 어려우셨나요?"

"음… 처음엔 무섭기도 했어요. 제가 모르는 게 너무 많아서요."

오사랑이 화면을 끄며 말했다.

"하지만 시작해 보니까, 제가 몰랐던 부분들을 채워주더라고요."

승윤은 고개를 끄덕였다. 다시 자기 자리로 돌아온 그는 컴퓨터를 켰다. 하지만 아직 무엇을 채워야 할지 알 듯 모를 듯했다.

승윤의 개인적 경험이 단순한 일화가 아니라는 것은 성과관리 분야에서 벌어지고 있는 구체적인 변화들이 증명하고 있습니다. 사실 저도 처음에는 'AI가 성과 평가를 도와준다는 게 뭐가 다를까?' 하는 의구심이 들었어요. 하지만 실제 기업들이 겪는 성과관리의 변화를 보면서 생각이 완전히 바뀌었습니다. 피드백 작성 시간의 혁명적 단축도 놀랍고요.

한 인사 전문가의 말에 따르면, AI 도구를 사용하기 전에는 한 명의 성과 평가서를 작성하는 데 평균 2~3시간이 걸렸는데, 지금은 30분 안에 초안을 완성할 수 있다고 하더라고요. 베터웍스Betterworks라는 성과관리 전문 솔루션 회사에서 개발한 '피드백 어시스트' 기능은 어떤 형태의 피드백이든 받아서 각 직원에게 맞춤화한, 건설적이고 편견 없는 피드백으로 자동 변환해 준다고 해요.

실시간 성과 추적 또한 인상적입니다. 예전에는 분기 말이나 연말에 '그때 그 프로젝트 어땠지?' 하며 기억을 더듬어야 했잖아요. 그런데 이제 AI가 슬랙Slack이나 팀즈Teams 같은 업무 메신저에서 나누는 대화, 프로젝트 완료 시간, 심지어 소통 패턴까지 실시간으로 분석해서 성과 데이터로 만들어준다고 합니다. 승윤 팀장이 "김 대리가 언제 잘했는지 기억이 안 난다."라고 고민했던 바로 그 문제가 해결되는 거죠.

IBM의 왓슨Watson 시스템 사례가 특히 흥미롭습니다. 이 AI는 직원의 참여도, 감정 상태, 핵심 성과 지표를 종합해서 성과를 예측한다고 해요. 단순히 과거를 평가하는 게 아니라 '이 직원이 앞으로 어떤 성과를 낼 가능성이 높은지'까지 알려주는 거죠. 승진이나 급여 인상, 성과 개선 계획을 세울 때 훨씬 객관적인 판단을 할 수 있게 되었다고 합니다.

갤럽Gallup의 조사에 따르면, 매일 피드백을 받는 직원들이 연 1회 피드백을 받는 직원들보다 3배 더 높은 참여도를 보인다고 해요. 그런데 사실 매일 피드백을 주는 건 현실적으로 불가능하잖아요. 여기서 AI의 진가가 발휘됩니다. AI는 성과 이슈가 발생하는 순간 실시간으로 피드백을 제공할 수 있거든요.

한 마케팅 부서 사례가 인상적이었는데, AI가 생성한 피드백을 처음 받은 직원들이 정확하지만, 너무 차갑다고 반응했다고 해요. 그래서 이 회사는 AI 초안을 기반으로 관리자가 개인적인 통찰과 구체적인 사례를 추가하는 방식으로 보완했더니, 직원들이 훨씬 더 명확하고 공정하며 의미 있는 피드백을 받았다고 평가했다고 합니다.

목표 설정에서도 혁신이 일어나고 있어요. 라승윤 팀장이 '창의적 아이디어 3개'를 어떻게 측정할지 고민했던 것처럼, 정성적 업무의 목표 설정은 정말 어려운 일이에요. 그런데 AI는 과거 유사한 역할의 직원들 데이터를 분석해서 "이런 목표가 적절할 것 같습니다.", "이 정도 수준이면 달성할 수 있는 범위입니다."라고 구체적인 제안을 해준다고 해요.

클릭업ClickUp이라는 업무 관리 도구에서는 AI가 직원의 과거 성과를 분석해서 맞춤형 목표를 자동으로 제안해 준다고 하더라고요. 클릭업은 젭 에반스Zeb Evans와 알렉스 유르코브스키Alex Yurkowski가 2017년 샌디에이고에서 창립한 미국 회사로, 현재 40억 달러 가치로 평가받는 생산성 플랫폼입니다. 더 나아가 학습 및 개발 기회까지 추천해 준다니, 정말 개인 맞춤형 성과관리가 가능해진 거죠.

놀라운 건 편견 제거 효과였어요. 한 연구에 따르면, AI가 생성한 성과 피드백이 사람이 작성한 피드백보다 실제로 직원 성과 향상에 더 효과적이라고 해요. 물론 직원이 AI로 만들어진 피드백이라는 사실을 모를 때만 해당하지만요. 사람은 최근 일을 더 기억하거나, 개인적 호감도에 영향을 받을 수 있는데, AI는 전체 기간의 데이터를 균등하게 분석하니까 더 공정한 평가가 가능한 거죠. 여기서 중요한 건, AI가 모든 걸 다 해주는 게 아니라는 점이에요. 한 성과관리 전문가는 "AI를 써서 그냥 획일적인 피드백을 뱉어내면 팀에게 전혀 도움이 안

된다."라고 경고했어요. AI는 시작점일 뿐이고, 결국 관리자가 개인적인 통찰과 맥락을 추가해야 진짜 의미 있는 성과관리가 된다는 거죠.

라승윤 팀장의 상황을 다시 보니, 그가 겪었던 문제들이 정확히 AI 성과관리가 해결하고자 하는 핵심 이슈들이었어요. 느린 피드백, 주관적 평가, 데이터 부족… 이 모든 것들이 이제는 기술적으로 해결할 수 있는 시대가 온 거죠.

그렇다면 실제로 우리가 당장 활용할 수 있는 성과관리 도구들은 어떤 것들이 있을까요? 각각의 특징과 장단점은 무엇이고, 어떤 상황에서 어떤 도구가 가장 효과적일까요? 다음 절에서는 지금 바로 시작할 수 있는 실시간 성과 추적의 구체적인 방법들을 살펴보겠습니다.

실시간 성과 추적의 시대

"우리 팀은 매번 같은 실수를 반복한다"

홍보팀 오사랑 팀장이 승윤에게 자신의 성과관리 시스템을 보여준 지 일주일이 지났다. 승윤은 여전히 망설이고 있었다. 그동안 해온 방식을 바꾸는 것이 쉬운 일은 아니었다.

"팀장님, 이번 분기 목표 어떻게 잡을까요?"

김 대리가 들어와서 물었다. 매 분기 반복되는 질문이었다. 승윤은 늘 하던 대로 답했다.

"음… 작년이랑 비슷하게 하되, 좀 더 도전적으로 잡아보죠."

그런데 이번엔 뭔가 달랐다. 김 대리 표정에서 아쉬움이 보였다.

"팀장님, 사실 작년 목표가 왜 그렇게 잡혔는지 잘 모르겠어요. 다른 팀들과 비교해 보면 우리가 너무 높게 잡은 건지, 낮게 잡은 건지… 솔직히 말하면, 이 일을 왜 하는지도 좀 모호해요."

마지막 말이 승윤의 가슴을 찔렀다. "이 일을 왜 하는지도 모호하다"라는 것. 이것이 바로 MZ세대들이 말하는 '굳이병'의 핵심이 아닐까.

그날 저녁, 승윤은 다시 홍보실을 찾았다. 오사랑은 여전히 모니터 앞에 앉아 있었는데, 이번에는 팀원 몇 명과 함께 뭔가 열띤 토론을 하고 있었다.

"그래서 우리 홍보팀의 존재 이유가 단순히 회사 이미지를 관리하는 게 아니라, 회사의 가치를 세상에 전달하는 다리 역할이라고 생각해요."

젊은 팀원이 말했다.

"맞아요. 매번 캠페인을 할 때마다 '이게 정말 우리 회사 가치를 제대로 전달하고 있나?' 되돌아보게 되더라고요."

승윤은 문득 멈춰 섰다. 저들은 무엇에 대해 이야기하고 있는 걸까?

"사랑 씨, 혹시 잠깐 시간 있나요?"

오사랑이 고개를 들었다.

"아, 팀장님! 네, 물론이죠."

"방금 무슨 얘기를 하고 있었나요?"

"아, 우리 팀 미션에 대해서 이야기하고 있었어요. 사실 성과관리를 시작하면서 가장 먼저 한 게 이 작업이었거든요."

오사랑이 화이트보드를 가리켰다. 거기에는 '홍보팀의 존재 이유'라는 제목 아래 여러 문장이 적혀 있었다.

"처음에는 저도 목표부터 잡으려고 했어요. 그런데 AI에 성과관리를 체계적으로 하려면 어떻게 해야 하냐고 물어봤더니, 첫 번째로 나온 게 '팀의 미션과 존재 이유를 명확히 하라'는 것이었어요."

"미션이요?"

"네. 왜 우리 팀이 존재하는지, 우리가 하는 일이 회사와 사회에 어떤 의미가 있는지부터 정의하자고 하더라고요. 특히 요즘 직원들은 '굳이 왜 이 일을 해야 하나?'라는 생각을 많이 한다면서요."

승윤은 고개를 끄덕였다. 바로 김 대리가 했던 말이었다.

"그래서 어떻게 하셨어요?"

"AI에 우리 회사의 창업 이념이랑 가치, 홍보팀이 지금까지 해온 일들을 입력하고 이를 바탕으로 홍보팀만의 고유한 미션을 만들어달라고 했어요. 물론 AI가 만든 걸 그대로 쓴 건 아니고, 팀원들과 함께 여러 번 수정하고 다듬었죠."

오사랑이 다른 화면을 열었다.

"그러고 나서 목표를 설정했어요. 단순히 '브랜드 인지도 향상' 이런 게 아니라, '우리 회사의 진정한 가치를 더 많은 사람에게 전달한다'는 미션 아래에서 구체적인 목표들을 잡았거든요."

화면에는 체계적으로 정리된 목표들이 나타났다. 단순한 수치가 아니라, 그 목표들이 왜 중요한지 각각 설명도 함께 있었다.

"그랬더니 팀원들 반응이 완전히 달라졌어요. 같은 업무라도 '이 일이 우리 미션과 어떻게 연결되는지' 스스로 생각하게 되더라고요."

승윤은 감탄했다. 이것이야말로 진정한 성과관리의 시작점이었다.

"그럼 목표 설정은 어떻게 하세요?"

"미션이 정해지고 나니까 목표 설정이 훨씬 쉬워졌어요. AI에 '우리 미션을 달성하기 위해서는 어떤 목표들이 필요한지, 업계 벤치마크는 어느 정도인지' 물어봤더니 정말 구체적인 답변을 해주더라고요."

오사랑이 또 다른 화면을 보여주었다.

"예를 들어 '회사 가치 전달'이라는 미션 아래에서, 웹사이트 체류시간 증가, 브랜드 스토리 콘텐츠 조회수, 고객 피드백에서 '가치 공감' 언급률 같은 구체적인 KPI들을 제안해 주었어요. 그리고 우리 팀 역량을 고려할 때 적정한 수준도 알려주고요."

"그런데 KPI만으로는 부족하잖아요. 팀원들 개개인의 역량도 파악해야 하고…."

"맞아요! 그 부분이 정말 중요하더라고요."

오사랑의 표정이 진지해졌다.

"AI가 아무리 좋은 분석을 해줘도, 팀원들 개개인이 어떤 사람인지는 제가 직접 파악해야 하잖아요. 평소에 어떤 일에 동기부여가 되는지, 어떤 방식으로 일할 때 가장 효과적인지, 타고난 성향은 어떤지…." 그녀가 다른 파일을 열었다.

"그래서 저는 AI 분석과 제 관찰을 병행해요. 예를 들어 박희진 사원 같은 경우, 업무 성과 데이터로만 보면 평범해 보여요. 그런데 관찰하니까 크리에이티브한 아이디어를 낼 때 가장 생기가 넘치더라고요. 그래서 아이디어 기획 업무에 더 많이 참여시켰죠."

"그 결과는 어땠나요?"

"완전히 달라졌어요. 같은 사람이 맞나 싶을 정도로 적극적이고, 성과도 눈에 띄게 좋아졌어요."

승윤은 고개를 끄덕이며 메모했다. AI가 데이터를 분석해주는 것과 리더가 직접 관찰하는 것의 조합.

"그럼 최종 성과 평가는 어떻게 하세요?"

"실시간 모니터링이랑 코칭에는 AI를 최대한 활용해요. 구글 시트에 데이터가 들어올 때마다 자동으로 분석해서 알려주고, 개선 방향도 제안해 주거든요."

오사랑이 대시보드를 보여주었다. 각종 지표가 실시간으로 업데이트되고 있었다.

"일상적인 코칭을 할 때도 GPT에 '이 직원의 데이터를 보면 어떤 식으로 피드백하면 가장 효과적일까?'라고 물으면, 정말 구체적이고 객관적인 조언을 해줘요. 최종 평가 면담도 철저히 데이터 중심으로 진행하고 있어요.

오사랑의 목소리에 확신이 들어있었다.

"감정이나 주관이 들어가면 공정성이 떨어질 수 있잖아요. 그래서 AI가 분석한 객관적 자료를 바탕으로 팩트 위주로 전달하려고 해요."

승윤이 조심스럽게 물었다.

"그런데… 직원들이 좀 차갑게 느끼지는 않나요?"

"예를 들어 얼마 전에 신입 사원이 첫 프로젝트에서 실수했을 때를 말씀드릴게요. 저는 AI 분석 결과를 그대로 활용했어요." 오사랑이 화면을 가리키며 설명했다.

"'귀하의 이번 프로젝트 완성도는 70점으로, 목표인 85점에 미달했습니다. 주요 오류 3가지와 개선 액션플랜을 제시하니 다음 프로젝트에서는 이를 반영해 주세요.'라고 명확하게 전달했어요."

"직원 반응은 어땠나요?"

"처음에는 조금 당황했지만, 나중에는 오히려 고마워하더라고요. 명확한 피드백을 받으니까 뭘 개선해야 하는지 정확히 알겠다고 말이에요." 오사랑이 만족스럽게 웃었다.

"감정적인 위로나 애매한 격려보다 구체적인 데이터와 액션플랜이 훨씬 더 도움이 된다는 걸 깨달았어요. 그 직원도 '이제야 제가 어디서 부족한지, 어떻게 개선해야 하는지 명확해졌습니다.'라고 하더라고요."

승윤은 고개를 끄덕였지만, 속으로는 복잡한 심경이었다. 분명 효과적인 것 같긴 한데… 정말 그것만으로 충분할까? 그런데도 성과관리에 AI를 체계적으로 도입한 그녀의 접근법은 매우 인상적이었다. 특히 팀원들이 "이제야 내가 어떤 기준으로 평가받는지 명확해졌다."라고 말했다는 부분은 효과적으로 느껴졌다.

퇴근 무렵, 승윤은 용기를 내서 컴퓨터를 켰다. 평소 업무에서 AI를 써봤지만, 성과관리에는 어떻게 활용할지 여전히 고민이 됐다. 오사랑의 방식이 정답일까? 아니면 자신만의 방법이 있을까?

승윤의 변화 과정에서 볼 수 있듯이, AI가 성과관리에 접목되면서 단계별로 근본적인 변화가 일어나고 있습니다. 기존에는 리더들이 직감이나 전년도 실적을 참고해서 목표를 설정했습니다. '작년보다 10% 높게', '경쟁사보다 좀 더 도전적으로' 같은 방식이었죠. 하지만 AI는 훨씬 정교한 접근을 가능하게 합니다. AI에 "우리 업계에서 비슷한 규모의 회사들이 보통 어느 정도 성장률을 보이는지, 우리 팀의 현재 역량을 고려할 때 적정 목표는 무엇인지" 물어보면, 단순한 추측이 아닌 데이터 기반의 벤치마크를 제공받을 수 있습니다. 심지어 "현재 시장 상황에서는 보수적 목표, 도전적 목표, 야심적 목표를 각각 이렇게 설정하는 것이 합리적입니다."라는 옵션까지 제시해 줍니다.

'고객 만족도 향상'이나 '브랜드 인지도 개선' 같은 추상적인 목표는 이제 과거의 일이 됩니다. 생성형 AI는 이런 추상적 목표를 구체적이고 측정할 수 있는 KPI Key Performance Indicator로 변환해 주는 역할을 합니다. 예를 들어 '브랜드 인지도 향상'이라는 목표를 입력하면, AI는 웹사이트 직접 트래픽 증가율, 브랜드명 검색량 변화, 소셜미디어 브랜드 언급량, 광고 없는 자연 유입률 등 다양한 측정 지표를 제안합니다. 더 나아가 각 지표 간의 연관성과 시차까지 설명해 줍니다. "웹사이트 트래픽 증가는 보통 2~3주 후 매출에 반영되며, 소셜미디어 언급량과는 85% 상관관계를 보입니다."처럼 말이죠.

월말 보고서를 기다리며 이번 달은 어땠을지 궁금해하던 시대는 끝났습니다. 구글 시트Sheet나 노션Notion 같은 도구에 챗GPT 스크립트를 연결하면, 실시간으로 성과 데이터가 업데이트되고 자동으로 분석됩니다. 더 흥미로운 것은 알림형 챗봇 기능입니다. 목표 대비 실적이 일정 수준 이상 벗어나면 슬랙이나 팀즈로 자동 알림이 옵니다. "마케팅팀 이번 주 전환율이 목표 대비 15% 하락했습니다. 주요 원인은 모바일 광고 성과 저조로 보이며, 지난주와 비교한 상세 분석 결과를 확인해 보세요."라는 식으로 구체적인 정보와 함께 알려줍니다.

연말에 한 번 받는 종합 평가 대신, 이제는 일일 단위의 맞춤형 피드백이 가능해집니다. AI는 각 직원의 업무 스타일, 성향, 현재 상황을 종합해서 개인화된 피드백을 생성합니다. 예를 들어 같은 실적 부진이라도, 경력 직원에게는 "최근 3개월 데이터를 보면 A 부분에서 평소보다 20% 저조한 성과를 보입니다. 과거 유사한 상황에서 B 방법을 통해 개선한 경험이 있으니 참고해 보시면 좋겠습니다."라고 하고, 신입 직원에게는 "처음 겪는 상황이라 어려우셨을 것 같습니다. 단계별로 함께 개선 계획을 세워보죠."라는 식으로 다르게 접근합니다.

수작업으로 만들던 성과 보고서는 이제 AI가 초안을 작성합니다. 데이터를 입력하면 핵심 인사이트, 개선 포인트, 향후 전략까지 포함된 전문적인 보고서가 나옵니다. 리더는 여기에 개인적인 관찰과 맥락을 추가하기만 하면 됩니다. 코칭 역시 혁신됩니다.

"이번 달 A 직원의 실적과 상황을 고려할 때, 어떤 방식으로 동기부여하고 개선 방향을 제시하면 좋을까요?"라고 AI에 물어보면, 해당 직원의 성향과 상황에 맞는 구체적인 코칭 시나리오를 제공받을 수도 있습니다.

특히 흥미로운 것은 MIT 슬론 매니지먼트 리뷰MIT Sloan Management Review 2019년 여름호에 실린 'AI를 위한 그리고 AI와 함께하는 전략Strategy For and With AI'이라는 연구입니다. 이 연구에서는 "머신러닝 시대에서 기업 전략은 리더들이 최적화하기로 선택한 핵심성과지표(KPI)에 의해 정의된다."라고

밝혔습니다. 더 나아가 "AI는 어떤 KPI를 측정할지, 어떻게 측정할지 그리고 어떻게 우선순위를 정할지를 결정하는 데 중요한 역할을 한다."라고 강조했습니다. 이 연구가 제시하는 사례들은 흥미롭습니다.

독자 여러분께 질문을 하나 드리겠습니다.

"우버의 핵심 지표가 뭘까요?"

아마 많은 분이 '매출', '이용자 수', '운전자 수' 같은 답을 떠올리실 텐데, 정답은 ETA Estimated Time of Arrival, 즉 차량 예상 도착시간입니다. 우버는 정확한 ETA 예측 능력을 가장 중요한 경쟁력으로 봅니다. 왜냐하면 고객이 '5분 후에 도착한다'고 했는데 10분 걸리면 재이용률이 급격히 떨어지거든요. 흥미로운 점은 우버가 AI를 통해 ETA와 충돌하거나 경쟁할 만한 다른 KPI들은 의도적으로 비중을 줄이거나 아예 제거했다는 것입니다. 예를 들어 '운전자 수익 최대화'라는 지표를 너무 강조하면 운전자들이 더 먼 거리를 돌아서 갈 수도 있잖아요. 그러면 ETA가 부정확해집니다. AI는 이런 상황에서 ETA 예측 정확도에 더 높은 가중치를 부여하도록 학습됩니다. 초당 수백만 건의 예측을 수행하면서 '특정 시간대, 특정 지역, 특정 날씨 조건에서 운전자 응답 패턴'까지 세분된 지표들을 AI가 자동으로 발견하고 최적화하는 거죠. 이 외에도 주식 단타 거래나 맥도날드 사례에서 AI를 통하여 KPI의 우선순위 조정이나 최적화 등의 문제를 해결할 수 있다고 합니다.

구글 유튜브 사업부도 비슷한 사례를 보여줍니다. 지난 2년 간 동영상 성과를 측정하기 위한 새로운 내부 지표 두 개를 도입했는데, 그중 하나는 사람들이 유튜브에서 보내는 총 시간을 추적하는 것입니다. 여기에는 단순히 영상을 시청하는 시간뿐만 아니라 댓글을 작성하고 읽는 시간까지 포함됩니다. 이는 기존의 '조회수' 중심 지표에서는 포착하기 어려운 사용자 참여의 깊이를 측정하는 혁신적 접근이었습니다.

하지만 역시 중요한 것은 AI가 모든 것을 대신하는 게 아니라는 점입니다. AI는 더 나은 성과관리를 위한 도구일 뿐이고, 결국 리더의 통찰력과 인간적 이해가 결합할 때 진정한 효과를 발휘합니다. 한 성과관리 전문가는 "AI를 써서 그냥 획일적인 피드백을 뱉어내면 팀에게 전혀 도움이 안 된다."라고 경고했어요. AI는 시작점일 뿐이고, 결국 관리자가 개인적인 통찰과 맥락을 추가해야 진짜 의미 있는 성과관리가 된다는 거죠.

라승윤 팀장의 상황을 다시 보니, 그가 겪었던 문제들이 정확히 AI 성과관리가 해결하고자 하는 핵심 이슈들이었어요. 느린 피드백, 주관적 평가, 데이터 부족… 이 모든 것들이 이제는 기술적으로 해결할 수 있는 시대가 온 거죠.

승윤 팀장처럼 오사랑의 체계적인 AI 성과관리 시스템을 보고 "나도 당장 시작해 보고 싶은데, 뭐부터 해야 할까?"라고 궁금해하시는 분들이 많으실 텐데요. 복잡한 대시보드나 고도화된 시스템을 구축하지 않더라도, 생성형 AI만으로도 충분히 성과관리를 혁신할 수 있습니다. 실제로 승윤이 '용기를 내서 컴퓨터를 켜고' 첫 질문을 입력했던 것처럼, 여러분도 지금 당장 챗GPT나 Claude를 열고 따라 해볼 수 있는 실무 가이드를 단계별로 알아보겠습니다.

리버스 멘토링을 받다

"구체적으로 어떤 순서로 시작하면 되나요?"

승윤은 퇴근하고도 계속 고민을 했다. 이론적으로는 이해했지만, 막상 시작하려니 안개가 낀 듯했다. 집에 있는 노트북을 켜고 AI 입력창을 띄워놨지만, 첫 번째 질문부터 뭐로 해야 할지 막연했다.

"성과관리 좀 도와줘."

너무 광범위한 질문 같았다. 다시 지우고 입력했다.

"우리 기획팀 성과관리 시스템을 만들고 싶어. 어떻게 시작하지?" 그래도 뭔가 부족한 느낌이었다.

결국 다음 날 아침, 승윤은 다시 오사랑을 찾았다.

"사랑 씨, 어제 말씀해 주신 걸로 집에서 시작해 보려고 했는데… 막상 AI에 뭘 어떻게 물어봐야 할지 모르겠어요."

오사랑이 웃으며 답했다.

"아, 그 부분이 가장 어려운 거예요. 어제 대충은 말씀드렸지만, 사실 성과관리에는 체계적인 단계가 있거든요. 10단계 정도로 나눌 수 있는데, 단계마다 AI를 활용하는 방법이 달라요."

"10단계요?"

"네. 미션, 비전, 목표, 전략, KPI, 역량 파악, 모니터링, 코칭, 평가, 피드백 면담. 이 순서대로 하나씩 하면 되거든요. 한 번에 다 하려고 하지 마시고요."

오사랑이 자신의 노트북을 열었다.

"제가 실제로 쓰는 프롬프트들을 보여드릴게요. 복사해서 바로 쓰실 수 있어요."

1단계

미션 정의: 팀의 DNA를 AI가 해독하다

"가장 먼저 팀의 존재 이유부터 명확하게 해야 해요."

오사랑이 기본 프롬프트가 떠 있는 화면을 보여주었다.

우리 회사는 [회사명]이고, [업종 및 간단한 회사 소개]입니다.
우리 [팀명]은 주로 [주요 업무 3가지]를 담당합니다.

> 회사의 핵심 가치는 [가치 1, 가치 2, 가치 3]이고,
> 창업자의 철학은 [창업 정신/이념]입니다.
> 이 정보를 바탕으로 우리 팀만의 고유한 미션을 3가지
> 버전으로 제안해 주세요:
> 1) 간결한 버전 (한 문장)
> 2) 상세한 버전 (2~3문장)
> 3) 직원 동기부여용 버전 (감정적 어필 포함)
> 버전마다 왜 그렇게 제안했는지 이유도 설명해 주세요.

승윤은 프롬프트를 받아보고 고개를 끄덕였다. 하지만 막상 자신의 상황에 맞게 채워 넣으려니 막막했다.

"이걸 어떻게 우리 기획팀에 맞게 바꿔야 하지? 미션이라는 게… 정확히 뭔가요?"

"미션을 정의할 때는 두 가지 핵심 질문에 답하면 돼요. 첫째, 우리 팀 고객은 누구인가? 둘째, 고객에게 무엇을 기여하고자 하는가?"

"아, 그럼 다른 회사들은 어떻게 했을까요? 좀 찾아보고 싶은데….."

승윤이 브라우저를 열어 '유명한 기업 미션'을 검색하기 시작했다. 몇 분 후 그의 눈이 커졌다.

"어? 이거 보세요. 디즈니 미션이 정말 독특하네요."

화면을 오사랑에게 보여주며 읽어주었다.

"사람들에게 가장 독특한 엔터테인먼트 경험을 제공하여 꿈

을 실현하고, 마법 같은 추억을 만들어 내는 것이래요."

"오, 좋네요! 더 찾아보세요."

승윤이 계속 검색하면서 흥미로운 사례들을 발견했다.

"파타고니아는 '우리는 고향인 지구를 구하기 위해 사업을 합니다.'라고 하네요. 와, 이건 정말 강렬해요!"

"테슬라도 있어요. '지속 가능한 에너지로의 전 세계 전환을 가속화한다.'라고 하는데…." 오사랑이 감탄했다.

"보세요, 이 회사들의 공통점이 뭔가요? 모두 고객이 누구인지, 무엇을 기여할 것인지가 명확하죠? 디즈니는 '사람들'에게 '마법 같은 추억'을, 파타고니아는 '지구'를 '구하기' 위해, 테슬라는 '전 세계'의 '지속 가능 에너지 전환'을 위해 존재한다고 하잖아요."

승윤이 고개를 끄덕이며 말했다.

"그럼 우리도 이런 방식으로 만들어보면 되겠네요. AI에 물어봐도 되죠?"

승윤은 성급하게 간단한 프롬프트를 입력했다.

 우리 회사는 한국유통이고 전국 120개 매장을 운영합니다. 우리 기획팀은 디지털 전환을 담당합니다. 디즈니나 파타고니아 같은 멋진 미션을 만들어주세요.

몇 초 후 AI가 답변했다.

리버스 멘토링을 받다 · 199

한국유통 기획팀 미션 제안: "디지털 혁신을 통해 전국 고객들의 쇼핑 경험을 혁신하고 편의성을 극대화한다."

승윤이 결과를 보며 실망스러운 표정을 지었다.

"음… 뭔가 밋밋하네요? 디즈니처럼 임팩트 있게 안 나왔어요."

오사랑이 승윤의 화면을 보더니 웃었다.

"팀장님, 문제가 뭔지 아세요? 프롬프트가 너무 대충이에요. AI는 정보가 많을수록 좋은 답을 줘요."

"어떤 정보가 빠진 거죠?"

"우선 구체적인 고객이 누군지 안 알려줬어요. '전국 고객'이라고 하면 너무 막연하죠. 그리고 우리만의 차별점도 없고, 감정적 동기도 빠졌어요."

오사랑이 승윤의 키보드를 가리키며 말했다.

"이렇게 다시 써보세요."

오사랑의 도움을 받아 승윤이 훨씬 더 구체적인 프롬프트를 작성했다.

우리 회사는 [한국유통]이고, 전국 120개 오프라인 매장을 운영하는 30년 전통의 유통업체입니다. 최근 온라인 사업 확장과 디지털 전환을 추진하고 있습니다.

우리 [기획팀]은 주로 [신규 사업 기획, 디지털 전환 전략 수립, 온오프라인 연계 서비스 개발]을 담당합니다.

구체적 상황:
- 주요 고객: 40~60대 주부층, 지역 밀착형 단골 고객, 온라인 쇼핑 초보자들
- 우리의 강점: 30년간 쌓은 신뢰, 신선식품 품질, 동네 상권과의 유대관계
- 경쟁 환경: 대형마트와 이커머스 플랫폼 사이에서 생존 경쟁
- 우리만의 차별점: '사람 냄새 나는' 따뜻한 서비스, 지역 밀착형 맞춤 서비스

다음 미션 사례들을 참고하여:
- 디즈니: "사람들에게 가장 독특한 엔터테인먼트 경험을 제공하여 꿈을 실현하고, 마법 같은 추억을 만들어 내는 것"
- 파타고니아: "우리는 고향인 지구를 구하기 위해 사업을 합니다."
- 테슬라: "지속 가능한 에너지로의 전 세계 전환을 가속화한다."

우리 팀만의 독특하고 감동적인 미션을 3가지 버전으로 제안해 주세요:

> 1) 간결한 버전 (한 문장)
> 2) 상세한 버전 (2~3문장)
> 3) 직원 동기부여용 버전 (감정적 어필 포함) 각각 '고객이 누구인지'와 '고객에게 무엇을 기여하는지'가 명확하게 드러나도록 해주세요.

이번에는 완전히 다른 답변이 나왔다.

한국유통 기획팀의 미션을 3가지 버전으로 제안 드립니다.

1. 간결한 버전
- 동네 어머니들의 일상에 디지털 날개를 달아주는 따뜻한 기술 파트너

2. 상세한 버전
- 우리는 30년간 신뢰받아 온 동네 마트의 따뜻함을 디지털 시대에도 이어가고자 합니다. 온라인 쇼핑이 어려운 40~60대 고객들도 쉽고 편리하게 이용할 수 있는 '사람 중심의 스마트 서비스'를 만들어, 기술은 첨단이지만 마음은 더욱 따뜻한 새로운 쇼핑 경험을 선사합니다.

3. 직원 동기부여용 버전

> - 우리는 디지털 혁명 시대에 소외당할 수 있는 우리 어머니들의 편에 서 있습니다. 복잡한 앱 대신 쉬운 인터페이스를, 차가운 화면 대신 따뜻한 응대를, 빠른 배송 대신 신뢰할 수 있는 품질을 만들어가고 있어요. 동네 마트의 인정 많은 사장님이 첨단 기술을 만났을 때 생기는 마법. 우리가 그 마법을 현실로 만들어가는 기술 마법사들입니다.

승윤이 두 번째 결과를 보며 탄성을 질렀다.

"우와! 완전히 달라졌네요. '동네 어머니들의 일상에 디지털 날개를'이라는 표현이 나올 줄 몰랐어요."

오사랑이 만족스러운 표정으로 말했다.

"보세요, AI는 똑똑하지만, 마음을 읽지는 못해요. 우리가 어떤 감정으로, 누구를 위해, 왜 이 일을 하는지 구체적으로 알려줘야 그에 맞는 답을 줘요."

"그럼 앞으로 프롬프트 쓸 때 주의할 점이 뭐가 있을까요?"

"세 가지만 기억하세요. 첫째, 구체적인 맥락 제공. 둘째, 우리만의 차별점 명시. 셋째, 원하는 톤앤매너 안내. 이 세 가지만 지켜도 AI 답변 퀄리티가 확 달라져요."

승윤이 메모하며 미션을 다시 읽어보다가 갑자기 멈췄다.

"어? 사랑 씨, 잠깐만요. 이거 뭔가 이상한데요?"

"뭐가요?"

"'동네 어머니들의 일상에 디지털 날개를 달아주는'… 이거 우리 기획팀이 할 수 있는 일인가요? 우리가 직접 고객 서비스를 제공하는 팀도 아니고….”

오사랑이 승윤의 말을 듣더니 이마를 탁 쳤다.

"아! 정말 중요한 지적이에요. 맞아요. 지금 우리가 만든 건 **회사 전체의 미션** 같아요. 우리는 **기획팀의 미션**을 만들어야 하는 건데….”

"그럼 우리 기획팀이 정확히 뭘 하는 팀인지부터 정리해야겠네요.” 승윤이 생각해 보며 말했다.

"우리는… 새로운 서비스를 기획하고, 각 부서 간 협업을 조율하고, 고객 니즈를 분석해서 전략을 세우는 팀이죠. 직접 개발하거나 고객 서비스를 하지는 않고요.”

"맞아요! 그럼 다시 프롬프트를 수정해야겠네요.”

승윤이 수정해서 다시 입력한 프롬프트:

수정된 상황 정리:
우리는 한국유통의 기획팀(5명)입니다.
- 회사 전체가 아닌 '기획팀'만의 미션을 만들고 싶습니다.
- 우리의 역할: 전략 수립, 신규 서비스 기획, 부서 간 협업 조율, 고객 니즈 분석
- 우리가 직접 하지 않는 것: 개발, 고객 서비스, 매장

> 운영
>
> 기획팀으로서 우리의 고객은:
> - 1차 고객: 회사 경영진 (우리가 만든 전략과 기획안을 채택하는 사람들)
> - 2차 고객: 다른 부서들 (우리 기획안을 실행하는 IT팀, 마케팅팀, 운영팀 등)
> - 3차 고객: 최종 고객 (우리가 기획한 서비스를 사용하는 동네 어머니들)
>
> 이런 맥락에서 기획팀만의 미션을 다시 제안해 주세요. 다른 팀(IT, 마케팅, 운영)과 차별되는 기획팀만의 고유한 존재 이유를 담아서요.

새로운 AI 답변이 나왔다.

한국유통 기획팀의 미션을 3가지 버전으로 제안 드립니다.

1. 간결한 버전
- 데이터와 통찰력으로 회사의 미래를 설계하는 전략 아키텍트

2. 상세한 버전

- 우리는 고객의 숨겨진 니즈와 시장의 변화를 가장 먼저 포착하여 실행할 수 있는 전략으로 번역합니다. 각 부서가 하나의 목표를 향해 달릴 수 있도록 명확한 로드맵을 제시하고, 경영진의 비전을 현실로 만드는 구체적인 실행 계획을 수립하는 전략적 브레인 역할을 합니다.

3. 직원 동기부여용 버전
- 우리는 회사의 '작은 CEO들'입니다. 시장을 읽고, 기회를 발견하고, 전략을 세우고, 사람들을 설득하는 일. 한국유통이 다음 단계로 도약할 때마다 그 뒤에는 우리의 기획이 있었다고 자부할 수 있는 전략 메이커들입니다. 우리가 그린 청사진이 현실이 되어 고객들의 삶을 바꾸는 모습을 보는 것, 그것이 우리가 하는 일의 진짜 보람입니다.

승윤이 이번 결과를 보며 크게 고개를 끄덕였다.

"이제야 맞는 것 같아요! '전략 아키텍트', '회사의 작은 CEO들'… 이런 표현이 정말 우리 팀다워요. 훨씬 좋아졌네요. 이제 우리 팀원들도 '아, 우리가 이런 일을 하는 팀이구나.' 하고 명확하게 이해할 수 있을 것 같아요."

승윤이 안도하며 편안한 표정으로 말을 이었다.

"정말 다행이에요. 처음에 만든 건 너무 거창해서 부담스러웠는데, 이건 우리가 실제로 할 수 있는 일들이면서도 자부심을 느낄 수 있네요. 한 가지 더 좋은 점은, 이 미션이 우리 비전과도 잘 연결된다는 거예요. '업계 최초 AI 기획 방법론 개발' 비전도 결국 '전략 아키텍트'로서 우리가 해야 할 일이잖아요." 승윤이 고개를 끄덕이며 말했다.

"그럼 이제 정말로 다음 단계로 넘어가도 되겠네요?"

"네, 그 전에 한 가지만 더. 이 미션을 팀원들에게 어떻게 설명할지 한번 연습해 보세요. 혼자 알고 있으면 소용없거든요." 승윤은 그제야 깨달았다. AI가 아무리 좋은 답을 줘도, 결국 사람이 사람에게 전달할 때 진짜 의미가 생긴다는 것을. 그리고 그 과정에서 리더인 자신의 역할이 얼마나 중요한지도.

2단계

비전 설정: 3년 후 우리 팀, AI가 그려본 청사진

"미션이 정해졌으니 이제 비전을 세워봐야겠네요."

승윤이 기대에 찬 표정을 지었다. 미션 정의에서 성공을 맛본 후 자신감이 생긴 것 같았다.

"비전은 미션보다 더 구체적이고 시각적이어야 해요. 3년 후 우리 팀이 어떤 모습이 되어 있을지 그림을 그리는 거죠."

"그럼 미션처럼 AI에 물어보면 되는 거죠?"

승윤이 성급하게 키보드에 손을 올렸다.

"잠깐만요, 팀장님. 비전은 좀 특별해요. 먼저 다른 회사들이 어떻게 했는지 보시는 게 좋을 것 같은데요."

승윤이 브라우저를 열고 '기업 비전 사례'를 검색하기 시작했다. 몇 분 후 그의 눈이 커졌다.

"어? 이거 신기하네요. BHAG라는 게 있다고 하는데, Big Hairy Audacious Goal의 줄임말이래요. '크고 어려우며 과감한 목표'라는 뜻이고요."

"맞아요! 예를 들어 나이키는 60년대에 '아디다스 죽이기'를 비전으로 삼았대요. GE는 '우리가 경쟁하는 모든 시장에서 1위 또는 2위의 지위 확보'였고요."

승윤이 계속 검색하면서 흥미로운 최신 사례들을 발견했다. "이것도 봐요. 테슬라는 '전기차를 전 세계적인 수송 수단으로 만듦으로써 21세기 가장 매력적인 자동차 기업이 된다.'라고 하네요. 와, 정말 스케일이 다르네요."

"마이크로소프트도 '모든 가정과 모든 책상에 컴퓨터를'이라는 비전으로 30년 동안 달려왔다고 하는데, 지금은 '모든 사람과 조직이 더 많이 성취하도록 힘을 실어준다.'라고 바뀌었어요."

오사랑이 감탄했다.

"보세요, 이 회사들의 공통점이 뭔가요? 모두 **웅대하고, 어렵고, 창의적**이잖아요. 그리고 **10년 이상 걸릴 만큼 도전적**이면서도 **구체적으로 그려볼 수 있어요**."

승윤이 메모하며 고개를 끄덕였다.

"그럼… 우리도 이런 식으로 만들어야 하는 건가요? 그런데 우리 같은 작은 기획팀이 이렇게 거창한 비전을 가져도 될까요?"

"물론이에요! 오히려 작은 팀일수록 더 필요해요. 꿈이 없으면 현실에만 매몰되거든요."

오사랑이 중요한 구별점을 설명했다.

"그런데 한 가지 기억하세요. 비전과 꿈은 달라요. 꿈은 '나도 원래는 유명한 가수가 되고 싶었는데…' 이처럼 막연한 희망이지만, 비전은 **구체적인 행동 계획이 따라와야 해요**. '이 목표를 이루기 위해 나 자신이 이러이러한 일을 해야 한다'는 실행 가능성이 있어야 하거든요."

승윤이 이해한다는 표정을 지었다.

"아, 그럼 AI에 물어볼 때도 그런 부분을 고려해서 질문해야겠네요?"

"맞아요. 그런데…." 오사랑이 잠시 망설이더니 말했다.

"처음에는 간단하게 시작해 보세요. 너무 복잡하게 하면 첫 번째 미션 때처럼 밋밋한 답이 나올 수 있어요."

승윤이 첫 번째 시도를 했다.

우리 기획팀의 비전을 만들어주세요.
3년 후 최고의 기획팀이 되어서 경영진에게 인정받고 싶습니다.
BHAG처럼 도전적이고 구체적으로 해주세요.

AI가 답변했다.

한국유통 기획팀 비전 제안:
"3년 후 업계 최고 수준의 전문성을 갖춘 기획팀으로 성장하여 사내외에서 인정받는 전략적 파트너가 된다."

승윤이 결과를 보며 또 고개를 갸웃했다.
"음… 이번에도 뭔가 좀 뻔한 것 같은데요? 테슬라나 나이키처럼 가슴 뛰는 느낌이 없어요."

오사랑이 승윤의 화면을 보더니 웃었다.
"팀장님, 이건 비전이 아니라 그냥 희망 사항이에요."
"네? 뭐가 다른가요?"
"BHAG의 핵심 조건들이 다 빠져있어요. 첫째, **언제까지**요? '3년 후'라고 했지만 막연해요. 둘째, **어떤 기준으로 최고**인가요? 셋째, **누구에게 인정**받겠다는 건가요?"

승윤이 당황했다. "아… 그러면 어떻게 해야 하나요?"
"비전은 **구체적이고 측정 가능**해야 해요. '업계에서 인정받는다.'가 아니라 '이마트 기획팀이 우리를 벤치마킹하러 온다.' 이런 식으로 구체적인 그림이 그려져야 하죠."
"아하! 그럼 다시 해볼게요."

승윤이 프롬프트를 수정했다.

우리 기획팀이 3년 후에 업계에서 유명해져서 다른 회사들이 배우러 오는 팀이 되고 싶습니다.
구체적이고 측정 가능한 비전으로 만들어주세요.

그런데 또 다른 애매한 답변이 나왔다.

"2028년까지 유통업계 기획 분야 선도 기업으로 인정받아 연간 5회 이상 타 기업 벤치마킹 요청을 받는 팀"

오사랑이 한숨을 쉬었다.

"팀장님, 아직도 부족해요. '유명해진다.', '선도 기업으로 인정받는다.' 이런 표현들은 여전히 추상적이에요. 그리고 가장 중요한 걸 빼먹으셨어요."

"뭘요?"

"**우리만의 차별점**이요. 우리가 왜 다른 팀보다 특별한지, 무엇 때문에 벤치마킹을 받을 건지가 없어요. 1단계 미션 때 배웠잖아요. 구체적인 맥락과 우리만의 차별점을 제공해야 한다고."

승윤이 이해한다는 표정으로 고개를 끄덕였다.

"아, 맞다! AI가 우리 상황을 모르니까 일반적인 답변만 하는 거군요."

"그리고 한 가지 더. BHAG는 듣는 **순간 강한 충동을 느껴야** 해요. 지금 답변들은 '아, 그래?' 정도지, '우와, 정말 해보고 싶다!'라는 느낌이 없어요."

오사랑의 도움을 받아 승윤이 훨씬 더 구체적인 프롬프트를 작성했다.

우리 팀의 미션: "데이터와 통찰력으로 회사의 미래를 설계하는 전략 아키텍트"

현재 상황:
- 한국유통 기획팀 (5명), 전국 120개 매장을 보유한 30년 전통 유통업체
- 온라인몰 1년 차, 월 거래액 50억 원 (전체 매출의 5%)
- 대형마트(이마트, 롯데마트) 대비 디지털화 2년 지연
- 팀원 평균 경력 3년, AI 활용 경험 초보 수준

우리만의 독특한 강점:
- 30년간 쌓은 고객 데이터와 오프라인 운영 노하우
- 작은 팀이라 빠른 의사결정과 실험 가능
- 대기업과 달리 '사람 중심'의 서비스 DNA

참고할 BHAG 사례:

- 테슬라: "전기차를 전 세계적인 수송 수단으로 만듦으로써 21세기 가장 매력적인 자동차 기업이 된다."
- 나이키: "아디다스 죽이기" (60년대)

3년 후(2028년) 우리 기획팀이 어떤 팀이 되어 있을지:
- 업계에서 어떻게 인정받는 팀이 될 것인가?
- 우리의 기획 전문성이 어느 수준에 도달할 것인가?
- 다른 회사들이 우리의 '무엇'을 배우러 올 것인가?

BHAG 원칙에 따라 3가지 버전으로 제안해 주세요:
1. 도전적 버전: 경쟁사나 벤치마킹 대상 초월 (10단어 이내)
2. 창조적 버전: 새로운 기획 방법론이나 모델 창조 (10단어 이내)
3. 협업적 버전: 조직 내에서의 역할과 영향력 확장 (10단어 이내)

각각 듣는 순간 강한 충동을 느낄 수 있게 해주세요.

이번에는 훨씬 더 독특한 답변이 나왔다.

 한국유통 기획팀의 2028년 비전을 3가지 버전으로 제안 드립니다.

> 1. 도전적 버전
> -이마트 기획팀이 벤치마킹하러 오는 팀(7단어)
> 2. 창조적 버전
> -업계 최초 AI 기획 방법론 개발하는 팀(8단어)
> 3. 협업적 버전
> -CEO가 가장 먼저 찾는 전략 파트너 팀(8단어)
>
> 버전별 의미와 실행 가능성
>
> - 도전적 버전: 업계 1위인 이마트의 기획팀조차 우리에게 노하우를 배우러 올 정도로 인정받는 전문성 확보. 현재 2년 지연된 상황에서 역전의 발상
> - 창조적 버전: 단순히 따라 하는 기획이 아닌, AI를 활용한 완전히 새로운 기획 방법론을 업계 최초로 개발. 우리가 업계 표준을 만드는 선도 팀 역할
> - 협업적 버전: 사내에서 중요한 의사결정이 필요할 때 CEO가 가장 먼저 찾는 신뢰받는 전략 파트너로 성장. 단순 실무팀에서 경영 파트너로 격상

승윤은 결과를 보며 흥미진진했다.

"이거네요! 이제야 진짜 비전 같아요. 특히 '이마트 기획팀이 벤치마킹하러 오는 팀'이라니 상상만 해도 짜릿하네요."

"처음 시도랑 완전히 다르죠? 이제 **구체적이고 측정 가능**해졌어요. **우리만의 차별점**도 명확하고, **강한 충동**도 느껴지죠."

승윤이 고개를 끄덕이며 말했다.

"정말 그래요. 처음에 '최고의 기획팀이 되어 인정받는다.'라고 했을 때는 막연했는데, 이제는 진짜 해보고 싶어져요."

3단계
목표 설정: AI 벤치마킹으로 현실적 목표 찾기

"이제 구체적인 목표를 잡아야 해요. 여기서 AI의 벤치마킹 기능이 정말 도움이 돼요."

오사랑이 다음 프롬프트를 보여주기 전에 승윤에게 물었다.

"팀장님, '목표 설정 SMART 법칙'은 아시죠?"

승윤이 자신 있게 답했다.

"당연히 알죠. Specific, Measurable, Achievable, Relevant, Time-bound. 목표 설정의 기본 원칙이잖아요."

"아, 역시 기획팀장님이시네요!"

승윤이 노트북을 열며 말했다. "그럼 AI에 물어볼까요?"

우리 기획팀의 2025년 목표를 SMART 원칙에 따라 설정해 주세요.

한국유통 기획팀을 위한 SMART 목표를 제안 드립니다.

> - S(구체적): 월평균 기획안 3개 완성
> - M(측정 가능): 기획안 승인율 80% 달성
> - A(달성 가능): 현재 역량 대비 적정 수준
> - R(관련성): 회사 디지털 전환 목표와 연계
> - T(시간제한): 2025년 12월 31일까지

승윤이 결과를 보며 다시 아쉬운 표정을 지었다.

"음… 뭔가 너무 뻔하네요. 어느 기획팀에나 적용할 수 있는 일반적인 목표 같아요."

오사랑이 조심스럽게 말했다.

"그럼 다시 AI에 물어볼 때 우리 상황을 더 구체적으로 알려주면 어떨까요? 아까처럼 일반적인 답변 말고, 우리만의 특수한 상황에 맞는 목표를 받을 수 있도록요."

승윤이 고개를 끄덕였다.

"맞네요. 단순히 SMART하게만 만들면 안 되고, 우리 팀 상황에 맞는 현실적인 목표여야 하는데… 그래서 벤치마킹 데이터가 중요한 거고요." 승윤이 이어 말했다.

"예를 들면 어떤 식으로 할 수 있을까요?"

"팀 현재 상황을 알려주고, '비슷한 기획팀들은 보통 어느 정도 목표를 세우는지, 보수적 목표와 도전적 목표는 각각 뭔지' 물어보는 거죠. 그러면 단순한 추측이 아닌 데이터 기반의 현실적인 목표를 잡을 수 있어요."

"그럼 우리 비전인 'AI 기획 방법론 개발'에 맞는 올해 목표도 AI가 제안해 줄 수 있겠네요?"

"맞아요. 다만 중요한 건, AI 답변을 무조건 믿지 말고 우리 팀 상황에 맞게 조정하는 거예요. AI는 일반적인 벤치마크를 주지만, 우리 팀만의 특수한 상황은 팀장님이 가장 잘 아시잖아요."

"좋아요, 같이 한번 해봅시다."

승윤과 오사랑이 입력한 프롬프트:

우리는 한국유통의 기획팀(5명)입니다.

우리의 미션: "데이터와 통찰력으로 회사의 미래를 설계하는 전략 아키텍트"

우리의 비전: "업계 최초 AI 기획 방법론 개발하는 팀"
올해(2025년) 달성해야 할 구체적인 목표를 설정하려고 합니다.

다음 정보를 바탕으로 조언해 주세요:
- 현재 상황: 기획팀 5명, AI 활용 경험 초보, 월 1~2개 기획안 작성
- 회사 전체 목표: 2025년 온라인 매출 300% 성장 (50억→150억)

- 시장 상황: 전통 유통업체들의 급속한 디지털화, 이커머스와의 경쟁 심화
- 우리 강점: 30년 고객 데이터, 오프라인 운영 노하우, 빠른 의사결정

요청 사항:
1) 우리와 비슷한 규모/업종의 기획팀들이 보통 어느 정도 성과를 목표로 하는지
2) 보수적 목표, 적정 목표, 도전적 목표를 각각 제시
3) 목표별로 달성 가능성과 필요조건 분석
4) 목표 달성을 위한 핵심 성공 요인 3가지 정량적 수치가 있다면 구체적으로 제시해 주세요.

모든 목표는 SMART 법칙(구체적, 측정 가능, 달성 가능, 관련성, 시간제한)을 충족하도록 설계해 주세요.

승윤이 감탄했다.

"와, 이렇게 물어보면 정말 구체적인 답이 나올 것 같은데요?"

한국유통 기획팀의 2025년 목표를 벤치마킹 데이터와 함께 제안 드립니다.

업계 벤치마크 분석

유사 규모 유통기업 기획팀 일반적 성과:
- 월평균 기획안 완성도: 75~85%
- 기획안 승인율: 60~70%
- 새로운 서비스 론칭: 연간 2~3개
- AI/디지털 도구 활용률: 20~30%

1. 보수적 목표 (달성 확률 90%)
주요 목표:
- AI 기반 기획안 월 2개 완성 (현재 1~2개 대비 안정화)
- 기획안 승인율 70% 달성
- 팀원 전체 AI 도구 기초 활용 가능 (5명 모두)
- 온라인 매출 기여 기획안 1개 이상
필요조건: 현재 역량 유지, 기본적인 AI 교육 3개월

2. 적정 목표 (달성 확률 70%)
주요 목표:
- AI 기반 정교한 기획안 월 3개 완성 (50% 증가)
- 기획안 승인율 80% 달성 (업계 평균 초과)
- 'AI 기획 방법론 1.0' 사내 표준 개발 및 적용
- 온라인 매출 300% 성장에 핵심 기여 (2~3개 기획안)
- 타 부서 AI 기획 교육 프로그램 개발
필요조건: AI 전문성 향상 교육 6개월, 외부 컨설팅 지원

3. 도전적 목표 (달성 확률 50%)

주요 목표:
- AI 네이티브 기획안 월 4개 완성 (100% 증가)
- 기획안 승인율 90% 달성 (업계 최고 수준)
- '한국유통형 AI 기획 방법론' 완성 및 업계 발표
- 온라인 매출 목표 조기 달성 기여 (11월까지 150억 달성)
- 경쟁사 벤치마킹 문의 1건 이상 수신

필요조건: 전문 AI 교육+실무 적용 9개월, 추가 인력 1명 또는 전문가 파트너십

핵심 성공 요인 3가지
1. 단계적 AI 역량 구축
2. 데이터 기반 의사결정 체계
3. 조직 내 협업 체계 강화

권장 사항
적정 목표를 기본으로, 분기별 성과에 따라 도전적 목표로 상향 조정하는 것을 추천합니다. 특히 AI 기획 방법론 개발은 장기적 경쟁력 확보를 위해 반드시 추진하시길 권합니다.

승윤이 감탄했다.

"와, 특히 업계 벤치마크까지 알려주니까 우리가 어느 위치

에 있는지 객관적으로 볼 수 있어요."

오사랑이 조심스럽게 말했다.

"그런데 팀장님, 이 AI 답변을 어느 정도까지 믿어도 될까요?"

승윤이 고개를 끄덕이며 답했다.

"흠… 업계 벤치마크는 참고용으로 보는 게 맞을 것 같네요. 결국 우리 상황을 가장 잘 아는 건 저니까요. AI가 '업계 평균 승인율이 70%'라고 해도, 우리 팀에서는 80%도 충분히 도전적일 수 있거든요."

"맞아요! 그럼, 이 옵션들 중에서 어떤 걸 선택하시겠어요?"

승윤이 잠시 생각해 보더니 말했다.

"음, 팀원들과 함께 논의해서 결정해야겠어요. 혼자 정하면 안 되죠."

오사랑이 공감하며 말했다.

"저도 홍보팀에서 그런 경험이 있어요. 처음에는 도전적 목표로 시작했다가 너무 부담스러워해서 중간에 조정한 적이 있거든요."

"아, 그런 방법도 있겠네요. 적정 목표로 시작해서 분기마다 검토해 보는 건 어떨까요? 잘되면 올리고, 어려우면 조정하고…"

"좋은 아이디어세요. 그럼, 다음엔 이 목표들을 어떻게 실행할지 전략을 세워야겠네요."

승윤이 고개를 끄덕였다.

"맞아요. 목표가 '어디에 도착할 것인가'라면, 전략은 '어떻게 그곳에 갈 것인가'이니까요."

4단계
전략 수립: AI 전략가와 함께 승부수 던지기

"이제 구체적인 전략을 수립해 봐야겠네요." 승윤이 자신 있는 표정을 지었다. "그런데 사랑 씨, 전략 세우는 건 제가 꽤 경험이 있는 분야예요. 지난 10년간 수많은 전략 보고서를 만들어봤거든요." 승윤이 자신 있게 키보드를 두드렸다.

우리 팀의 목표는 'AI 기반 정교한 기획안 월 3개 완성, 기획안 승인율 80% 달성'입니다. 우리 회사는 한국유통이고 기획팀 5명입니다. 이 목표를 달성하기 위한 전략을 제안해 주세요.

한국유통 기획팀의 목표 달성을 위한 전략을 제안 드립니다.
1. AI 역량 강화 전략
  - 팀원 전체 AI 교육 프로그램 도입
  - 외부 AI 전문가 초청 세미나 월 1회 실시

> 2. 프로세스 개선 전략
> - 기획안 작성 템플릿 표준화
> - 승인율 향상을 위한 품질 관리 체계 구축
> 3. 협업 강화 전략
> - 타 부서와의 정기 미팅 확대
> - 경영진 대상 정기 보고 체계 구축

"어라? 이건 뭐야? 너무 일반적이네." 라 팀장의 실망에 오사랑이 호기심 어린 표정으로 물었다.

"팀장님은 보통 어떤 방식으로 전략을 세우세요?"

"글쎄요… 표준적인 방법론이 있죠. SWOT 분석하고, 포터의 5 Forces 모델 적용하고, 경쟁사 벤치마킹 후에 전략 방향 3~4개 정도 제시하는 거죠. 물론 마지막에는 실행 계획도 포함하고요."

오사랑이 조심스럽게 말을 꺼냈다.

"팀장님, 혹시… AI에 좀 더 구체적인 것들을 주면 어떨까요? 아까 방법론하고… 또, 정보도요."

"어떤 정보 말이에요?"

"음, 예를 들어 최근 유통업계 트렌드라든지, 우리 회사만의 특수한 상황이라든지요. 제가 홍보팀에서 느낀 건데, 요즘 시장 변화가 정말 빨라서요."

승윤이 잠시 생각해 보더니 고개를 끄덕였다.

"그렇긴 하네요. 아무래도 컨텍스트가 부족했나 봐요. 최신 정보부터 좀 찾아볼까요?"

승윤이 브라우저를 열어 능숙하게 검색하기 시작했다.

"2025년 유통업계 디지털 전환… 음, 이거 보세요. BCG 보고서에 따르면 AI 기반 개인화 전략 도입한 업체들이 매출 30% 증가했다는군요."

오사랑이 감탄했다. "와, 정말 빠르시네요. 역시 기획팀장님답다."

"그리고 여기 보니까 한국의 온라인 쇼핑 비중이 43%로 세계 최고 수준이래요. 중국이 31%, 미국이 26%인데 말이죠."

승윤이 계속 검색하며 중요한 정보들을 정리했다.

"MZ세대 소비 패턴도 완전히 바뀌었고, AI가 어시스턴트에서 에이전트로 진화하고 있다는 분석도 있네요. 숏폼 커머스도 이제 선택이 아니라 필수고…."

"이런 걸 다 반영해서 다시 물어보면 어떨까요?"

승윤이 훨씬 더 상세한 프롬프트를 작성했다.

 다음 정보를 바탕으로 한국유통 기획팀의 전략적 상황 분석을 해주세요:

 최신 시장 동향 (2025년)
- 유통업계 디지털 전환 가속화: AI 기반 개인화 전략

도입한 업체 매출 30% 증가
- 온라인 쇼핑 비중 43% (한국, 세계 최고 수준)
- MZ세대 소비 패턴 변화: 소셜미디어 기반 구매 여정, 극도의 합리적 소비
- AI 에이전트 시대 도래: 어시스턴트에서 에이전트로 진화
- 숏폼 커머스의 보편화, 엔터테인먼트화되는 커머스

우리 회사 현황
- 한국유통: 전국 120개 오프라인 매장, 30년 전통
- 온라인몰 1년 차, 월 거래액 50억 원(전체 매출 5%)
- 주요 고객: 40~60대 주부층, 온라인 쇼핑 초보자
- 강점: 30년 신뢰, 신선식품 품질, 지역 밀착

우리 기획팀 현황
- 기획팀 5명, AI 활용 경험 초보 수준
- 목표: AI 기반 기획안 월 3개, 승인율 80%
- 경쟁사 대비 디지털화 2년 지연

다음 방법론으로 분석을 해주세요:
1) SWOT 분석 (영역별 3개씩)
2) 포터 5 Forces 분석
3) 핵심 기회와 위협 요인
4) 전략적 우선순위 제안

> 업계 트렌드와 우리 상황을 종합하여 실현 가능한 전략 방향을 제시해 주세요.

1. SWOT 분석

강점(Strengths)
- 30년 브랜드 신뢰도: 기존 고객층의 높은 충성도 보유
- 120개 매장 네트워크: 전국적인 오프라인 인프라로 O2O 연계 가능
- 신선식품 전문성: 온라인으로 차별화하기 어려운 영역의 노하우

약점(Weaknesses)
- 디지털 역량 부족: 경쟁사 대비 2년 지연, AI 활용 초보 수준
- 낮은 온라인 비중: 전체 매출의 5%에 불과 (업계 평균 43% 대비)
- 고령화된 고객층: MZ세대 신규 고객 확보 어려움

기회(Opportunities)
- AI 기술 민주화: 초보자도 활용 가능한 생성형 AI 도구 확산

> - 시니어 디지털 전환: 코로나 이후 40~60대 온라인 쇼핑 급증
> - O2O 융합 트렌드: 오프라인 강점을 온라인으로 연계할 절호의 기회
>
> (…후략)
>
> 4. 전략적 우선순위 제안
>
> 1순위: AI 네이티브 기획팀 전환 (3개월)
> - 목표: 팀원 전체가 AI를 일상 도구로 활용
> - 액션: ChatGPT/Claude 기반 기획 워크플로우 구축
> - 기대효과: 기획 품질 향상 및 업무 효율성 3배 증대
>
> 2순위: 시니어 친화적 디지털 경험 설계 (6개월)
> - 목표: 40~60대 맞춤형 온라인 서비스 차별화
> - 액션: 음성 주문, 간편 결제, 큰 글씨 UI 등 시니어 친화 기능
> - 기대효과: 기존 고객층의 온라인 전환율 증대
>
> (…후략)

승윤이 두 번째 결과를 찬찬히 읽어보더니 무릎을 쳤다. "이거네요! 완전히 다르잖아요."

오사랑이 신기한 듯 물었다. "뭐가 그렇게 다른가요?"

"첫 번째는 그냥 '뭘 해야 한다'만 나열했는데, 두 번째는 '왜 이걸 해야 하는지', '우리만의 차별점이 뭔지'가 명확해요. 특

히 'AI 네이티브 기획팀 전환'이라는 표현이 인상적이네요."

승윤이 화면을 가리키며 흥분해서 말했다.

"봐요, 우리의 약점인 'AI 역량 부족'을 오히려 기회인 'AI 기술 민주화' 트렌드와 연결해서 역전 전략을 만들어냈어요. 이런 게 진짜 전략이죠."

오사랑이 감탄했다. "정말 대단하네요. 저도 개인적으로는 이런 인사이트를 정리하지 못했을 것 같아요."

승윤이 뿌듯한 표정을 지으며 말했다.

"신기하네요. 이 정도 분석을 혼자 하려면 며칠 걸렸을 텐데, AI와 함께하니까 30분 만에 나오네요."

"그런데 팀장님, AI 결과를 그대로 믿어도 될까요?"

승윤이 고개를 저었다. "검증해야 하지 않을까요? 특히 우리 회사 내부 상황과 맞는지, 시장 동향이 정확한지, 실행 가능성은 어떤지 더 꼼꼼히 체크해야 할 것 같아요. 지금 결과물이 보기 좋긴 한데 우리 팀원들만큼 전후 사정을 잘 알지는 못하거든요."

승윤은 이어 말했다. "그럼 이제 이 전략을 어떻게 실행할지 계획을 세워야겠네요?"

"맞아요. 하지만 그 전에 더 중요한 게 있어요. 이 전략이 제대로 실행되고 있는지 어떻게 측정할 것인가 말이에요."

승윤이 확신에 찬 표정으로 말했다.

"다음 단계인 KPI 설계로 넘어가죠."

5단계
KPI 설계: 굿하트의 함정을 피하는 스마트 KPI

오사랑이 호기심 어린 표정으로 물었다. "팀장님은 KPI 만들어본 경험이 많으시죠?"

"당연하죠! 우리 팀 KPI는 제가 항상 만들어요. '기획안 완성 건수', '프로젝트 진행률', '고객 만족도' 이런 식으로요. 뭐, 기본적인 거죠."

오사랑이 조심스럽게 말을 꺼냈다. "그런데… 혹시 그 KPI들로 정말 성과관리가 잘 되고 있나요?"

승윤이 잠깐 멈칫했다. "음… 솔직히 말하면 좀 애매하긴 해요. 숫자는 나오는데, 실제로 우리 팀이 더 나아지고 있는지는…."

"아, 그럼 혹시 '굿하트의 법칙'이라고 들어보셨어요?"

"굿하트의 법칙? 처음 들어보는데요."

오사랑이 조심스럽게 설명했다. "제가 얼마 전에 홍보 관련 세미나에서 들었는데, 영국의 경제학자 찰스 굿하트가 만든 개념이에요. '측정 지표가 목표가 되는 순간, 그 지표는 좋은 지표가 아니게 된다.'라는 거죠."

승윤이 관심을 보였다. "예를 들면 어떤 건가요?"

"음, 예를 들어 미국의 웰스파고라는 은행에서 '교차판매' 건수를 KPI로 잡았대요. 그랬더니 직원들이 고객 동의도 받지 않고 무려 350만 개의 계좌를 몰래 개설하는 사기를 쳤다고 하더라고요."

승윤이 놀라서 묻는다. "정말요? 그럼… 제가 지금까지 만든 KPI들도 문제가 있을 수 있다는 건가요?"

"그럴 수도 있을 것 같아요. 예를 들어 '기획안 완성 건수'를 KPI로 하면 어떤 일이 생길까요?"

승윤이 잠시 생각해 보더니 깨달은 표정을 지었다.

"아… 팀원들이 퀄리티는 신경 안 쓰고 무조건 많이 만들려고 할 수도 있겠네요. '프로젝트 진행률'도… 실제로는 진전이 없어도 일단 퍼센티지만 올리려고 할 수 있고."

"맞아요! 그래서 KPI를 설계할 때는 부작용도 미리 생각해 봐야 한다고 하더라고요."

승윤이 진지해졌다. "그럼 어떻게 해야 하죠? KPI 없이 관리할 수는 없잖아요."

"당연히 KPI는 필요하죠. 다만 좀 더 '똑똑하게' 설계해야 해요. AI에 물어보면 어떨까요?"

승윤이 고개를 끄덕이며 프롬프트를 작성하기 시작했다.

한국유통 기획팀의 KPI 설계를 도와주세요.

목표
-AI 기반 정교한 기획안 월 3개 완성

- 기획안 승인율 80% 달성
- 팀원별 AI 활용 역량 향상

현재 상황
- 기획팀 5명, AI 초보 수준
- 기존 KPI: 기획안 완성 건수, 프로젝트 진행률, 고객 만족도
- 문제: 수치는 나오지만 실제 성과 향상 체감 어려움

요구사항
다음 원칙을 반영한 KPI 설계:
1. 굿하트의 법칙 방지: 지표 악용 가능성 최소화
2. 균형 잡힌 측정: 양적/질적 지표 조합
3. 행동 유도: 팀원들이 올바른 행동을 하도록 설계
4. 측정 용이성: 현실적으로 데이터 수집 가능

제공해 주세요:
1. 핵심 KPI 3개 (가중치 70%)
2. 보조 KPI 2개 (가중치 30%)
3. 각 KPI별 악용 가능성과 방지책
4. 데이터 수집 방법
5. 월별 측정 및 리뷰 방안

실무에서 바로 사용할 수 있도록 구체적으로 설계해 주세요.

핵심 KPI (가중치 70%)

1. 기획안 품질 점수 (25%)
측정 방법: 승인된 기획안의 평균 평가점수 (10점 만점)
  - 경영진 평가 (4점): 전략적 타당성, 실행 가능성
  - 실무진 평가 (3점): 구체성, 완성도
  - 실행 결과 (3점): 3개월 후 실제 성과
목푯값: 7.5점 이상
악용 가능성: 쉬운 기획안만 제출
평가자와의 유착 방지책:
  - 난이도별 기획안 비율 규정 (도전적 과제 30% 이상)
  - 익명 평가 시스템 도입
  - 외부 전문가 평가 10% 포함

2. AI 활용 실무 역량 지수 (25%)
측정 방법: 월별 AI 도구 활용 실무 테스트 (100점 만점)
  - 기획서 작성 속도 향상률 (30점)
  - AI 프롬프트 작성 품질 (30점)
  - 데이터 분석 정확도 (40점)
(…후략)

보조 KPI (가중치 30%)

4. 협업 및 소통 지수 (20%)
측정 방법: 다른 부서와의 협업 만족도 점수 (5점 만점)

> - 월 1회 타 부서 대상 익명 설문
> - 응답률 80% 이상 확보
>   (…후략)

승윤이 결과를 보며 무릎을 쳤다.

"오, 이거 정말 체계적이네요! 특히 각 KPI별로 악용 가능성과 방지책까지 제시해 주니까 안심이 되네요."

오사랑이 신기해하며 물었다.

"어떤 점이 가장 마음에 드세요?"

"여러 가지가 있는데, 가장 좋은 건 이 KPI들이 팀원들로 하여금 '올바른 행동'을 하도록 유도한다는 점이에요."

승윤이 화면을 가리키며 설명했다.

"봐요, 기존에 기획안 완성 건수만 KPI로 했다면, 팀원들은 많이 만들기에만 집중했을 거예요. 하지만 지금은 '품질 점수', 'AI 활용 역량', '실행 성공률'이 모두 포함되어 있어서, 자연스럽게 좋은 기획안을 만들기 위해 AI를 잘 활용하고, 실행 가능한 기획을 하려고 노력하게 되죠."

"아, 그럼 팀원들이 KPI를 맞추려고 노력하는 과정에서 자연스럽게 팀장님이 원하는 방향으로 성장하게 되는 거네요?"

"정확해요! 그리고 한 가지 더 중요한 건, 이 KPI들이 서로 균형을 맞춘다는 거예요."

승윤이 흥미진진하게 설명을 이어갔다.

"만약 누군가 '품질 점수'만 높이려고 시간을 너무 많이 쓰면, 'AI 활용 역량' 점수가 떨어지죠. 반대로 'AI 활용'에만 집중하면 '실행 성공률'이 떨어질 수 있고요. 그래서 팀원들이 모든 걸 균형 있게 발전시켜야 하는 거예요."

오사랑이 감탄했다. "와, 정말 치밀하게 설계되어 있네요."

승윤이 갑자기 진지한 표정을 지었다. "그런데 한 가지 더 중요한 게 있어요. 이런 KPI를 혼자 만들어서 일방적으로 적용하면 절대 안 될 것 같아요."

"왜요?"

"팀원들이 'KPI는 팀장이 우리를 감시하기 위한 도구'라고 생각하게 되거든요. 그럼 온갖 편법과 꼼수가 나와요. 하지만 팀원들과 함께 만들면 'KPI는 우리가 성장하기 위한 도구'라고 생각하게 되죠." 승윤이 계속 설명했다. "그래서 다음 주, 팀 미팅 때 AI 결과를 가지고 가서, '팀원들 생각은 어떤지, 어떤 부분을 수정하면 좋을지' 함께 논의해 볼 예정이에요. 그래야 진짜 우리 팀에 맞는 KPI가 나오거든요."

오사랑이 고개를 끄덕였다. "그럼 혹시 팀원들이 너무 복잡하다고 하면 어떻게 하시려구요?"

승윤이 웃으며 답했다. "좋은 지적이에요. 사실 이 정도면 꽤 복잡한 편이죠. 그래서 처음에는 핵심 KPI 3개만 시작하고, 3개월 정도 써보면서 팀원들이 익숙해지면 보조 KPI도 추가하는 식으로, 단계적으로 도입할 생각이에요."

승윤이 자신있는 표정으로 말을 이었다.

"그리고 가장 중요한 건, 이 KPI들을 실시간으로 모니터링할 수 있는 시스템을 만드는 거예요. 월말에 한 번씩 취합해서 보고서 만드는 게 아니라, 매일매일 우리가 어떻게 하고 있는지 볼 수 있어야 하거든요."

오사랑이 궁금해했다. "그럼 다음 단계가 그런 모니터링 시스템을 만드는 건가요?"

"맞아요. 하지만 그 전에 한 가지 더 해야 할 일이 있어요."

"뭔데요?"

승윤이 의미심장하게 웃었다. "우리 팀원들 각자의 역량을 정확히 파악하는 거죠. KPI를 아무리 잘 만들어도, 각 팀원이 지금 어느 수준에 있는지 모르면 의미가 없거든요."

6단계

역량 파악: AI 관찰 프레임워크로 팀원 재발견하기

"이제 팀원들의 역량을 파악해야겠네요." 승윤이 진지한 표정으로 말했다.

"팀장님은 평소에 어떻게 팀원들을 평가하세요?"

승윤이 잠시 생각해 보더니 솔직하게 말했다.

"솔직히 말하면… 좀 애매해요. 보통은 업무 성과나 프로젝트 결과를 보고 판단하는데, 개별 역량을 체계적으로 파악하는 건 쉽지 않거든요. 특히 AI 활용 역량 같은 새로운 영역은 더더욱 힘들어요."

승윤이 고민스러운 표정으로 계속했다.

"그리고 일 년에 한두 번 정기 평가할 때도 결국 제 주관적 판단이 많이 들어가요. '김 대리는 꼼꼼하다.', '박 과장은 경험이 많다.' 이런 식으로… 정말 객관적이고 공정한 평가인지 확신이 서지 않아요."

오사랑이 공감하며 고개를 끄덕였다.

"아, 그 고민 정말 잘 알겠어요."

"사랑 씨도 그런 경험이 있으세요?"

"네, 우리 홍보팀도 처음에는 그랬어요. 그런데 최근에 AI를 활용해서 역량 관리를 시작했거든요."

승윤이 흥미로운 표정을 지었다.

"정말요? 어떻게 하는 건가요?"

오사랑이 자신의 노트북을 열었다.

"보여드릴게요. 저희가 실제로 쓰고 있는 시스템인데…"

화면에는 체계적으로 정리된 역량 관리 대시보드가 떠 있었다.

"와, 이거 직접 만드신 건가요?"

"네, AI의 도움을 받아서요. 처음에는 팀장님처럼 막막했는데, AI에 우리 홍보팀 상황을 설명하고 역량 평가 프레임워크를 요청했더니 정말 체계적인 걸 만들어주더라고요."

오사랑이 화면을 가리키며 설명했다.

"여기 보시면 핵심 역량 5가지가 있어요. '콘텐츠 기획 역량', '소셜미디어 활용 역량', 'AI 도구 활용 역량', '데이터 분석 역량', '소통 및 협업 역량'. 각각 1점부터 5점까지 평가하고요."

"그런데 이걸 어떻게 객관적으로 평가하세요?"

"그게 제일 중요한 부분이에요."

오사랑이 다른 탭을 열어 보여주었다.

"여기가 '관찰 로그'예요. 매주 팀원들의 주요 활동을 간단히 기록해 두는 거죠."

승윤이 화면을 자세히 보며 말했다. "'6월 9일, 보고서에 인포그래픽 추가하는 등 여러 아이디어를 내어 현업에 적용', '6월 12일, 사내 교육 진행했는데 준비 부족으로 일부 기능 설명 미흡'… 이런 식으로, 구체적으로 기록하시는구나."

"맞아요. 그냥 '열심히 한다.', '성과가 좋다.' 이런 식으로 적으면 나중에 평가할 때 도움이 안 되거든요. 구체적인 행동과 결과를 기록해야 해요."

승윤이 감탄했다. "그런데 이걸 매일 쓰는 건 너무 부담스럽지 않나요?"

"처음에는 그렇게 생각했어요. 하지만 실제로 해보니까 하루에 2~3분이면 충분하더라고요. 그리고 3개월 후에 평가할 때 정말 도움이 많이 됐어요."

오사랑이 또 다른 화면을 보여주었다.

"그리고 이건 AI 역량 평가 결과예요. 저희 팀원 중 한 명인 김 주임님 것인데…."

김 주임 AI 활용 역량 평가 (2024년 3분기)
현재 수준: 3.5점 (5점 만점)

강점:
- 챗GPT를 활용한 카피라이팅에서 뛰어난 성과
- 새로운 AI 도구에 대한 적극적인 학습 의지
- 동료들에게 AI 활용법 공유하는 리더십

개선점:
- 프롬프트 엔지니어링 스킬 부족으로 결과물 품질 편차 있음
- 복잡한 데이터 분석 AI 도구 활용 미흡
- AI 윤리 및 한계에 대한 이해 필요

3개월 개발 계획:
- 프롬프트 작성 워크숍 참여 (9월)
- 데이터 분석 AI 도구 실습 프로젝트 수행 (10월)
- AI 윤리 가이드라인 스터디 (11월)

목표: 4분기 말까지 4.0점 달성

승윤이 놀라며 말했다. "이거 정말 구체적이네요! 단순히 점수만 주는 게 아니라 강점, 개선점, 개발 계획까지… 이런 걸

"AI가 다 만들어주는 건가요?"

"기본 틀은 AI가 만들어주고, 저희가 실제 관찰한 내용을 추가해서 완성하는 거예요."

오사랑이 원래 프롬프트를 보여주었다.

우리 홍보팀원의 AI 활용 역량을 평가하고 개발 계획을 수립해 주세요.

팀원 정보
- 이름: 김 주임
- 경력: 홍보 업무 2년 차
- 주요 담당: 소셜미디어 콘텐츠 제작, 보도 자료 작성

관찰된 행동 (최근 3개월)
- 챗GPT로 카피 초안 작성 후 수정하여 활용 (주 3~4회)
- 새로운 AI 이미지 생성 도구 적극적으로 테스트
- 동료들에게 AI 활용 팁 공유하는 미니 세션 진행
- 복잡한 데이터 분석은 여전히 수동으로 처리
- 가끔 AI 결과물을 검증 없이 그대로 사용하는 경우 발견

(…후략)

요청 사항
1. 5점 척도 역량 평가 (구체적 근거 포함)

2. 강점과 개선점 분석
3. 3개월 개발 계획 제안
4. 목표 설정

승윤이 감탄하며 말했다. "정말 체계적이네요. 그런데 팀원들 반응은 어때요? 이렇게 세세하게 관리하는 걸 부담스러워하지 않나요?"

"처음에는 조금 그랬어요. 그런데 평가 결과를 처벌이나 인사고과에 바로 연결하지 않고, 개발 지원에만 활용한다고 명확히 설명했거든요. 그리고 무엇보다 본인들도 자신의 성장을 객관적으로 볼 수 있어서 좋아하더라고요." 오사랑이 미소를 지으며 말했다.

"특히 김 주임님은 '제가 AI를 이 정도로 잘 쓰고 있는지 몰랐어요. 앞으로 어떤 부분을 더 공부해야 하는지도 명확해져서 좋네요.'라고 하더라고요."

승윤이 고개를 끄덕이며 말했다. "그럼, 우리 기획팀도 이런 시스템을 도입해 볼 수 있을까요?"

"당연하죠. 팀장님 팀 상황에 맞게 조정하면 되니까요. 다만 한 가지 주의할 점이 있어요."

"뭐죠?"

"처음부터 완벽하게 하려고 하면 안 돼요. 저희도 처음 3개월은 시행착오가 많았거든요. 일단 간단하게 시작해서 점점 정교하게 만들어가는 게 좋아요. 아까 전 단계에서 팀장님 말씀처럼요."

승윤이 진지하게 말했다. "정말 도움이 많이 됐어요. 이렇게 구체적인 사례를 보니까 어떻게 해야 할지 감이 오네요."

"팀장님, 그럼 우리가 함께 기획팀용 역량 평가 프레임워크를 만들어볼까요?"

승윤이 기대에 찬 표정으로 답했다.

"좋아요! 그런데 그 전에 이런 역량 정보를 실시간으로 모니터링할 수 있는 시스템도 필요하겠네요."

"맞아요. 아무리 좋은 평가 체계가 있어도, 일상적으로 확인할 수 없으면 의미가 없으니까요."

7단계
실시간 모니터링: 1분 입력으로 완성하는 실시간 대시보드

"이제 실시간으로 진행 상황을 볼 수 있는 시스템을 만들어야겠네요." 승윤이 의욕적으로 말했다.

오사랑이 조심스럽게 손을 들었다.

"잠깐만요! 혹시 실시간 모니터링이라고 하면… 팀원들이 매일 보고서를 써야 하는 건가요?"

승윤이 잠깐 멈칫했다. "음… 그렇게 되겠네요. KPI를 추적하려면 데이터가 있어야 하니까."

"그럼 팀원들이 너무 부담스러워하지 않을까요?"

승윤이 고민스러운 표정을 지었다.

"맞네요. 그렇다고 모니터링을 안 할 수는 없고… 어떻게 하면 좋을까요?"

오사랑이 밝은 표정으로 말했다.

"우리 홍보팀에서 겪은 경험을 말씀드릴게요!"

"어떤 경험이요?"

"처음에 저희도 팀장님처럼 생각했거든요. '모니터링하려면 보고가 필요하다.'라고요. 그래서 15개 KPI를 실시간으로 추적하는 엄청 멋진 대시보드를 만들었어요."

승윤이 관심을 보였다. "오, 그럼 잘 된 거 아닌가요?"

오사랑이 쓴웃음을 지었다.

"1주일 후에 아무도 안 썼어요."

"왜요?"

"너무 복잡해서 데이터 입력하는 데만 하루 30분씩 걸렸거든요. 팀원들이 '이거 입력하느라 정작 일할 시간이 없어요.'라고 하더라고요."

승윤이 공감하며 말했다.

"아, 그럴 수 있겠네요. 그럼 어떻게 해결하셨어요?"

"완전히 다시 시작했어요. 정말 중요한 KPI 3개만 선택하고, 입력은 1일 1분 이내로 제한했어요."

오사랑이 자신의 노트북을 열어 보여주었다.

"지금 사용하는 시스템을 보여드릴게요. 구글 시트 하나에 이렇게 구성했어요."

화면에는 놀랍도록 간단한 표가 떠 있었다.

홍보팀 일일 모니터링 (2025년 8월)				
날짜	팀원명	주요 완료 업무	진행 중 프로젝트(%)	특이 사항
8/1	김 주임	블로그 포스팅 3개 작성	브랜딩 캠페인 (70%)	AI 도구로 시간 50% 단축
8/2	박 대리	보도 자료 2건 배포	언론 관계 개선 (40%)	
8/3	김 주임	소셜미디어 콘텐츠 기획	브랜딩 캠페인 (75%)	

승윤이 놀라며 말했다.

"정말 이게 다예요? 너무 단순한 것 같은데…."

"그래서 좋은 거예요. 팀원들은 퇴근 전에 한 줄씩만 적으면 되거든요." 오사랑이 자랑스럽게 설명했다.

"그런데 이 간단한 데이터만으로도 놀라운 일들이 생겨요. 예를 들어 일주일 치 데이터가 쌓이면, 누가 어떤 업무에 시간을 많이 쓰는지, 어떤 프로젝트가 계속 지연되는지 한눈에 보여요. 그리고 AI에 이 데이터를 분석해 달라고 하면…."

오사랑이 다른 화면을 보여주었다.

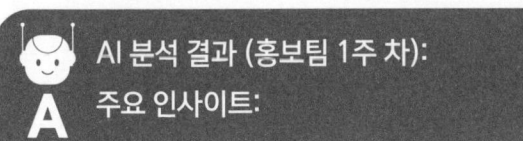

AI 분석 결과 (홍보팀 1주 차):
주요 인사이트:

> - 김 주임: AI 도구 활용으로 콘텐츠 제작 효율성 50% 향상
> - 박 대리: 언론 관계 프로젝트 진행률 정체 (40% → 40%) -원인 파악 필요
> - 팀 전체: 브랜딩 캠페인에 리소스 집중 (전체 업무의 60%)
>
> 권장 액션:
> - 박 대리 언론 관계 프로젝트 지연 원인 1:1 면담 필요
> - 김 주임의 AI 활용 노하우 팀 내 공유 세션 제안
> - 브랜딩 캠페인 외 업무 분산 검토

승윤이 감탄했다. "와, 이런 분석까지 나오는군요. 이렇게 간단한 데이터로도 충분한가요?"

"저희는 3-3-3 원칙을 지켜요."

"3-3-3 원칙이요?"

"3개 핵심 지표, 3분 이내 입력, 3주 연속 사용해 보기. 이 세 가지만 지키면 성공이에요."

승윤이 메모하며 물었다. "그럼 나중에 더 정교한 시스템으로 업그레이드할 수도 있는 거죠?"

"물론이에요. 하지만 그건 3개월 후에 생각하세요. 일단 이 간단한 시스템이 팀에 자리 잡고 나서요."

오사랑이 진지하게 말했다. "성급한 마음에 복잡하게 만들

면 100% 실패해요. 저희가 그걸 경험했거든요."

승윤이 고개를 끄덕였다. "알겠습니다. 그럼 저희 기획팀에도 이런 식으로 시작해 볼까요?"

"좋아요! AI에 우리 상황에 맞는 간단한 모니터링 시스템을 요청해 봐요."

승윤이 프롬프트를 작성했다.

우리 팀의 KPI는 다음과 같습니다:
- 핵심 KPI 1: 기획안 품질 점수 (월별 평균 7.5점 이상)
- 핵심 KPI 2: AI 활용 실무 역량 (월별 평균 80점 이상)
- 핵심 KPI 3: 기획안 실행 성공률 (70% 이상)

이 KPI들을 가장 간단하게 추적할 방법을 제안해 주세요.

조건:
- 팀원들이 하루 1분 이내로 입력 가능할 것
- 구글 시트나 엑셀로 구현 가능할 것
- 복잡한 기술 지식 없이도 만들 수 있을 것
- 주간/월간 리포트 자동 생성 가능할 것

다음을 제공해 주세요:
1) 가장 단순한 데이터 입력 양식 (5개 항목 이내)
2) 주간 요약 리포트 자동 생성 방법
3) 문제 상황 조기 발견을 위한 알림 방법

4) 3개월 후 시스템 업그레이드 방안

기술 초보자도 따라 할 수 있도록 설명해 주세요.

한국유통 기획팀 간단 모니터링 시스템

1. 일일 입력 양식 (구글 시트)

날짜	팀원명	완료 업무	AI 활용도(1~5)	특이 사항
8/8	승윤	전략서 초안	4	챗GPT로 초안 작성

입력 소요 시간: 30초~1분

2. 주간 자동 요약 (SUMIF 함수 활용)
- 팀별 AI 활용도 평균: =AVERAGE(D:D)
- 주요 성과 키워드 빈도 분석
- 지연 프로젝트 자동 식별

3. 조기 경고 시스템
- AI 활용도 3점 미만 3일 연속 시 알림
- 특이 사항 "지연" 키워드 등장 시 플래그
(…후략)

승윤이 결과를 보며 만족스러운 표정을 지었다.
"이거 정말 간단하면서도 실용적이네요!"

오사랑이 미소를 지으며 말했다.

"그런데 팀장님, 한 가지 더 팁을 드리면…."

"뭐요?"

"팀원들에게 '이거 실험이에요. 3주만 해보고 불편하면 바꿀게요.'라고 하세요. 그러면 저항이 훨씬 줄어들어요."

승윤이 고개를 끄덕였다.

"좋은 조언이네요. 그럼 일단 이 간단한 시스템부터 시작해 보겠습니다."

"그리고 가장 중요한 건, 이 데이터를 가지고 팀원들을 어떻게 코칭할 건가예요."

승윤이 궁금해했다. "아, 그 부분도 중요하겠네요. 단순히 숫자만 보는 게 아니라…."

"맞아요. 데이터는 시작점일 뿐이고, 진짜 중요한 건 그 숫자 뒤에 있는 사람과의 대화죠."

8단계

코칭: AI 코치가 제안하는 맞춤형 대화법

"이제 개별 코칭에 관해 얘기해 볼까요?" 승윤이 자신 있는 표정을 지었다.

"팀장님은 평소에 어떻게 코칭하세요?"

"글쎄요… 제 나름대로는 경험을 바탕으로 해요. 10년 넘게 팀을 이끌어오면서 터득한 게 있거든요."

승윤이 잠시 생각해 보더니 덧붙였다.

"그런데 요즘 고민이 생겼어요. 팀원마다 반응이 너무 다르더라고요. 같은 방식으로 코칭해도 어떤 사람은 좋아하고, 어떤 사람은 별로 안 좋아해요."

"아, 개인차가 있다는 말씀이네요?"

"맞아요. 예를 들어 김 대리는 신중한 편이라 천천히 설명해줘야 하는데, 최 사원은 빨리빨리 결론을 알고 싶어해요. 그런데 저는 항상 똑같은 방식으로만 해왔거든요."

승윤이 진지하게 말했다.

"예를 들어 팀원이 '요즘 업무가 너무 힘들어요.'라고 하면, '그래도 힘내야지. 나도 예전에 그런 적 있었는데, 이렇게 극복했다.' 하면서 제 경험담을 들려주죠. 그리고 구체적인 해결책도 제시하고요."

오사랑이 조심스럽게 물었다.

"그런 조언을 팀원들이 잘 받아들이세요?"

승윤이 잠시 망설이더니 솔직하게 답했다.

"음… 요즘 젊은 친구들은 좀 다르더라고요. 고개는 끄덕이는데, 실제로는 잘 안 따라 해요. 그리고 가끔 뒤에서 '또 꼰대소리 시작이네.' 하는 말이 들리기도 하고…."

승윤이 씁쓸하게 웃었다. "사실 속상해요. 정말 도움이 되라고 하는 말인데, 왜 안 통할까 하고요."

오사랑이 공감하며 말했다.

"아, 그 마음 정말 이해해요. 저희 세대는… 좀 다른 방식으로 소통하는 편이거든요."

"어떻게 다른가요?"

"음, 예를 들어 팀장님이 경험담을 들려주시는 건 정말 좋은 의도인 건 알아요. 하지만 저희는 그 전에 '내 상황을 먼저 들어줬으면 좋겠다.'라는 생각을 해요."

승윤이 관심을 보였다. "구체적으로 어떤 의미인가요?"

"예를 들어 '업무가 힘들다.'라고 했을 때, 바로 해결책을 주시는 것보다는 '구체적으로 어떤 부분이 가장 힘든가요?'라고 먼저 물어봐 주시면… 정말 고마울 것 같아요."

승윤이 고개를 끄덕였다. "아, 그럼 제가 너무 성급하게 답을 주려고 했나 보네요."

"아니에요! 팀장님의 경험과 조언은 정말 소중해요. 다만… 전달 방식을 조금만 바꾸면 훨씬 더 잘 받아들여질 것 같아요."

오사랑이 조심스럽게 제안했다. "혹시 AI에 물어보면 어떨까요? 그런데 그 전에 팀원들의 성향을 좀 더 체계적으로 파악해 보면 어떨까요?"

"성향을 체계적으로요?"

"네, 예를 들어 MBTI나 Big5 같은 성격 진단을 해보시는 거예요. 우리 홍보팀에서는 팀원들 MBTI를 다 알고 있거든요."

승윤이 관심을 보였다. "그게 코칭에 도움이 되나요?"

"엄청나게 도움이 돼요. 예를 들어 ENFP 팀원은 창의적 아이디어에 열광하는데, ISTJ 팀원은 구체적인 실행 계획을 더 중요하게 생각하거든요. 같은 내용이라도 전달 방식을 다르게 해야 해요."

오사랑이 자신의 노트북을 열어 보여주었다.

"저희 팀원들 정보를 보여드릴게요."

홍보팀 성향 분석

김 주임 (ESFP):
- 특성: 활발하고 즉흥적, 사람 중심적 사고
- 선호하는 피드백: 구체적 칭찬, 즉시 반응
- 주의 사항: 너무 세세한 계획보다는 큰 그림 제시

박 대리 (INTJ):
- 특성: 체계적이고 전략적, 독립적 업무 선호
- 선호하는 피드백: 논리적 근거, 장기적 비전 연계
- 주의 사항: 감정적 어필보다는 데이터 기반 설득

최 사원 (ENFJ):
- 특성: 협력적이고 성장 지향적, 팀워크 중시
- 선호하는 피드백: 팀 기여도 인정, 발전 방향 제시
- 주의 사항: 비판보다는 건설적 제안으로 접근

승윤이 감탄했다. "와, 이렇게 정리해 두니까 한눈에 보이네요. 그럼, 우리 팀도 이런 식으로 해볼 수 있겠어요."

"물론이죠. 그리고 AI에 성향별 맞춤 코칭법을 물어보면 더 정교한 답을 얻을 수 있어요."

다음은 우리 팀원의 현재 상황입니다:

팀장 정보:
- 라승윤 (40대, 기획팀장 10년 경력)
- 코칭 스타일: 경험 중심의 해결책 제시형, 성장 지향적
- 고민: 최근 MZ세대 팀원들과의 소통에서 어려움 경험

팀원 정보:
- 김 대리 (20대 후반, 기획 3년 차)
- MBTI: ISFJ (신중하고 책임감 강함, 안정성 추구)
- Big5: 성실성 높음, 개방성 낮음, 신경성 중간
- 최근 상황: AI 활용 압박감과 변화에 대한 스트레스
- 특징: 직접적인 조언보다는 충분한 경청과 공감을 원함

목표:
- 기존 팀장의 경험과 전문성을 살리면서
- MZ세대가 수용하기 쉬운 소통 방식으로 조합
- ISFJ 성향을 고려한 맞춤형 접근
- AI 역량 향상과 업무 스트레스 해소 동시 달성

이 팀원을 위한 맞춤형 코칭 계획을 수립해 주세요:

1) ISFJ 성향을 고려한 커뮤니케이션 접근법
2) 경험 전달 시 효과적인 타이밍과 방법
3) 구체적 1:1 면담 시나리오 (대화 예시 포함)
4) AI 역량 개발을 위한 단계별 동기부여 방안
5) 세대 차이를 극복하는 신뢰 구축 전략

실제 면담에서 바로 활용할 수 있는 형태로 제공해 주세요.

ISFJ 김 대리를 위한 맞춤형 코칭 전략

1. ISFJ 특성 기반 커뮤니케이션 접근법

핵심 원칙: 안전감 → 단계성 → 실용성

기존 방식 (X):
팀원: AI 배우는 게 너무 어려워요.
팀장: 나도 처음엔 그랬어. 그런데 이렇게 하면 돼…

ISFJ 맞춤 방식 (O):
팀원: AI 배우는 게 너무 어려워요.
팀장: 어떤 부분이 가장 부담스러워? (경청)
팀원: 실수할까 봐 걱정돼요.
팀장: 실수해도 괜찮다는 걸 알아줬으면 좋겠어. 나도 처음엔 수없이 틀렸거든. (안전감 제공)

> 팀장: 천천히 한 단계씩 해보자. 먼저 간단한 것부터 시작해 볼까? (단계적 접근)
>
> 2. ISFJ를 위한 경험 전달법
> 타이밍: 충분한 신뢰 관계 형성 후 → 구체적 상황에서 → 안전한 환경에서
> 방식: '내가 겪은 실수담'부터 시작 → '그래서 배운 점' → '너에게 도움이 될 만한 부분'
> 주의: 성과 압박보다는 학습 과정의 가치 강조
> (…후략)

승윤이 화면을 보며 감탄했다. "이거 정말 구체적이네요! 특히 대화 예시가 도움이 많이 돼요."

오사랑이 기뻐하며 말했다. "와, 이렇게 체계적으로 나오다니. 특히 '경험 전달의 골든 타이밍' 부분이 정말 좋아요."

승윤이 진지하게 말했다.

"저도 몰랐는데, 제가 너무 성급하게 경험담을 들려주려고 했나 보네요. 팀원이 준비가 안 된 상태에서…."

"아니에요, 팀장님! 팀장님의 경험은 정말 소중한 자산이에요. 다만 전달 방식만 조금 바꾸면 되는 거죠."

오사랑이 AI 답변을 다시 읽어보며 말했다.

"그런데 여기 보니까 제가 몰랐던 것도 많아요. '협력적 프레임으로 제시하기' 같은 건… 저도 배우게 되네요."

승윤이 고개를 끄덕였다. "맞아요. 사실 제가 항상 '내가 가르쳐 줘야지.' 하는 마음이 강했는데, '함께 찾아보자'는 관점이 훨씬 좋은 것 같아요."

"그리고 팀장님의 풍부한 경험에 이런 체계적인 접근법이 더해지면 정말 강력한 코칭이 될 것 같아요."

승윤이 감동한 표정으로 말했다. "사랑 씨, 정말 고마워요. 혼자였다면 계속 예전 방식만 고집했을 텐데…."

"저도 팀장님께 정말 많이 배웠어요. 특히 체계적인 성과관리나 전략 수립 같은 건 경험이 정말 중요하다는 걸 깨달았거든요." 오사랑이 미소를 지으며 계속했다. "그리고 팀장님이 팀원들을 진심으로 성장시키려는 마음, 그 진정성은 변하지 않으셨으면 좋겠어요. 다만 표현 방식만 조금 업데이트하시는 거죠."

승윤이 웃으며 말했다. "그러고 보니 우리 둘이 정말 많이 배웠네요. 저는 새로운 소통 방식을, 사랑 씨는 체계적인 관리 방법론을요."

"맞아요! 이게 진짜 상호 멘토링 아닌가요?"

승윤이 진심 어린 표정으로 말했다. "처음에는 사랑 씨가 일방적으로 AI 활용법을 알려주는 거라고 생각했는데, 지금 보니 서로가 서로에게서 배우고 있었네요."

"저도 그래요. 팀장님의 경험과 전문성, 팀원들을 생각하는 마음까지 많은 걸 배웠어요." 오사랑이 의미 있는 표정으로 말했다. "앞으로도 이렇게 계속 함께 배워나가면 좋겠어요. 팀장님의 노하우와 저희 세대의 감각이 만나면 정말 시너지가 날 것 같거든요."

승윤이 따뜻하게 웃으며 답했다. "그래요. 이제 진짜 동료가 된 기분이에요. 나이나 경력에 상관없이 서로에게서 배울 게 많다는 걸 깨달았어요."

"그럼, 다음 단계도 함께 해봐요."

9단계

평가: 편견 제로, AI가 도우미 하는 공정한 평가

"이제 성과관리의 하이라이트, 평가 부분을 한 번 고민해 봐야겠네요." 오사랑이 경쾌한 표정으로 말했다. "팀장님은 평소에 어떻게 평가하세요?"

승윤이 잠시 망설이더니 솔직하게 답했다. "음… 사실 말하기 좀 그런데요. 알다시피 회사에는 HR에서 만든 정교한 평가 제도가 있어요. 역량 평가, MBO 목표 달성도, 360도 평가까지 다 체계적으로 되어 있죠."

"알죠, 그 제도대로 하시면 되는 거 아닌가요?"

승윤이 쓴웃음을 지었다. "그게… 실제로는 좀 다르게 돌아가요. 저를 포함해서 대부분의 현업 팀장이 마음속으로는 이미 '김 대리는 A, 박 과장은 B, 이 주임은 C' 이런 식으로 등급을 정해놓고 있거든요."

오사랑이 놀란 표정을 지었다.

"그럼 평가는 나중에 하는 건가요?"

"평가라기보다는… 그 등급에 맞춰서 근거를 찾는 거죠. '김 대리를 A로 주려면 어떤 항목에서 높은 점수를 줘야 하나?' 이런 식으로요." 승윤이 부끄러운 듯 말했다. "물론 의도적으로 조작하는 건 아니에요. 그런데 무의식적으로 그렇게 되더라고요. 이미 '이 사람은 잘한다.'라고 생각하면, 그 사람의 장점만 더 크게 보이게 되고…."

오사랑이 당황하며 말했다. "그럼… 정말 공정한 평가는 어떻게 하는 건가요?"

승윤이 고민스러운 표정으로 말했다. "그게 바로 제 고민이에요. 저도 공정하게 하고 싶은데, 어떻게 해야 할지 모르겠어요."

오사랑이 조심스럽게 말했다. "어제도 말씀드렸지만, 우리 홍보팀에서는 데이터 중심으로 평가하려고 노력해요. 구체적인 수치와 근거가 있어야 편견을 줄일 수 있다고 생각하거든요."

승윤이 미간을 찌푸렸다. "하지만 사랑 씨, 사람을 숫자로만 평가하면 되나요? 보이지 않는 열정이나 성장 가능성 같은 건 어떻게 측정하죠? 그런 건 경험으로 봐야 하는 거 아닌가요? 그리고 팀장으로서 리더십을 갖기 위해서는 '너에 대한 내 생각이 이렇다.' 정도는 강력하게 어필해 주어야…."

오사랑이 반박했다. "하지만 주관적 판단은 편견이 들어갈 수 있어요. 특히 팀장님이 말씀하신 것처럼 이미 마음속으로 등급을 정해놓고 근거를 맞춰나가는 건 위험하다고 생각해요."

"그렇다고 해서 데이터만 보면 놓치는 게 너무 많아요. 예를 들어 어떤 팀원이 개인적으로 어려운 상황에 있었는데도 최선을 다했다면, 그런 맥락은 숫자에 안 나타나잖아요."

오사랑도 지지 않고 말했다. "그런 맥락도 체계적으로 기록하고 평가할 수 있어요. 그래야 '내가 이 사람을 좋아해서 높게 준 게 아니다.'라는 걸 증명할 수 있거든요."

승윤이 목소리를 높였다. "그건 너무 기계적이에요. 리더의 판단력과 경험을 무시하는 것 같잖아요."

"기계적인 게 아니라 공정한 거예요. 감정이나 편견 없이 정확하게 평가하는 거라고요."

두 사람이 한참 서로 다른 입장을 주장하다가, 승윤이 한숨을 쉬었다. "음… 우리가 이렇게 대립할 문제는 아닌 것 같은데요."

오사랑도 진정하며 말했다.

"맞아요. 서로 좋은 평가를 하려는 건데…."

승윤이 제안했다. "AI에 물어볼까요? 직감 중심 평가와 데이터 중심 평가의 장단점과 그 둘을 잘 결합할 방법을요."

"좋은 아이디어네요!"

 성과 평가의 현실적 딜레마에 대한 해결책을 찾고 있습니다.

현실적 상황:
- HR 부서에서 체계적인 평가 제도 수립 (역량 평가, 목표 달성도, 동료 평가 등)
- 현업 리더들은 무의식적으로 이미 마음속 등급 설정
- 평가 시 기설정된 등급에 맞춰 근거를 끼워서 맞추는 경향
- '공정한 평가를 하고 싶지만, 방법을 모르겠다'는 리더의 고민

접근법 충돌:
1. 경험 기반 직감적 평가 (라 팀장)
- 장점: 10년 경험, 맥락적 이해, 성장 잠재력 파악
- 문제: 무의식적 편견, 기설정 등급에 따른 확증편향
- 현실: 이미 마음속으로 A, B, C 정해놓고 근거 찾기

2. 데이터 기반 객관적 평가 (오 팀장)
- 장점: 객관성, 투명성, 편견 제거
- 문제: 맥락 무시, 정량화 어려운 요소 누락
- 우려: 기계적 평가, 인간적 요소 간과

핵심 과제:
- 기존 HR 평가 제도의 한계 극복
- 무의식적 편견과 확증편향 방지
- 경험의 가치와 데이터의 객관성 조화

– 현실적으로 적용 가능한 공정 평가 방법

요청 사항:
1. 무의식적 편견을 방지하는 구체적 방법
2. 기설정 등급의 영향을 차단하는 평가 프로세스
3. 경험과 데이터를 균형 있게 활용하는 방법론
4. HR 제도와 현업 현실을 연결하는 실무적 접근
5. 확증편향을 예방하는 체크리스트

현업에서 바로 적용할 수 있으면서도 진정으로 공정한 평가 방안을 제시해 주세요.

 편견 방지 평가 시스템: "블라인드 평가 → 데이터 검증 → 맥락 보완"

1. 무의식적 편견 차단 프로세스
핵심 원칙: 평가 순서의 혁신
기존 방식 (문제):
마음속 등급 설정 → 근거 수집 → 평가 완료 (확증편향 발생)
개선 방식 (해결):
1) 블라인드 데이터 수집 → 2) 객관적 분석 → 3) 경험적 맥락 보완

2. 3단계 편견 방지 평가법
1단계: 블라인드 데이터 평가
- 팀원 이름을 가린 상태로 KPI 데이터만 보고 1차 평가
- '팀원 A, B, C, D, E'로 익명화하여 순수 성과만 판단
- 목표: 기존 인상이나 편견 없이 객관적 성과 확인

2단계: 신원 공개 후 데이터 대조
- 1단계 평가 결과와 기존 생각했던 등급 비교
- 차이가 큰 경우 "왜 이런 차이가 생겼는가?" 분석
- 확증편향 발생 지점을 스스로 발견하는 과정

3단계: 맥락적 요소 종합 판단
- 개인 상황, 성장 과정, 팀 기여도 등 정성적 요소 추가
- 데이터가 놓친 부분을 경험으로 보완
- 최종 평가에서 객관성과 인간적 이해 균형 달성

3. 확증편향 방지 체크리스트
평가 전 자가 진단:
☐ 나는 이 팀원에 대해 이미 정해진 생각이 있는가?
☐ 최근 인상적인 사건이 전체 평가에 과도하게 영향을 주고 있는가?
☐ 이 팀원과 나의 개인적 관계가 평가에 영향을 주고 있는가?

평가 중 객관성 체크:
☐ 데이터와 내 판단이 다를 때, 그 이유를 명확히 설

> 명할 수 있는가?
> ☐ 같은 기준을 다른 팀원에게도 동일하게 적용하고 있는가?
> ☐ 강점과 약점을 균형 있게 보고 있는가?
> (…후략)

승윤이 화면을 보며 고개를 끄덕였다.

"아, 이거 좋네요! 저의 경험적 판단과 사랑 씨의 데이터 분석을 단계별로 결합하는 방식이군요."

오사랑도 만족스러운 표정으로 말했다.

"네! 특히 '데이터 기반 직감 활용법'이라는 표현이 마음에 들어요. 서로 대립하는 게 아니라 보완하는 관계로 보는 거네요."

승윤이 진심으로 말했다.

"사실 저도 가끔 제 판단이 맞나 싶을 때가 있었어요. 특히 젊은 팀원들을 평가할 때는 세대 차이 때문에 놓치는 부분이 있을 수도 있고요."

"저도 마찬가지예요. 데이터만 보면 그 사람의 진짜 노력이나 어려운 상황은 모를 수 있잖아요."

오사랑이 화면을 가리키며 말했다.

"여기 보니까 '1단계에서 데이터로 객관적 기반을 마련하고, 2단계에서 팀장님의 경험으로 맥락을 해석하고, 3단계에서 둘을 통합해서 검증'하는 방식이네요."

승윤이 흥미롭게 말했다. "그럼 제가 '김 대리는 B+'라고 생각해도, 먼저 데이터를 보고 그 판단이 맞는지 확인해 보는 거네요."

"맞아요. 만약 데이터상으로는 C인데 팀장님이 B+라고 하시면, 왜 그런 차이가 생겼는지 함께 분석해 보는 거죠."

승윤이 웃으며 말했다. "그럼 제가 놓친 부분도 발견할 수 있고, 데이터가 놓친 부분도 찾을 수 있겠네요."

오사랑이 진심으로 말했다. "팀장님, 죄송해요. 아까 너무 강하게 말씀드린 것 같아요. 팀장님의 경험과 직감도 정말 소중한 자산인데…."

승윤이 손을 흔들며 말했다. "아니에요. 저도 너무 고집을 부렸네요. 사랑 씨 말대로 객관적 데이터도 중요하죠."

"이제 정말 좋은 팀이 된 것 같아요. 서로 다른 강점을 가지고 있으면서도 부족한 부분을 채워주는…."

승윤이 따뜻하게 웃으며 답했다. "맞아요. 갈등이 있었지만, 오히려 더 좋은 방법을 찾았어요."

"그럼 마지막으로 이런 평가 결과를 팀원들에게 어떻게 전달할지도 중요하겠네요."

승윤이 고개를 끄덕였다. "바로 그거예요. 아무리 공정한 평가를 해도 전달을 잘못하면 의미가 없으니까요."

10단계
피드백 면담: 알고리즘이 아닌 진심이 담긴 마지막 터치

"마지막 단계가 가장 중요해요. 아무리 AI가 좋은 분석을 해줘도, 마지막에는 사람이 사람에게 직접 전달해야 해요."

승윤이 진지한 표정으로 말했다.

오사랑이 궁금해하며 물었.

"팀장님은 평소에 어떻게 피드백하세요?"

"음… 솔직히 이 부분이 제일 어려워요. 혹시 실수로 팀원에게 상처를 주면 어떡하나, 걱정도 있고요."

승윤이 고민스럽게 말을 이어갔다.

"그런데 오늘 사랑 씨와 이야기하면서 깨달은 게, 중요한 건 완벽한 피드백 기법이 아니라 진심이더라고요."

"어떤 의미인가요?"

"예를 들어 8단계에서 배운 MZ세대 소통법이나 개인 성향별 접근법도 중요하지만, 그보다 더 중요한 건 '이 사람이 성장했으면 좋겠다.'라는 진심 어린 마음인 것 같아요."

오사랑이 공감하며 고개를 끄덕였다. "맞아요. 아무리 기법이 좋아도 진정성이 없으면 통하지 않죠."

승윤이 계속 말했다. "그런데 이런 피드백 면담도 AI의 도움을 받을 수 있겠네요. 각 팀원의 성향과 상황에 맞는 구체적인 면담 가이드를 받으면 도움이 될 것 같거든요."

"좋은 아이디어네요. 한번 물어볼까요?"

다음 팀원과 성과 피드백 면담을 진행할 예정입니다:

팀원 상황:
- 이름: 김 대리 (ISFJ 성향)
- 성과 평가 결과: 블라인드 평가 B+, 종합 평가 A- (상향 조정)
- 강점: AI 도구 적응력 우수, 꼼꼼한 업무 처리, 팀원과의 협업 능력
- 개선점: 새로운 도전에 대한 두려움, 완벽주의로 인한 속도 이슈
- 개인적 특성: 안정성 추구, 인정받고 싶어 하는 성향
- 최근 관찰 내용: AI 활용 초기 스트레스에서 벗어나 자신감 회복 중

면담 목표:
- 성과에 대해 솔직하고 건설적인 피드백 전달
- 앞으로의 발전 방향 함께 논의
- 동기부여와 신뢰 관계 강화
- ISFJ 특성을 고려한 안전하고 격려하는 분위기 조성

다음을 도와주세요:

1. 면담 구조와 순서 (도입-본론-마무리)
2. ISFJ 성향을 고려한 긍정적 피드백 전달 방법

3. 개선 사항을 상처 주지 않게 전달하는 구체적 화법
4. 팀원의 의견을 자연스럽게 끌어내는 질문들
5. 함께 발전 계획을 세우는 협력적 접근법
6. 면담 후 지속적 팔로업 방안

따뜻하면서도 명확한 피드백이 될 수 있도록 실제 대화 예시와 함께 구체적으로 제안해 주세요.

ISFJ 김 대리를 위한 피드백 면담 가이드

1. 면담 구조 (총 30~40분)

   도입 (5분): 안전한 분위기 조성
   - 편안한 환경 설정, 면담 목적 명확히 설명
   - "오늘은 함께 성장 방향을 논의하는 시간이야."
     (평가 아닌 대화 강조)

   본론 (25~30분): 3단계 피드백
   - 1단계: 강점 확인 및 인정 (10분)
   - 2단계: 성장 기회 함께 탐색 (15분)
   - 3단계: 발전 계획 협력 수립 (5분)

   마무리 (5분): 격려와 지원 약속
   - 신뢰 표현, 지속적 지원 약속, 다음 만남 약속

2. ISFJ 맞춤 긍정 피드백법

구체적 성과+과정 인정+팀 기여도
예시 대화: "김 대리, 지난 3개월 동안 정말 많이 성장했어. 특히 AI 도구를 활용해서 기획안 품질이 눈에 띄게 좋아진 걸 봤어. 처음엔 걱정했는데, 차근차근 배우려고 노력하는 모습이 인상 깊었어. 그리고 다른 팀원들한테도 본인이 배운 걸 나누어주는 것도 정말 고마워."

3. 개선 사항 전달 – "샌드위치+협력" 기법
   구조: 인정 → 함께 고민 → 지원 약속
   예시 대화: "김 대리가 꼼꼼하고 완벽하게 하려는 마음이 큰 장점인데, 가끔 그 때문에 스스로 부담을 느끼는 것 같아. 어떻게 생각해? 혹시 새로운 걸 시도할 때 부담스러운 마음이 들어?" (경청)
   "그런 마음 충분히 이해해. 사실 그런 신중함이 있어서 실수도 적고 품질도 좋은 거야. 다만 조금 더 과감하게 도전할 수 있는 안전한 환경을 만들어주고 싶어서… 어떤 지원이 있으면 좋을까?"

4. 자연스러운 의견 유도 질문
현재 상황 탐색:
   - "요즘 업무하면서 가장 재미있는 부분이 뭐야?"
   - "어떤 때 가장 성취감을 느껴?"
   - "힘들거나 부담스러운 부분도 있어?"

미래 방향 논의:
- "앞으로 어떤 영역을 더 발전시키고 싶어?"
- "1년 후 어떤 모습이 되었으면 좋겠어?"
- "내가 어떻게 도와주면 좋을까?"

5. 협력적 발전 계획 수립

함께 만드는 3단계:
1) 본인 희망 사항 청취 → 2) 회사/팀 니즈와 연결 → 3) 구체적 실행 방안 협의

예시 접근: "김 대리 생각을 들어보니까, AI 역량을 더 키우고 싶어 하는 것 같네. 마침 우리 팀도 그런 전문가가 필요해. 그럼 이렇게 해볼까? 다음 달부터 AI 관련 프로젝트를 김 대리가 리드해 보는 건 어때? 내가 옆에서 계속 지원할 테니까 부담 갖지 말고."

6. 면담 후 팔로업 계획

즉시 (당일):
- 면담 내용 간단히 정리해서 메일로 공유
- "오늘 이야기 고마웠어. 함께 성장해 나가자." 메시지

단기 (2주 후):
- 비공식 체크인 "어떻게 지내? 지난번 이야기한 것들 잘 되고 있어?"
- 필요시 추가 지원이나 조언 제공

> 중기 (1개월 후):
> - 공식적인 진행 상황 점검
> - 계획 수정이나 추가 지원 필요성 논의
>
> 7. ISFJ 특성 주의 사항
> 해야 할 것:
> ☑ 충분한 시간을 주고 편안한 분위기에서 진행
> ☑ 구체적 사례와 함께 피드백 제공
> ☑ 과정에서의 노력을 인정하고 격려
> ☑ 점진적 변화와 안정적 성장 방향 제시
> 하지 않아야 할 것:
> ✗ 갑작스럽거나 압박하는 분위기 조성
> ✗ 다른 사람과의 직접적 비교
> ✗ 급격한 변화나 무리한 도전 요구
> ✗ 비판적 어조나 부정적 표현 사용

승윤이 화면을 찬찬히 읽어보며 고개를 끄덕였다.

"정말 구체적이고 실용적이네요. 특히 대화 예시가 있어서 실제로 적용할 수 있겠네요."

오사랑이 감동한 표정으로 말했다.

"와, 이 정도면 정말 완벽한 가이드네요. 그런데 가장 중요한 건 역시 팀장님의 진심이겠죠?"

승윤이 미소를 지으며 답했다.

"맞아요. AI가 아무리 좋은 가이드를 줘도, 결국 사람의 마음을 움직이는 건 진정성이니까요."

두 사람이 잠시 조용해지며 지난 시간을 돌이켜보았다. 오사랑이 먼저 말을 꺼냈다.

"팀장님, 정말 많은 걸 배웠어요. 처음에는 단순히 AI 사용법만 알려드리면 되는 줄 알았는데…."

"저도 마찬가지예요. 사랑 씨 덕분에 완전히 새로운 세상을 알게 됐어요."

승윤이 진심 어린 표정으로 말했다. "단순히 도구 사용법이 아니라, 팀 관리하는 방식 자체가 바뀐 것 같아요. 특히 MZ세대와 소통하는 법, 데이터와 직감을 균형 있게 활용하는 법 등 정말 많이 배웠어요."

오사랑이 고개를 끄덕이며 말했다. "저도요! 체계적인 성과 관리나 전략 수립 같은 건 경험이 중요하다는 걸 깨달았거든요. 그리고 팀원들을 진심으로 성장시키려는 리더의 마음가짐도 배웠고요. 가장 좋았던 건, 서로 다른 관점에서 오는 갈등도 결국 더 나은 해답을 찾는 과정이었다는 거예요."

승윤이 웃으며 말했다. "9단계에서 평가 방법 때문에 다툰 것도, 지금 생각해 보니 소중한 시간이었어요. 덕분에 훨씬 더 공정하고 효과적인 방법을 찾았잖아요."

"네! 그때 정말 치열하게 토론했는데, 그 과정에서 서로를 더 이해하게 되었어요."

오사랑이 감회 깊은 표정으로 말했다. "이제 정말 동료가 된 기분이에요. 나이나 경력에 상관없이 서로에게서 배울 게 정말 많다는 걸 깨달았거든요."

승윤이 따뜻하게 답했다.

"저도 그래요. 리버스 멘토링이라고 시작했지만, 결국 상호 멘토링이 됐네요. 서로가 선생님이 된 거죠."

"앞으로도 계속 이런 식으로 함께 배워나가면 좋겠어요."

승윤이 자신 있게 말했다.

"물론이죠! 이제 우리 각자 팀으로 돌아가서 오늘 배운 걸 실제로 적용해 봐야겠어요. 그리고 한 달 후에 다시 만나서 어떻게 됐는지 공유하는 것도 좋겠네요."

"정말 좋은 아이디어예요. 그럼 우리만의 성과 공유 세션을 정기적으로 하는 거네요."

두 사람이 서로를 바라보며 뿌듯한 미소를 지었다. 단순한 AI 활용법 전수에서 시작된 만남이, 진정한 상호 성장의 파트너십으로 발전한 것이다.

"그럼 이제 정말 새로운 시작이네요!"

승윤과 오사랑, 두 사람의 아름다운 상호 학습 여정이 이렇게 마무리되었다.

3개월 후, 승윤의 기획팀은 완전히 달라져 있었습니다. 전사 성과 순위가 최하위에서 상위권으로 올라갔고, 무엇보다 팀원들의 표정이 밝아졌죠.

"팀장님, 이제 뭘 해야 할지 정말 명확해졌어요. 그리고 제가 어떻게 성장하고 있는지도 눈에 보여서 재미있어요."

김 대리의 말에 승윤은 뿌듯함과 동시에 깨달은 것이 있었습니다. 성과관리 10단계 시스템이 중요한 게 아니라, 그 시스템을 통해 팀원 한 명 한 명과 더 깊이 소통하게 된 것이 진짜 변화의 원동력이었다는 것을요. 그리고 그 이면에는 AI의 도움이 있었죠.

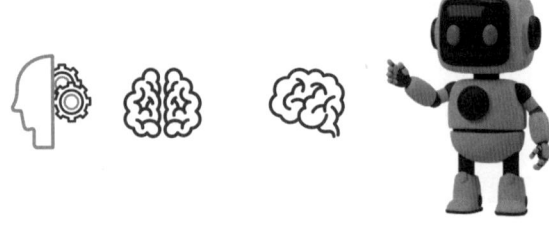

현실과 이상 사이에서

"저기, 강사님이 말씀하신 AI 성과관리 사례가 정말 인상적인데요. 우리 회사는 아직 그런 시스템이 전혀 없거든요. 어떻게 해야 하나요?"

지난주 세미나에서 한 수강생이 조심스럽게 질문했습니다. 솔직히 저도 이런 질문을 받을 때마다 조금 민망해져요. 책에서는 멋진 사례들을 소개하지만, 현실에서 그런 AI 시스템을 갖춘 기업은 생각보다 많지 않거든요. 일부 대기업을 제외한 대부분의 기업이 아직은 엑셀과 파워포인트로 성과관리를 하고 있고, 온프레미스 AI 시스템이나 전사적 AI 플랫폼을 구축한 곳은 정말 소수입니다. 그렇다면 우리는 그때까지 그냥 기다려야 할까요? 절대 그럴 필요 없어요.

제가 최근 몇 달간 여러 리더와 실험해 본 결과, **개인 차원에서도 충분히 AI를 활용한 성과관리가 가능하다**는 걸 확인했습니다. 완벽하지 않아도 되고, 거창하지 않아도 돼요. 작게 시작해서 점점 키워나가는 거죠.

예를 들어, 한 마케팅 본부장은 매주 금요일 오후 30분을 'AI와 함께하는 성과 리뷰 시간'으로 정했어요. 그런데 특별한 도구를 쓰는 게 아니라, 그냥 **간단한 메모장**에 그 주의 팀 성과를 기록하는 거예요. "월요일: 김 대리 고객 미팅, 결과 긍정적. 화요일: 신제품 기획안 1차 완료. 수요일: A 고객 컨펌 지연…." 이런 식으로 일주일 치를 쭉 적어두고, "이번 주 우리 팀 상황을 정리해 보면 이렇습니다. 다음 주 가장 중요한 3가지는 뭘까요?"라고 AI에 물어보는 거예요. 그러니까 놓쳤던 포인트들을 발견하게 되더라고요. 특히 팀원별 업무 패턴이나 고객 반응의 변화 같은 것들을 AI가 객관적으로 짚어주니까 도움이 많이 됐다고 해요.

구체적인 데이터를 AI에 제공할 때는 이런 식으로 해요. "이번 주 우리 팀 매출 목표 5억 중 4.2억 달성했습니다. 신제품 론칭이 예정보다 3일 늦어졌고, A 고객사 계약이 아직 보류 상태예요. 팀원 김 대리가 개인 사정으로 이틀 연차를 사용했고요." 이런 식으로 객관적 사실만 정리해서 던지면, 우리가 미처 생각하지 못한 관점에서 조언을 해줍니다.

물론 AI에 물어볼 때는 개인정보가 포함된 내용은 주의해야 해요. 팀원 이름 대신 '팀원 A', '팀원 B'로 바꾸고, 구체적인 고객사명 대신 '주요 고객', '신규 고객'으로 표현하는 식으로요. 조금 번거롭지만, 그렇게 해도 충분히 의미 있는 피드백을 받을 수 있어요.

사실 구성원들의 데이터를 체계적으로 쌓는 게 가장 중요한데, 많은 리더가 이 부분을 어려워해요. "노션Notion이나 슬랙Slack 같은 협업 도구를 써야 하나?" 고민하시는데, 솔직히 그런 도구들에 익숙하지 않은 리더들이 더 많죠.

그래서 저는 더 **단순한 방법**을 추천해요. 스마트폰 메모장이나 구글 메모, 심지어 수첩에 손으로 써도 돼요. 중요한 건 **꾸준히 기록하는 습관**이거든요. 앞서 언급한 '3-3-3 방식'을 응용해서 하루에 3줄, 일주일에 3가지 패턴, 한 달에 3가지 변화를 기록하는 거죠.

예를 들면 이런 식이에요.

- 오늘: 박 과장 프레젠테이션 좋았음, 이 대리 컨디션 안 좋아 보임, 분기 목표 85% 달성
- 일주일 후: 박 과장 꾸준히 좋은 성과, 이 대리 개인 고민 있는 듯, 목표 달성률 정체
- 한 달 후: 박 과장 승진 후보 고려, 이 대리와 1:1 면담 필요, 목표 수정 검토

이렇게 단순하게 기록한 것들을 주기적으로 AI에 보여주고 "이 데이터에서 어떤 패턴이 보이나요? 제가 놓치고 있는 부분은 뭘까요?"라고 물어보는 거죠.

또 다른 부장님은 팀 회의 전 준비를 AI와 함께해요. "다음 주 팀 회의에서 우리가 반드시 논의해야 할 것들을 정리해 주세요. 목표 대비 실적 차이, 팀원별 업무 분담, 다음 달 우선순위 같은 것들 말이에요." 그러면 AI가 체계적인 어젠다를 제시해 주고, 항목별로 어떤 질문을 던져야 할지도 추천해 줍니다. 회의가 끝난 후에도 마찬가지예요. 회의록을 간단히 정리해서 AI에 입력하면, 액션 아이템과 담당자, 마감일을 자동으로 추출해 줍니다. "오늘 회의에서 결정된 것 중에 가장 중요한 3가지와 각각의 리스크는 뭐라고 생각해?"라고 물어보면, 우리가 놓친 부분까지 짚어줘요.

제가 아는 한 영업본부장은 매일 아침 출근해서 5분 동안 AI와 대화해요. "어제 우리 팀 상황은 이랬고, 오늘 가장 중요한 일은 이거고, 예상되는 문제는 이런 것들이야. 오늘 내가 리더로서 집중해야 할 포인트는 뭘까?" 이런 식으로 하루를 시작하면, 그날 일의 우선순위가 명확해진다고 하더라고요.

"그런데 언제쯤 우리 회사도 제대로 된 AI 시스템을 갖추고 AI 비서와 함께 전격적인 협업을 할 수 있을까요?"

솔직히 말씀드리면, 대기업도 1~2년은 더 걸릴 것 같고, 중견기업은 3~5년, 중소기업은 그보다 더 오래 걸릴 수도 있어요. 하지만 기다릴 필요 없어요. 지금부터 개인 차원에서라도 AI 활용 역량을 기르면, 나중에 회사 시스템이 도입됐을 때 가장 먼저 그 혜택을 누릴 수 있거든요.

사실 AI 기술은 2장에서 살펴본 것보다 훨씬 빠르게 진화하고 있어요. 지금은 우리가 AI에 질문하고 답변받는 수준이지만, 최신 AI 모델들은 이미 추론 능력이 놀라울 정도로 발전했거든요.

예를 들어, 우리가 "이번 분기 성과가 목표에 못 미쳤어."라고 하면, AI가 "구체적으로 어떤 부분에서 차이가 났나요? 외부 요인이었나요, 내부 요인이었나요? 비슷한 상황이 과거에도 있었다면 언제였고, 그때는 어떻게 해결하셨나요?"라고 되묻는 거죠. 그리고 우리 답변을 듣고 나서 "그렇다면 이런 관점에서도 한 번 살펴보시죠." 하면서 우리가 미처 생각하지 못한 분석 각도를 제시하고요.

조금 더 발전하면, 일주일 치 성과 데이터를 보여주기만 해도 AI가 패턴을 파악하고 능동적으로 제안하는 수준까지 가능해질 거예요. 물론 지금 당장은 그 정도까지 활용하기 어렵지만, 지금부터라도 AI와 **대화하는 습관**을 기르면, 나중에 이런 고도화된 기능들이 나왔을 때 가장 잘 활용할 수 있는 리더가 될 수 있어요. 실제로 해보시면 알겠지만, 처음 1~2주는 좀 어색해요. "이런 걸 AI에 물어봐도 되나?" 싶기도 하고, 답변이 생각보다 뻔할 때도 있거든요. 하지만 3~4주 정도 꾸준히 하면, 점점 더 정교한 분석이 가능해지고, 우리가 놓치고 있던 패턴들을 발견하게 돼요.

팁을 하나 더 드리면, 요즘 직원들이 음성으로 메모하고 회의록 작성하는 걸 보신 적 있죠? 바로 **음성 인식 기능**을 활용하는 건데, 이게 우리 리더들에게도 정말 유용해요.

출퇴근하면서 차 안에서, 또는 점심시간에 산책하면서 "오늘 팀 상황을 정리해 보면…." 하고 스마트폰에 말로 기록하는 거예요. 타이핑보다 훨씬 빠르고, 생각하면서 자연스럽게 정리도 되고요. 나중에 이 음성 메모들을 텍스트로 변환해서 AI에 분석 요청하면 되거든요.

한 부장님은 매일 퇴근길에 '오늘의 3줄 일기'를 꼭 음성으로 남겨요. '오늘 가장 잘된 일, 가장 아쉬운 일, 내일 가장 중요한 일' 이렇게 3가지만 말하는 건데, 한 달 치를 모으면 정말 좋은 데이터가 돼요. 이걸 AI로 분석하면서 자신의 리더십 패턴을 객관적으로 볼 수 있게 됐다고 하더라고요.

우선 데이터 정리하는 것부터 시작하세요. 현재 우리가 어떤 방식으로 성과를 측정하고 있는지, 그 데이터를 AI가 이해할 수 있는 형태로 어떻게 정리할지 고민해 보는 거예요. 처음엔 간단한 질문부터 시작하고요. "이 성과 데이터를 어떻게 해석해야 할까?", "팀원들에게 어떤 피드백을 줘야 할까?" 같은 기본적인 것들 말이에요.

그다음엔 점차 복잡한 분석으로 넘어가는 거죠. "우리 팀의

3분기 성과 트렌드를 보면 어떤 패턴이 보이나?", "내년 목표를 세울 때 어떤 점을 고려해야 할까?" 이런 식으로요.

중요한 건 **완벽하지 않아도 시작하는 것**입니다. AI 시스템이 갖춰지기를 기다리지 마세요. 지금 당장 여러분의 스마트폰에 있는 AI 앱으로도 충분히 시작할 수 있어요. 가볍게 시작하되, 꾸준히 진화시켜 나가면 됩니다. 몇 달 후 여러분도 이런 말을 하게 될 거예요. "예전엔 성과관리가 이렇게 막막했는데, 이제는 AI가 든든한 조언자가 되어주네요." 그때쯤이면 여러분은 이미 **AI 증강 리더십**을 실천하고 있는 거예요.

하지만 현실에서 AI 성과관리를 도입하려 할 때 가장 큰 장벽은 이러한 기술적 문제가 아닙니다. 바로 변화에 대한 두려움입니다. "누구 책임인가요?", "제 일자리가 사라진다고요?", "예전 같지 않아요." 이런 불안과 저항이야말로 리더가 해결해야 할 진짜 과제입니다.

5장에서는 이런 변화 관리의 현실적 어려움들과 그 해결책들을 구체적으로 살펴보겠습니다. AI 도입을 위협이 아닌 기회로 바꾸는 리더의 지혜, 그것이 다음 장의 핵심 주제입니다.

내용 요약

- 전통적 성과관리의 한계: 라승윤 팀장의 사례를 통해 경험에만 의존한 주관적 평가, 불명확한 기준, 지연된 피드백의 문제점 제시

- AI 성과관리의 혁신: 실시간 추적, 객관적 데이터 분석, 개인별 맞춤 피드백을 통한 성과관리 패러다임 전환, 10단계 체계적 접근법 제시

- 인간과 AI의 협업: 기술적 효율성과 인간적 따뜻함의 결합, 상호작용 공정성을 통한 진정한 성과관리의 완성

| 성찰 질문 |

1. 우리 팀의 성과관리에서 가장 큰 문제는 주관성인가, 비효율성인가, 아니면 소통 부족인가?

2. AI 도구를 활용한 성과관리에서 내가 절대 포기할 수 없는 인간적 요소는 무엇인가?

3. 팀원들이 진정으로 공정성을 느낄 수 있는 성과관리 방식은 무엇일까?

5

변화 관리

: 위협 vs 기회

> 변화를 막으려는 자는 변화에 깔리고,
> 변화를 이끄는 자는 변화를 딛고
> 새로운 세계로 나아간다.

누구 책임인가요?

화요일 오전 10시 30분, 암스테르담 스키폴 공항 근처 오피스
"미안, 얀. 이번엔 정말 미안해."
네덜란드 물류 회사 CEO 마르크 반 더르는 책상 앞에 선 얀 보스만을 바라보며 고개를 떨궜다. 얀은 15년간 이 회사에서 일해온 베테랑 물류 매니저였다. 아이들 학비며 집 대출이며, 50대에 갑작스럽게 실업자가 되기엔 너무 많은 것들이 그를 짓누르고 있었다.

"AI가 추천했다고 하셨죠?" 얀의 목소리가 떨렸다.

"그래, 우리 새로운 인력 최적화 시스템이… 비용 절감을 위해 당신을 포함한 12명을 해고 대상으로 선정했어. 알고리즘이 성과 데이터, 연봉, 미래 프로젝트 기여도를 종합적으로 분석한 결과라고 하더군."

마르크도 편하지 않았다. 얀은 직원들 사이에서도 인기가 많고, 고객사와 관계도 좋은 직원이었다. 하지만 AI 시스템이 명확한 데이터를 근거로 내린 결정이었다. 그리고 무엇보다 이사회에서는 '객관적이고 공정한 AI 기반 의사결정'을 도입하라고 압박했다.

두 달 후, 얀이 담당했던 주요 고객사 3곳이 계약을 해지했다. "얀이 없으니 더 이상 이 회사와 일할 이유가 없다."라는 게 이유였다. AI가 놓친 건 숫자로 표현되지 않는 얀의 '관계 자산'이었다. 결국 회사는 얀보다 더 비싼 비용을 들여 새로운 직원을 고용해야 했고, 잃어버린 고객들을 되찾기 위해 몇 배의 마케팅 비용을 써야 했다.

마르크는 밤늦게 홀로 사무실에 앉아 생각했다.

'AI가 잘못 판단한 건가, 내가 AI를 잘못 활용한 건가? 그리고 이 모든 결과에 대한 책임은 대체 누가 져야 하는 건가?'

이 이야기는 실제로 2023년 네덜란드에서 벌어진 일입니다. 그리고 요즘 제가 기업 교육을 나가면서 가장 자주 듣는 질문이기도 해요.

"AI가 내린 결정이 잘못됐을 때 누가 책임져야 하나요?"

AI가 점점 더 많은 결정에 관여하면서, 정작 뭔가 잘못됐을 때는 책임 소재가 애매해지는 경우가 늘어나고 있어요. 올해

들어 EU에서는 AI 법안이 본격 시행되기 시작했고, 우리나라에서도 AI 관련 가이드라인들이 쏟아져 나오고 있습니다. 하지만 법적인 책임과 실제 현장에서 책임은 또 다른 문제죠. 특히 우리 같은 중간관리자들은 위로는 성과 압박이 있고, 아래로는 팀원들을 보호해야 하는 사이에서 참 애매한 입장에 서게 됩니다. 그런데 이 문제, 생각보다 복잡해요. 단순히 'AI가 했으니 AI 책임', '사람이 승인했으니 사람 책임'으로 나누기엔 현실이 훨씬 복잡하거든요. 저도 처음에는 단순하게 생각했어요. AI는 도구일 뿐이니까 결국 사람이 책임져야 한다고요. 그런데 실제로 여러 기업의 AI 도입 과정을 지켜보니까, 생각보다 훨씬 미묘한 지점들이 많더라고요.

예를 들어볼게요. 요즘 많은 회사에서 쓰는 AI 기반 이력서 스크리닝 시스템이 있잖아요. 처음에는 AI가 1차로 거르고, 사람이 최종 판단하면 되겠다고 생각했는데, 막상 현실에서는 어떻게 될까요?

C그룹에서 인사 업무를 담당하는 담당자 얘기를 들어보니, 하루에 수백 개씩 들어오는 지원서 중에서 AI가 추천한 상위 20명만 검토할 시간이 있다고 하더군요. 그럼 AI가 놓친 잠재력 있는 지원자가 있다면, 그 책임은 누구 몫일까요? AI일까요, 시간이 부족한 현실일까요, 아니면 충분한 리소스를 제공하지 않은 회사일까요?

더 복잡한 건, AI가 '왜 그런 결정을 내렸는지' 설명하기 어려운 경우가 많다는 점이에요. 사람이라면 '이 지원자의 경력이 우리 회사와 잘 맞지 않을 것 같아서'라고 설명할 수 있지만, AI는 수천 개의 변수를 종합해서 확률적으로 판단하거든요. 마치 바둑의 고수가 '직감적으로 이 수가 좋을 것 같다'고 하는 것과 비슷해요.

최근 유럽에서 발표된 연구를 보면 더 흥미로운 사실이 드러났어요. AI가 공정하게 설계되었는지 편향적으로 설계되었는지와 상관없이, 사람들은 AI의 추천을 거의 비슷한 비율로 따른다는 거예요. 쉽게 말해, "AI가 그랬으니까 맞겠지." 하는 경향이 강하다는 뜻이죠. 이걸 "자동화 편향automation bias"이라고 부르는데, 우리도 모르게 AI의 판단을 과신하게 되는 현상이에요. 내비게이션이 이상한 길로 안내해도 "기계가 그러니까 맞겠지." 하고 따라가 본 경험, 다들 있으시죠? 그런 것과 비슷해요.

L그룹 출강 때 만난 이 과장도 이런 경험을 해보셨더라고요. AI가 추천한 마케팅 전략을 그대로 실행했는데, 결과가 기대에 못 미쳤다는 거예요. 그런데 나중에 보니 AI가 분석한 데이터에 최근 트렌드 변화가 제대로 반영되지 않았더라고요. "그럼 이건 AI 탓인가요, 데이터 관리자 탓인가요, 아니면 제 탓인가요?" 하고 물어보시더군요. 정답은 없어요. 하지만 현실적인 대안은 있습니다.

먼저 중요한 건, AI를 '의사결정을 대신해 주는 만능 도구'로 보지 말고 '더 나은 판단을 돕는 보조 도구'로 인식하는 거예요. 마치 회계사가 계산기를 쓴다고 해서 계산기가 회계 업무를 대신하는 게 아닌 것처럼요.

그럼, 구체적으로 어떻게 접근해야 할까요?

우선 AI에 맡길 일과 사람이 직접 해야 할 일을 명확히 구분해야 해요. 간단한 기준이 있어요. 결과가 잘못됐을 때 '왜 그런 결정을 내렸는지' 명확하게 설명할 수 있어야 하는 일은 사람이 해야 해요. 반대로 대량의 데이터를 빠르게 처리하거나 패턴을 찾는 일은 AI가 훨씬 잘하죠.

예를 들어 채용 과정에서 AI는 이력서를 빠르게 분류하고 기본 조건에 맞는 지원자들을 추려내는 역할까지만 하게 하고, 최종 면접이나 문화적 적합성 판단은 사람이 하는 거예요. 마케팅에서도 AI는 고객 데이터 분석이나 트렌드 파악을 담당하고, 브랜드 메시지나 창의적 방향 설정은 사람이 하는 식으로요. 그리고 반드시 필요한 게 '검증 단계'예요. AI가 내린 결정이 합리적인지 사람이 한 번 더 검토하는 과정이 있어야 해요. 시간이 없다고 이 단계를 건너뛰면, 결국 더 큰 문제가 생겨서 더 많은 시간과 비용을 쓰게 되거든요.

K그룹 리더십 세미나에서 만난 참석자들과 함께 실제 사례를 가지고 역할극을 해봤는데요, 흥미로운 패턴이 보였어요. AI 추천을 그대로 따르는 분들일수록 나중에 "AI가 그랬다."라며 책임을 회피하려는 경향이 강했고, AI 결과를 꼼꼼히 검

토하고 자신만의 판단을 더하는 분들일수록 결과에 대해 책임감을 느끼더라고요. 결국 핵심은 이거예요. AI의 추천을 받아들이든 거부하든, 최종 결정은 리더인 우리가 내리는 거고, 그 결과에 대한 책임도 우리가 져야 한다는 점이에요. AI는 더 나은 판단을 위한 정보를 제공할 뿐이지, 판단 자체를 대신해 주지는 않거든요. 물론 이것만으로 모든 문제가 해결되는 건 아니에요. 조직 차원에서도 명확한 가이드라인이 필요하죠.

먼저 AI 활용 범위를 명문화해야 해요. '이런 업무에는 AI를 활용하되, 이런 경우에는 반드시 사람이 개입한다'는 식으로요. 그리고 AI 결정에 대한 이의 제기 절차도 마련해야 하고요.

실제로 올해부터 EU에서 시행되고 있는 AI 법안을 보면, 고위험 AI 시스템의 경우 반드시 '의미 있는 인간 감독'을 받도록 하고 있어요. 단순히 사람이 승인 버튼만 누르는 게 아니라, AI의 판단 근거를 이해하고 필요시 개입할 수 있어야 한다는 뜻이죠.

우리나라도 비슷한 방향으로 가고 있어요. 개인정보보호위원회에서 발표한 AI 개인정보 처리 가이드라인을 보면, AI 시스템으로 개인에게 중요한 영향을 미치는 결정을 내릴 때는 사람의 개입 기회를 보장하라고 명시되어 있거든요.

하지만 법이나 가이드라인보다 더 중요한 건 우리의 마음가짐이에요. AI를 '책임을 떠넘길 수 있는 편리한 도구'로 보는 순간, 우리는 진짜 리더십을 잃게 돼요. 대신 AI를 '더 현명한 판단을 내릴 수 있게 도와주는 동반자'로 본다면 어떨까요? 부하직원이 올려준 보고서를 검토할 때처럼, AI가 제공한 정보도 비판적으로 검토하고 우리만의 판단을 더하는 거예요.

그런데 이런 얘기만 하면 너무 추상적이죠? 실제로 조직에서 어떻게 해야 하는지 구체적인 가이드가 필요할 텐데요. 제가 여러 기업을 다니면서 정리한 체크리스트를 공유해 드릴게요.

AI 책임 관리 체크리스트

1. 도입 전 준비 사항
- [ ] AI 활용 범위를 문서로 명확히 정의했는가?
- [ ] AI 결정에 대한 최종 승인권자를 지정했는가?
- [ ] AI 오류 발생 시 대응 절차를 마련했는가?
- [ ] 직원들에게 AI 활용 가이드라인을 교육했는가?

2. 의사결정 단계별 체크포인트

단계	AI 역할	인간 역할	체크 사항
정보 수집	데이터 분석, 패턴 파악	데이터 품질 검증	✓ 데이터가 최신인가?
대안 제시	옵션 생성, 예측 분석	현실성 검토	✓ 제약 조건을 고려했는가?
최종 결정	추천 제공	종합 판단 및 결정	✓ 왜 이 결정을 내렸는지 설명 가능한가?

| 실행 모니터링 | 성과 추적 | 이상 징후 감지 | ✓ 예상과 다른 결과가 나타나면 즉시 개입할 수 있는가? |

3. 위험 신호 감지하기
- [ ] AI 추천을 100% 따르고 있지는 않은가?
- [ ] "AI가 그랬다."라는 말이 자주 나오지는 않는가?
- [ ] AI 결정 근거를 설명하지 못하는 상황이 있는가?
- [ ] 이의 제기나 재검토 요청이 무시되고 있는가?

4. 문제 발생 시 대응 절차
① 즉시 중단: AI 시스템 일시 정지
② 원인 분석: 데이터/알고리즘/사용법 중 어디서 문제가 생겼나?
③ 피해 최소화: 이해관계자에게 신속히 소통
④ 재발 방지: 시스템 개선 및 프로세스 보완
⑤ 책임 인정: 명확한 사과 및 개선 계획 발표

5. 우리 팀만의 가이드라인 만들기
- 우리 업무의 특성상 AI에 절대 맡기면 안 되는 영역은?
- AI 추천과 다른 결정을 내릴 때의 기준은?
- 팀원들이 AI 결정에 의문을 제기할 수 있는 분위기인가?

지난주 S전자 간부 교육에서 만난 한 임원께서 좋은 비유를 해주시더라고요. "AI는 똑똑한 참모 같은 거죠. 참모가 아무리 훌륭한 전략을 제시해도, 최종 결정과 그 결과에 대한 책임은 지휘관이 져야 하는 것처럼요."

맞는 말이에요. AI가 아무리 발전해도, 조직의 방향을 정하고 사람들을 이끌어가는 건 결국 리더인 우리의 몫이니까요. 그리고 한 가지 더. 실수를 두려워하지 마세요. AI와 함께 일하는 것도 하나의 기술이에요. 처음에는 서툴 수 있지만, 경험이 쌓이면서 점점 나아질 수 있어요. 중요한 건 실수했을 때 그 원인을 분석하고 다음에는 더 나은 판단을 내리려고 노력하는 거죠. 결국 "누구 책임인가?"라는 질문에 대한 답은 의외로 간단해요. AI가 뭐라고 하든, 최종 결정을 내린 사람이 책임져야 한다는 거예요. 그 책임을 혼자 짊어질 필요는 없어요. 조직 차원의 지원과 명확한 가이드라인, 실수로부터 배울 수 있는 문화가 뒷받침된다면 충분히 감당할 수 있는 책임이거든요.

다음에는 아마 이런 질문을 하실 것 같아요.

"그래서 AI 때문에 제 일자리가 없어지는 건 아닌가요?"

이것도 요즘 정말 많이 듣는 질문이에요. 함께 알아볼까요?

제 일자리가 사라진다고요?

수요일 오후 11시 47분, IBM 본사 42층 회의실

"코드명: 디지털 스위프트Digital Swift. 작전명: 고효율 최적화."

프레젠테이션 화면에 떠오른 건 차갑고 깔끔한 파워포인트였다. 하지만 그 안에 담긴 내용은 8,000명의 목숨을 좌우하는 판결문이나 다름없었다.

"애스크에이치알AskHR 시스템이 연간 1,150만 건의 상담을 처리하고 있습니다. 인간 상담사 대비 97% 만족도, 24시간 무중단 서비스 그리고…." 발표자가 잠깐 멈췄다. "연간 8억 달러 비용 절감 효과."

회의실 뒤편에서 20년 차 HR 매니저 제니퍼가 숨을 들이켰다. 화면 속 그래프들이 말하는 건 하나였다. 그녀 같은 사람들은 더 이상 필요 없다는 것.

"질문 있습니까?"

아무도 손을 들지 않았다. 질문할 게 어디 있나. 이미 모든 게 정해진 일이었으니까.

그날 밤, 제니퍼는 집에 돌아가서 15살 딸에게 물었다.

"엄마가 하는 일을 컴퓨터가 대신할 수 있다면 엄마는 뭘 하면 될까?"

딸이 고개를 들었다.

"엄마는 컴퓨터가 할 수 없는 일을 하면 되잖아요."

"그게 뭔데?"

"엄마가 엄마인 일이요."

그 순간 제니퍼는 깨달았다. 지금까지 자신이 던져야 할 질문을 잘못 던지고 있었다는걸.

이 이야기는 2024년 실제로 일어난 일입니다. 그리고 지금, 이 순간에도 수많은 사무실에서 비슷한 장면들이 펼쳐지고 있어요.

2025년에 들어서만 77,999명이 AI로 인한 해고를 당했고, 하루 평균 491명이 일자리를 잃고 있습니다. 숫자로만 보면 차갑지만, 그 각각의 숫자 뒤에는 제니퍼 같은 사람들의 이야기가 있어요.

그런데 잠깐, 여기서 놓치면 안 되는 게 있어요. 이런 일이 처음일까요? 1811년, 영국 노팅엄에서도 비슷한 일이 있었거든요. 어둠 속에서 손수건으로 얼굴을 가린 남자들이 조지 볼의 직물 공장으로 몰려들었습니다. 손에는 망치를 들고. 이들의 이름은 러다이트Luddites. 숙련된 직조공들이었는데, 새로운 기계가 자신들 일자리를 위협한다고 생각해서 공장을 습격해 기계를 부숴버렸어요.

흥미로운 건, 러다이트들은 기술 자체를 반대한 게 아니었다는 점이에요. 그들이 반대한 건 '기계를 사기꾼처럼, 속임수로 써서 기존의 노동 관행을 우회하는 것'이었거든요. 이들은 7년간 도제 수업을 받은 숙련 노동자들이었어요. 상대적으로 '엘리트' 그룹이었죠. 그런데 갑자기 무숙련 기계 조작자들이 자신들의 생계를 위협하기 시작한 거예요. 결말은?

1812년 기계 파괴를 사형으로 처벌하는 법이 만들어졌고, 수십 명이 처형당하거나 호주로 유배당했어요. 1813년이 되자 러다이트 저항은 거의 사라졌죠. 그럼, 러다이트들이 틀렸을까요? 기계가 정말 그들의 일자리를 빼앗았을까요? 역설적이게도, 맞기도 하고 틀리기도 해요. 기존 일자리는 사라졌지만, 완전히 새로운 일자리들이 생겨났거든요. 다만 그 전환 과정에서 수많은 사람들이 고통받았다는 건 부인할 수 없는 사실이에요.

자, 그럼 지금 우리는 어떤 기로에 서 있을까요? 관리직의 자동화 위험은 9~21%에 불과해요. 반면 시장분석가는 53%,

영업직은 67%나 됩니다. 아이러니하게도 우리가 걱정하는 중간관리자는 상대적으로 안전한 편이에요. 그런데 왜 이렇게 불안할까요?

첫 번째 이유는 역사의 무게예요. 200년 전 러다이트들과 지금 우리의 감정이 놀랍도록 비슷해요. 숙련된 기술, 쌓아온 경험, 자부심…. 이 모든 게 하루아침에 무의미해질 수 있다는 두려움 말이에요.

두 번째는 변화의 속도입니다. 산업혁명 때는 기계를 망치로 부술 수 있었어요. '안심이 될 정도로 명확한 목표'였거든요. 하지만 지금 AI는 클라우드 어딘가에 있어요. 보이지도 않고, 만질 수도 없어요.

세 번째는 실존적 위기예요. 일이 사라진다는 건 단순히 돈을 못 번다는 게 아니에요. '나는 누구인가?' 정체성의 문제예요. 20년간 '마케팅 전문가', '기획 전문가'로 살아온 사람이 갑자기 '그럼 이제 나는 뭐지?' 하며 물어야 하는 상황이 된 거죠.

정말 위험한 건 AI 자체가 아니라 우리의 대응 방식일 수 있어요. 러다이트들이 실패한 원인은 기계를 부쉈기 때문이 아니라, 변화에 적응하는 대신 변화 자체를 막으려 했기 때문이에요. 그들은 "과거로 돌아가자."라고 했지만, 역사의 흐름은 그들을 기다려주지 않았어요. 지금도 마찬가지예요. 'AI와 싸우지 말고, 다른 사람들보다 더 잘 활용하라'는 조언이 나오는 이유예요.

여기서 중요한 질문이 하나 더 있어요. 일의 의미는 무엇인가? 철학자들이 수천 년간 고민해 온 문제예요. 우리는 왜 일을 할까요? 생존을 위해서? 맞아요. 하지만 기본소득 논의가 나오는 것도 이 때문이에요. AI가 생산성을 극대화하면, 모든 사람이 일을 하지 않아도 먹고살 수 있는 사회가 가능할 수도 있거든요. 자아실현을 위해서? 그렇다면 AI가 루틴한 업무를 대신해 주면 오히려 더 창의적이고 의미 있는 일에 집중할 수 있겠죠. 사회적 연결을 위해서? 인간은 사회적 동물이니까요. 일터는 단순히 돈을 버는 곳이 아니라 관계를 맺고 소속감을 느끼는 공간이기도 해요.

AI 시대가 오면서 '일의 본질'에 대해 다시 생각하게 됐어요. 그동안 당연하게 여겼던 것들을 새롭게 정의해야 하는 시점에 온 거죠. 그럼 우리는 어떻게 해야 할까요? 러다이트가 될 것인가, 파트너가 될 것인가?

흥미롭게도 2023년도 AI타임즈 보도에 따르면 AI를 쓰거나 쓸 예정인 회사의 91%가 2025년에 새로운 직원을 채용할 계획이고, 96%가 AI 경험이 있는 지원자를 선호한다고 해요. 역설적이죠? AI 때문에 일자리가 사라진다면서, 동시에 AI를 아는 사람을 더 뽑는다니.

핵심은 '대체'가 아니라 '협력'이에요. IBM 사례로 돌아가 볼게요. HR 직원 8,000명이 해고됐지만, 동시에 소프트웨어 엔지니어와 데이터 분석가를 새로 뽑았어요. 일자리가 사라진 게 아니라 '변화'한 거죠.

제니퍼 같은 HR 매니저도 마찬가지예요. 애스크에이치알 AskHR이 기본적인 질문들을 처리하니까, 이제 더 복잡하고 민감한 문제들에 집중할 수 있게 됐어요. 단순히 '고도화된 기존 업무'가 아니라 완전히 새로운 가치를 창출하는 역할들이 생겨나고 있다는 점이에요.

예를 들어 HR 분야에서는 'AI-인간 협업 설계자' 역할이 떠오르고 있어요. 단순히 AI 도구를 쓰는 게 아니라, AI와 직원들 사이의 상호작용을 설계하고 최적화하는 일이죠. 어떤 상황에서는 AI가 주도하고, 어떤 상황에서는 인간이 개입해야 하는지를 판단하는 거예요.

마케팅 분야에서는 'AI 브랜드 스토리텔러'가 주목받고 있어요. AI가 데이터를 분석해서 제시한 인사이트를 가지고, 그것을 사람들의 마음에 와닿는 스토리로 만드는 일이에요. 숫자와 감정을 연결하는 거죠.

재무 분야에서는 'AI 윤리 감사관'이라는 새로운 역할이 생겨나고 있어요. AI가 내린 투자 결정이나 리스크 평가가 윤리적으로 적절한지, 편향은 없는지를 검토하는 일이에요.

이런 역할들이 업계별로 다양하게 나타나고 있습니다.

업계	기존 역할	AI 시대 새로운 가치 창출 역할	핵심 업무
HR	인사 담당자	AI-인간 협업 설계자	AI와 직원 간 상호작용 최적화, 개입 시점 설계

마케팅	마케팅 매니저	AI 브랜드 스토리텔러	데이터 인사이트를 감정적 스토리로 변환
재무	재무분석가	AI 윤리 감사관	AI 금융 결정의 윤리성 및 편향성 검증
영업	세일즈 매니저	고객 경험 오케스트레이터	AI 도구와 인간 터치의 최적 조합 설계
기획	전략 기획자	AI 시나리오 아키텍트	AI 예측을 바탕으로 한 다차원 전략 시나리오 구축
운영	운영 관리자	인간-AI 워크플로우 디자이너	업무 프로세스에서 AI와 인간의 역할 분담 설계
고객서비스	CS 매니저	감정-AI 하이브리드 매니저	AI 챗봇과 인간 상담사의 효과적 협업 관리
교육	교육 담당자	AI 학습 경험 큐레이터	개인별 AI 학습과 인간 멘토링의 조화

이런 역할의 공통점은 뭘까요?

AI가 '도구'를 넘어서 '파트너'가 되는 시점에서 생겨나는 일들이라는 점이에요. 단순히 AI 기능을 익히는 게 아니라, AI와 인간이 어떻게 협력해야 최고의 결과를 낼 수 있는지를 아는 사람들이 필요해진 거죠.

마지막 질문은 이거겠죠. "그래서 나는 뭘 해야 하는가?" 내일을 해부하기부터 시작해 보세요. 지금 하는 일을 세 부분으로 나누어 보세요. AI가 대신할 수 있는 일(루틴, 반복 업무), AI가 도울 수 있는 일(분석, 아이디어 생성), 오직 내가 할 수 있는 일(판단, 관계, 창의).

그다음은 협력자로서의 AI에 익숙해지는 거예요. 러다이트처럼 망치로 부수려 하지 말고, 도구로 활용해 보세요. AI로 브레인스토밍하고, 데이터 분석 도구로 인사이트를 찾고, 자동화 도구로 루틴 업무를 줄여보세요. 그리고 인간만의 영역을 강화하세요. AI가 할 수 없는 것들을 더 잘하게 준비하세요. 공감 능력, 윤리적 판단, 창의적 사고, 복잡한 관계 관리… 이런 건 앞으로 더 중요해질 거예요. 그리고 변화를 두려워하지 마세요. 러다이트들의 교훈은 명확해요. 변화를 막으려 하면 변화에 깔려버려요. 대신 변화를 이끌어가는 사람이 되세요. 결국 선택의 문제예요. 34%의 사람들이 AI로 인한 일자리 위협을 느끼고 있어요. 하지만 AI로 인해 일자리를 잃은 사람은 14%에 불과해요. 우려가 현실보다 크다는 뜻이죠.

제니퍼 딸이 한 말이 핵심이에요. "엄마가 엄마인 일을 하면 돼요." AI가 아무리 발전해도 당신이 당신인 이유는 사라지지 않아요. 20년간 쌓아온 경험, 동료들과의 신뢰, 복잡한 상황을 읽는 직감… 이런 건 여전히 당신만의 것이거든요.

다만 이제는 그 능력을 AI와 함께 쓰는 방법을 배워야 해요. 러다이트가 되어 기계를 부수는 대신, 기계와 춤을 추는 법을 익혀야 하는 거죠. 200년 전 러다이트들은 선택의 여지가 많지 않았지만, 우리는 다릅니다. 우리에게는 시간도 있고, 정보도 있고, 무엇보다 선택권이 있어요.

"AI 시대에 우리의 직감과 경험은 정말 의미가 있을까요?" 데이터와 알고리즘이 모든 걸 결정하는 세상에서, 우리의 감각은 어떤 역할을 할 수 있을까요?

예전 같지 않아요

하지만 기회는 있다.

화요일 오후 3시 17분, 부산 해운대 글로벌 IT 센터 42층.

"긴급회의입니다. 지금 당장 2회의실로 와주세요."

유성민 상무(54세)의 휴대전화에 뜬 메시지는 차갑기만 했다. 수십 년간 IT 컨설팅 분야에서 승승장구해 온 그였지만, 요즘 들어 이런 긴급 소집이 잦아졌다. 무언가 잘못되어 간다는 신호였다. 회의실에 들어서자 낯익은 얼굴들이 보였다. 분위기는 예전과 달랐다. CEO 옆에는 30대 초반으로 보이는 낯선 여성이 앉아 있었다. 노트북을 열고 뭔가 열심히 타이핑하고 있었다.

"소개하겠습니다. 김혜린 AI 전략 디렉터입니다. 하버드

MBA 출신이고, 구글에서 3년간 AI 프로덕트 매니저로 일했습니다."

유 상무는 머릿속이 복잡해졌다. 'AI 전략 디렉터'라니. 자신이 20년간 맡아온 전략 기획 영역에 완전히 새로운 포지션이 생긴 것이었다.

김혜린이 일어서서 말했다. "앞으로 우리 회사의 모든 프로젝트는 AI 우선 접근법을 적용하게 됩니다. 기존의 레거시 시스템과 프로세스는 단계적으로 혁신할 예정이고요."

레거시 시스템. 그 단어가 유 상무의 가슴을 찔렀다. 자신이 평생 쌓아온 모든 것이 하루아침에 '낡은 것'이 되어버린 기분이었다.

"질문 있으신가요?" 김혜린이 물었다.

유 상무는 손을 들었다. "혹시 기존 팀원들의 역할은 어떻게 되는 건가요?"

"좋은 질문이네요. 물론 모든 분이 새로운 AI 생태계에 적응하시면 함께 성장할 수 있습니다. 다만…." 김혜린이 잠시 멈췄다.

"적응하지 못하시는 분들을 위한 별도의 프로그램도 준비 중입니다."

그 순간, 회의실 안이 얼어붙었다. 20년, 30년 회사를 위해 헌신해 온 사람들이 하루아침에 '적응하지 못하는 사람'으로 분류될 수 있다는 현실이 뼈아프게 다가왔다.

6개월 후, 유성민 상무는 완전히 다른 모습이었다. 김혜린 디렉터와 함께 '휴먼-AI 융합 전략팀'을 이끌고 있었다. 수십 년간의 경험과 새로운 기술이 만나 전혀 예상하지 못했던 시너지를 만들어냈다.

어떻게 이런 변화가 가능했을까? 지난 수년간 수십 개 기업의 AI 도입 과정을 논문에서 살펴보니 흥미로운 점이 발견되었습니다. 똑같은 AI 솔루션을 도입해도 결과가 천차만별이더라고요. 어떤 회사는 성공을 거두는데, 다른 회사는 그저 그런 거예요.

올해 6월 대한상공회의소에서 발표한 조사에서 AI를 도입한 기업들이 미도입 기업 대비 부가가치는 7.6%, 매출은 4% 늘었다고 해요. 여기서 중요한 건 박양수 SGI 원장의 지적입니다. "AI 투자 성과를 결정짓는 핵심 요인은 리더십"이라고 했거든요. 저는 여기서 한 걸음 더 나아가고 싶어요. 리더십만으로는 부족해요. 진짜 중요한 건 조직 전체가 가진 'AI 문화'입니다. 새로운 기술을 받아들이는 수용성, 인간과 AI가 함께 일하는 협업성, 실패를 두려워하지 않는 실험성, AI 결정 과정을 투명하게 공유하는 투명성, 변화에 빠르게 적응하는 적응성 그리고 끊임없이 배우려는 학습성까지… 이 모든 것이 어우러져야 AI가 조직의 힘이 될 수 있거든요.

로버트 퀸과 킴 캐머런이 개발한 경쟁가치모델에 따르면, 조직문화는 크게 네 가지로 나뉩니다. 관계를 중시하는 문화, 혁신을 추구하는 문화, 성과에 집중하는 문화, 안정성을 선호하는 문화 말이죠. 그런데 AI 시대가 되면서 문화마다 완전히 다른 도전과 기회를 맞게 되었습니다.

먼저 관계지향 문화 조직의 이야기부터 해볼까요?

동생이 충청도에서 한 중소기업을 운영하고 있는데요. 이 회사는 지난 10년간 '가족 같은 회사'를 자랑으로 삼아왔어요. 직원들 경조사도 회사에서 챙기고, 승진도 서로 믿고 추천하는 방식이었죠. 그런데 효율성을 높이려고 AI 기반 평가 시스템을 도입했더니 큰일이 났습니다.

어느 부서 팀장님의 탄식이 쏟아졌습니다.

"10년간 함께 일해온 김 과장을 AI가 'C등급'이라고 평가한다고? 그 사람이 얼마나 회사를 위해 헌신했는데…."

AI는 숫자로만 평가하지만, 관계지향 문화에서는 보이지 않는 기여도와 인간적 가치가 더 중요했던 거죠.

그런데 4장에서 언급한 IBM 왓슨Watson 사례를 보면 다른 접근이 가능합니다. 왓슨은 성과관리뿐 아니라 인간의 자연스러운 언어를 이해하고, 방대한 데이터를 순식간에 분석해서 답을 찾아내는 능력을 가지고 있어요. 의료 분야에 적용될 때는 수십만 건의 의학 논문, 환자 기록, 치료 사례 등을 모두 학습해서 의사들에게 "이런 증상이면 이 병일 가능성이 높고, 이런 치료법을 고려해 보세요."라고 제안해 주는 거죠. 쉽게 말해서 의학 도서관 전체를 머릿속에 넣고 있는 똑똑한 의료 컨설턴트 같은 존재라고 보시면 됩니다. 의료진들이 왓슨을 처음 만났을 때도 비슷한 반응이었어요. "수십 년간의 진료 경험을 컴퓨터가 무시하는 거냐."라며 반발했죠.

하지만 IBM은 왓슨을 의사 대체용이 아닌 동료로 포지셔닝했습니다. 의사의 직감과 경험에 왓슨의 데이터 분석을 추가해서 더 정확한 진단을 내리는 파트너로 말이죠. 결과적으로 진단 정확도가 30% 향상되었습니다. 이게 바로 관계지향 문화에서 필요한 '휴먼-AI 협업 리더십'입니다. 앞서 3장에서 언급한 것처럼 AI의 객관적 분석을 받아들이되, 그것을 조직의 인간적 가치와 조화시키는 거죠. 예를 들어 AI가 성과가 낮다고 평가한 직원이라도, 그 사람의 멘토링 능력이나 팀 분위기에 미치는 긍정적 영향을 종합적으로 고려하는 식으로요.

반대편 극단에는 혁신지향 문화가 있습니다. 넥슨에서 벌어진 실제 사례를 보면 혁신지향 문화의 특성이 명확히 드러나요. 이 회사는 오래전부터 게임 데이터 분석과 AI 기술 개발에 투자해 왔고, '실패해도 괜찮다, 빨리 시도해 보자'는 문화가 강했어요. 최근에는 700명 이상의 인력이 근무하는 '인텔리전스랩'을 중심으로 게임스케일이라는 AI 솔루션을 40여 개 게임 포트폴리오에 본격 도입했죠.

그 후 흥미로운 조직 변화가 일어났습니다. 예전에는 각 게임 스튜디오마다 개별적으로 진행했던 데이터 분석 업무를 담당하던 시니어 분석가들이 갑자기 새로운 역할을 고민하게 된 거예요. AI가 자동으로 처리하는 분석 결과의 품질이 상당한 수준에 도달했거든요. 이때 넥슨이 어떻게 대응했는지가 핵심입니다. 기존 방식대로라면 '이제 AI 시대니까 적응 못 하는 사람은 도태된다'고 했을 텐데, 완전히 다른 접근을 했어요.

시니어 분석가들을 'AI 인사이트 디렉터' 역할로 전환한 거죠. AI가 생성한 수백 개의 데이터 분석 결과 중에서 게임 운영에 핵심적인 인사이트를 선별하고, 전략적 의사결정을 위한 '큐레이터' 역할을 맡게 했습니다. 단순히 데이터를 분석하는 것에서 벗어나, AI가 놓칠 수 있는 게임의 맥락과 플레이어 심리를 읽어내는 전문가로 포지셔닝한 거예요. 결과적으로 이들은 더 높은 부가가치를 창출하는 역할을 하게 되었고, 조직 전체의 AI 활용 역량도 크게 향상되었습니다.

비슷한 사례가 인디게임계에서도 나타나고 있어요. 반지하게임즈가 개발 중인 '페이크북'이라는 게임에서는 등장인물들의 사진을 대부분 생성형 AI로 제작했다고 해요. 더 놀라운 건 렐루게임즈ReLU Games의 사례인데, 3명의 개발진이 AI 기술을 활용해서 단 1개월 만에 '마법소녀 루루핑'이라는 게임을 완성했어요.

국내 게임 개발사 그램퍼스Grampus 김지인 대표는 "캐주얼

게임 콘셉트 드로잉이 2~3개월 걸리던 작업을 AI를 이용해 2~3일 만에 완성할 수 있었다."라고 해요. 혁신지향 문화의 강점인 '빠른 실험'과 '수평적 협업'이 AI 시대에 완전히 새로운 형태로 진화한 셈입니다.

혁신지향 문화에도 함정은 있어요. 너무 빠른 변화를 추구하다 보면 예상치 못한 부작용이 생길 수 있거든요. 실제로 일부 게임에서는 AI가 생성한 캐릭터에 특정 집단에 대한 편견이 담겨 있다가 사회적 논란이 되기도 했습니다. 혁신의 속도만 중시하고 윤리적 검증은 간과한 결과였죠.

넷플릭스Netflix는 이런 문제를 어떻게 해결했을까요? AI 추천 알고리즘으로 사용자 만족도를 높이면서도, 동시에 '알고리즘 윤리팀'을 별도로 운영합니다. 이 팀은 AI가 사용자의 관심사에 맞춘 정보만 반복적으로 보여줘 다양한 시각이나 새로운 주제를 접하기 어렵게 만드는 '필터 버블filter bubble' 현상을 지속적으로 모니터링하고요, 사용자가 평소 보지 않는 장르도 적절히 노출해서 선택의 다양성을 보장하는 역할도 합니다. 혁신의 속도를 늦추지 않으면서도 사회적 책임을 다하는 조직 체계를 만든 거죠. 이것이 혁신지향 문화에서 AI 시대에 필요한 새로운 조직 운영 방식입니다. 기존의 '일단 해보고 문제 생기면 고치자' 식에서 '빠르게 혁신하되 동시에 리스크도 관리하자'는 더 성숙한 문화로 발전하는 거예요.

그렇다면 성과를 최우선으로 하는 시장지향 문화는 어떨까요? 최근 물류업계에서 벌어지고 있는 현실적인 사례를 보면 이 문화의 특성이 명확히 드러나요.

2021년 코로나19로 온라인 쇼핑이 급증하면서 배송 기사들의 과로 문제가 심각해졌어요. 씽크위드구글Think with Google 조사에 따르면 2021년 국내 온라인 쇼핑 거래액은 전년 대비 21.0% 증가하여 역대 최대 규모인 192조 8,946억 원으로 성장했습니다. AI 최적화 시스템을 도입한 여러 물류회사가 배송 효율을 크게 높이는 성과를 거뒀지만, 동시에 예상치 못한 부작용이 나타났습니다.

2022년 경향신문 보도에 따르면 마켓컬리의 산재 신청은 2020년 9건에서 2021년 72건으로 크게 늘었고, 새벽 배송 업체들의 산재는 2020년 이후 크게 증가했어요. 코로나19로 대목을 맞은 업체들이 사업 확장을 위해 창고를 새로 세우고 인력을 늘린 시기와 맞물린 결과였습니다. GTTKOREA 분석에 따르면 AI 기반 경로 최적화 알고리즘은 배송 경로를 실시간 동적으로 최적화해 물류 및 운송 관리에 혁신을 일으키고 있지만, AI가 최적화한 배송 경로와 스케줄이 인간의 한계를 고려하지 못한 결과였죠.

그런데 흥미로운 건 같은 업계에서도 완전히 다른 접근을 한 회사들이 있다는 점이에요. 2024년 한국물류과학기술학회가 한국갤럽에 의뢰해 실시한 조사를 보면, 쿠팡은 주 5일 이

하 근무 비율이 62%인데, CJ대한통운과 한진은 각각 1.5%에 불과했어요. 같은 AI 기술을 쓰면서도 조직문화에 따라 결과가 완전히 달랐던 거죠.

이런 차이가 나는 이유는 AI 기술 활용 방식이 달랐기 때문입니다. 서울경제 보도에 따르면 쿠팡은 출범 초기부터 모든 택배 영업점이 계약 시 백업 기사를 의무적으로 두도록 하는 구조를 만들어 기사 1인당 배송 물량이나 구역이 늘어나지 않도록 했어요. 한 기사가 휴무를 내도 쿠팡 뉴스룸에 따르면 AI 알고리즘이 단 몇 초 만에 재고, 상품 위치, 배송 경로 등 수백만 개 다양한 옵션을 고려해 가장 빠르고 효율적인 프로세스를 예측하고 작업을 할당하며, 한국경제 분석에서는 AI 기술을 활용해 불과 몇 초 만에 상품의 배송트럭 내 적재 위치를 파악해 개별 상품이 거치는 최적 경로를 알려준다고 보고했습니다. 반면 다른 택배사들은 AI로 배송 효율만 높이고 인력 운영은 기존 방식 그대로 유지했습니다.

결과적으로 똑같은 경로 최적화 AI를 쓰면서도, 쿠팡은 "기사들이 쉴 수 있는 시스템"을 만들고, 다른 회사들은 "더 많이 일하는 시스템"을 만든 셈이에요. 아이스티 소프트웨어 Icetea Software 연구에서 UPS의 오리온ORION 시스템이 AI를 사용하여 연간 주행 거리를 1억 마일 단축하여 1천만 갤런 이상의 연료를 절약한 사례처럼, 기술은 같지만 그 기술을 조직문화에 어떻게 녹여내느냐에 따라 완전히 다른 결과가 나온 거죠.

아마존Amazon의 접근 방식은 더욱더 시사적입니다. 물류센터에 로봇을 도입하면서도 '인간을 기계로 대체하는 것'이 아니라 '인간과 기계의 협업'에 초점을 맞췄어요. 단순 반복 업무는 로봇이 담당하고, 인간은 품질 관리, 예외 상황 대응, 고객 특별 요청 처리 등 더 가치 있는 업무에 집중하도록 했습니다. 더 중요한 건 아마존이 도입한 '웰빙 지표' 시스템이에요. AI가 배송 효율을 최적화할 때 단순히 시간과 비용만 고려하는 게 아니라, 직원의 스트레스 수준, 연속 근무 시간, 휴식 빈도까지 함께 계산에 넣는 거죠. '오늘 이 기사가 이미 8시간 일했으니, 추가 배송을 다른 기사에게 할당하자'는 식으로 AI가 판단하는 겁니다. 결과적으로 아마존은 생산성을 높이면서도 직원 이직률을 크게 줄였어요. 단기적 효율성과 장기적 지속 가능성을 동시에 잡은 셈이죠.

이것이 시장지향 문화에서 AI 시대에 필요한 '지속 가능한 성과 리더십'입니다. 단기적 효율성뿐만 아니라 직원들의 웰빙과 조직의 장기적 건강성까지 고려하는 균형감각이죠. AI가 제시하는 최적화 솔루션을 맹목적으로 따르는 것이 아니라, "이 솔루션이 우리 직원들에게 지속 가능한가?"라는 질문을 끊임없이 던지는 거예요.

마지막으로 안정성을 중시하는 위계지향 문화 조직들은 어떨까요? KB국민은행의 AI 도입 과정을 보면 이 문화의 특성이 명확히 드러나요.

　2023년 KB국민은행이 은행권 최초로 생성형 AI 도입에 나섰을 때, 많은 사람들이 역시 혁신적이라고 생각했어요. 하지만 그 뒤의 과정을 보면 완전히 다른 이야기였습니다. KB국민은행은 챗GPT가 전 세계적으로 화제가 되던 시점에도 섣불리 외부 API Application Programming Interface를 도입하지 않았어요. 대신 2020년부터 4년에 걸쳐 자체적으로 'KB-STA'라는 금융 특화모델을 개발했습니다. 버트, 알버트, 일렉트라 세 가지 모델을 기반으로 1.0부터 시작해서 현재 3.0까지 단계별로 발전시켰어요. 'KB-GPT'를 개발했을 때도 마찬가지였습니다. 8가지 GPT 기능을 완성한 후에도 바로 서비스에 적용하지 않았어요. 관련 직원들만 접근 가능한 데모 웹사이트에서 충분히 내부 검증을 거쳤죠. 그리고 2022년부터는 여의도 몇 개 지점에서만 'AI 은행원'을 파일럿 형태로 운영했습니다.

　오순영 KB국민은행 금융 AI센터장의 말이 이런 접근 방식을 잘 설명해 줘요.

　"지금 챗GPT도 기복이 심하다. 기본적으로 최신 버전이 가장 좋은 상태여야 하는데 그렇지 않다. 그래서 당장 도입하는 것보다 다양한 모델을 실험해 보면서 경험하는 것이 중요하다."

　이게 바로 위계지향 문화의 핵심입니다. 혁신을 거부하는 게 아니라, 혁신을 더 안전하고 체계적으로 받아들이는 거예요. 금융이라는 업의 특성상 한 번의 실수가 고객에게 큰 피해를 줄 수 있기 때문에, 충분한 검증과 단계적 확산이 필수였던 거죠.

결과적으로 KB국민은행은 다른 은행들보다 AI 도입이 늦어 보였지만, 가장 안정적이고 신뢰할 만한 금융 AI 서비스를 만들어냈어요. 급하게 외부 솔루션을 도입했다가 보안 문제나 오류로 고생하는 다른 기관들과는 대조적이었죠.

GE의 프리딕스Predix 플랫폼 도입 과정도 비슷했어요. 프리딕스라는 게 뭐냐 하면, 쉽게 말해서 공장 기계들의 '건강 상태'를 실시간으로 모니터링하는 AI 시스템이에요. 항공기 엔진이나 발전소 터빈 같은 거대한 장비들이 언제 고장이 날지 미리 예측해서 알려주는 거죠. 예전에는 정해진 스케줄에 따라 정비했다면, 이제는 "이 엔진이 3주 후에 문제가 생길 것 같으니 미리 정비하세요."라고 AI가 알려주는 식이에요. GE는 이런 혁신적인 기술을 도입할 때도 급진적 변화 대신 단계적이고 체계적으로 접근했습니다. 한 공정씩, 한 장비씩 차근차근 적용해 가면서 예측 정비 시스템을 완성했고, 결과적으로 장비 다운타임을 25% 줄이는 성과를 거두었습니다. 이것이 위계지향 문화에서 AI 시대에 필요한 '적응적 안정성 리더십'입니다. '빠른 것보다 정확한 것이 더 중요하다'는 철학으로, 조직의 안정성을 유지하면서도 필요한 혁신에는 과감하게 나서되, 충분한 검증을 거쳐 단계적으로 확산시키는 거예요.

그런데 여기서 흥미로운 발견이 있었습니다. AI 시대에 가장 성공하는 조직들은 단일한 문화 유형에 머물지 않더라고요. 평상시에는 관계지향 문화로 팀워크를 다지고, 혁신이 필요할 때는 혁신지향 문화로 전환하며, 성과를 내야 할 때는 시장지향 문화의 특성을 발휘하고, 위험 관리가 중요할 때는 위계지향 문화의 체계성을 활용하는 '유동적 조직문화'를 보여주는 거예요.

올해 가트너에서 발표한 보고서에 따르면, 2027년까지 IT 리더의 40%가 전통적인 기술 관리자 역할을 넘어 비즈니스 리더로서 조직 혁신을 주도할 것으로 예상됩니다. 하지만 여기서 놓치고 있는 더 중요한 변화가 있어요. AI 시대에는 조직 내 '권력의 지형도'가 완전히 바뀌고 있다는 점입니다. 예전에는 정보를 가진 사람이 권력을 가졌어요. 부장님이 시장 동향을 알고 있고, 과장님이 고객 정보를 파악하고 있으니까 그들이 의사결정의 중심이었죠. 그런데 이제는 누구나 AI에 물어보면 같은 정보를 얻을 수 있어요.

그러면 기존 권력 구조는 어떻게 될까요?

관계지향 문화에서는 '정보 독점자'에서 '관계 촉진자'로 역할이 바뀌고 있어요. 예전에는 "내가 이 업계에서 몇 년을 일했는데…"라고 하면서 경험을 독점했다면, 이제는 "AI가 이렇게 분석했는데, 우리 현실에서는 어떻게 적용할 수 있을까?"라고 물어보면서 팀의 집단지성을 끌어내는 역할을 하게 됩니다.

혁신지향 문화에서는 더 극적인 변화가 일어나고 있어요.

'아이디어 제왕'이었던 사람들이 이제는 'AI 프롬프터'가 되어야 해요. 창의적인 아이디어를 내는 것보다 AI로 창의적인 답변을 끌어내는 능력이 더 중요해진 거죠. "AI야, 우리 제품을 화성에서 팔려면 어떻게 해야 할까?"라는 엉뚱한 질문으로 완전히 새로운 관점을 얻는 식으로요.

시장지향 문화에서는 '성과 독식자'에서 'AI 시너지 창조자'로 변하고 있습니다. 예전에는 개인의 성과로 승부했다면, 이제는 AI와 얼마나 잘 협업해서 팀 전체의 성과를 끌어올리느냐가 평가 기준이 되고 있어요.

위계지향 문화에서 가장 큰 변화는 '규칙 수호자'에서 'AI 거버넌스 설계자'로의 전환입니다. 예전에는 기존 규칙을 잘 지키는 사람이 인정받았다면, 이제는 AI 시대에 맞는 새로운 규칙과 프로세스를 만드는 사람이 중요해졌어요.

그렇다면 실제로 당장 월요일부터 뭘 할 수 있을까요?

기존 AI 도입 가이드와는 완전히 다른 접근을 해보고 싶어요. 조직문화를 바꾸는 더 근본적인 방법들 말이죠.

관계지향 문화에서 가장 혁신적인 건 'AI 중재자 시스템'을 만드는 겁니다. 팀 내 갈등이나 의견 충돌이 있을 때 AI에 양쪽 입장을 정리해 달라고 요청하는 거예요. "A 팀장은 이렇게 생각하고, B 과장은 저렇게 생각하는데, 각각의 논리적 근거와 감정적 배경을 분석해 줘."라고 물어보면, AI는 감정에 휘둘리지 않고 객관적으로 정리해 줍니다. 이걸 통해 서로를 더 잘 이해하게 되고, 관계가 오히려 더 돈독해지더라고요.

혁신지향 문화에서는 'AI 반박 세션'을 시도해 보세요. 새로운 아이디어가 나오면 일부러 AI에 "이 아이디어의 문제점과 위험 요소를 최대한 냉정하게 분석해 줘."라고 요청하는 거예요. AI가 까칠한 컨설턴트 역할을 하는 셈이죠. 그러면 팀원들은 AI의 비판에 맞서 더 탄탄한 논리를 만들어내게 됩니다. 기존의 '예스맨' 문화에서 벗어나 진짜 혁신적 사고를 할 수 있게 되는 거예요.

시장지향 문화에서 가장 파격적인 건 'AI 고객 페르소나'를 만드는 겁니다. AI에 "40대 직장 여성 고객이 되어서 우리 제품에 대해 까칠하게 평가해 봐."라고 하면, AI가 실제 고객처럼 행동하면서 예상하지 못한 피드백을 줍니다. 내부 회의에서 "AI 고객님 의견은 어떨까요?"라고 물어보면서 다양한 관점을 확보하는 거죠. 마케팅 회의가 완전히 달라집니다.

위계지향 문화에서는 'AI 규정 검증 시스템'을 도입해 보세요. 새로운 정책이나 규정을 만들 때 AI에 "이 규정의 허점이나 예외 상황을 찾아봐."라고 요청하는 거예요. 또 "이 규정을 악용하려면 어떤 방법이 있을까?"라고 물어보면, 사람이 생각지 못한 맹점들을 찾아줍니다. 덕분에 처음부터 더 완벽한 시스템을 만들 수 있어요.

가장 권하고 싶은 건 '조직문화 진단 AI'를 만드는 겁니다. 매주 팀 회의록을 AI에 "우리 조직의 소통 패턴과 의사결정 스타일을 분석해 봐."라고 요청하는 거예요. AI가 "이번 주에는 위계적 의사결정이 3번, 수평적 논의가 7번 있었고, 갈등 회피 경향이 보입니다."라고 객관적으로 알려주면, 우리 조직이 어떤 방향으로 가고 있는지 명확히 보입니다.

최근에 한 IT 회사에서 시도한 방법인데, 'AI 문화 큐레이터' 역할을 시켜봤어요. 매일 오전에 AI가 '오늘의 조직문화 키워드'를 제안하는 거예요. "오늘은 '경청의 날'입니다. 모든 회의에서 상대방 말을 끝까지 들어보세요." 이런 식으로요. 단순해 보이지만 조직 분위기가 정말 달라지더라고요. 이런 접근 방식을 통해 많은 기업이 변화를 만들어내고 있어요.

도입부의 유성민 상무가 그날 오후 내린 결론도 이것이었습니다. "예전 같지 않다고 해서 예전이 더 좋았다는 뜻은 아닙니다. 변화를 두려워하지 말고, 우리만의 방식으로 새로운 시대를 만들어가자." 우리가 살아온 지난 30여 년 동안에도 수많은 변화가 있었잖아요. PC가 도입되고, 인터넷이 보급되고, 스마트폰이 나왔을 때도 "적응할 수 있을까?" 걱정했지만 결국 해냈거든요. AI도 마찬가지입니다. 완벽하게 마스터할 필요는 없어요. 우리 조직의 문화와 맞는 방식으로 천천히 받아들이면 됩니다. 우리 조직이 관계를 중시하는 문화라면 AI도 팀의 일원으로 받아들이는 방식으로, 혁신을 추구하는 문화라면 AI를 창의성의 파트너로 활용하는 방식으로, 성과에 집중하는 문화라면 AI를 효율성 향상의 도구로 쓰되 사람을 소외시키지 않는 방식으로, 안정성을 선호하는 문화라면 체계적이고 점진적인 방식으로 접근하면 되는 거죠.

    AI 시대의 진정한 경쟁력은 기술 자체가 아니라, 그 기술을 조직의 문화와 가치에 맞게 활용하는 리더십에 있습니다. 그리고 이런 리더십은 하루아침에 만들어지는 게 아니에요. 수십 년간 사람들과 함께 일하면서 쌓은 경험과 지혜가 바탕이 되어야 하죠. 예전 같지 않다는 것은 위기가 아니라 새로운 가능성의 시작입니다. 중요한 것은 그 변화를 어떤 관점으로 바라보고, 어떻게 받아들이느냐는 것이죠. 우리에게는 30년의 경험이라는 든든한 자산이 있습니다. 이제 그 경험 위에 새로운 도구 하나를 더하는 것뿐입니다.

내용 요약

- 책임의 딜레마와 해법: AI 결정의 책임 소재 문제를 다루며, '자동화 편향'의 위험성과 검증 단계의 중요성 강조, AI를 의사결정 보조 도구로 인식하는 관점 전환

- 일자리 변화의 현실적 접근: 러다이트 운동의 역사적 교훈을 통해 일자리 소멸이 아닌 변화임을 제시, 'AI-인간 협업 설계자' 등 새로운 역할의 등장과 적응 전략

- 조직문화별 AI 적응 전략: 관계지향·혁신지향·시장지향·위계지향 문화별 차별화된 AI 도입 방식과 성공 사례, 유동적 조직문화의 필요성

| 성찰 질문 |

1. 우리 조직에서 AI 관련 의사결정이 잘못될 때 책임을 명확히 할 수 있는 시스템이 있는가?

2. 나의 업무 중 AI가 대신할 수 있는 일, 도울 수 있는 일, 오직 내가 할 수 있는 일을 구분해 본 적이 있는가?

3. 우리 조직의 문화(관계지향·혁신지향·시장지향·위계지향) 특성에 맞는 AI 도입 전략은 무엇인가?

부록

AI 리더십 실행 가이드

| 부록 1 |
AI 증강 리더십 진단

이 진단 도구는 기존의 검증된 리더십 이론(MLQ, ALQ 등) 과 하버드 비즈니스 리뷰(HBR)에서 제시한 AI 증강 리더십 이론을 결합하여 개발되었습니다. 2024년 HBR 연구에 따르면, AI 시대의 리더는 "인간의 가장 인간적인 자질을 AI와 결합하여 증강시키는 Both/And 리더"가 되어야 합니다.

본 도구는 인식Awareness, 지혜Wisdom, 공감Compassion의 3대 핵심 역량을 중심으로 총 21개 문항으로 구성되어 있으며, 자가 진단 후 AI를 활용한 맞춤형 분석 결과를 제공합니다.

[리더십 자가 진단 (21문항)]
응답 방식: 각 문항에 대해 5점 척도로 응답해 주세요.
- 1점: 전혀 그렇지 않다
- 2점: 그렇지 않다
- 3점: 보통이다
- 4점: 그렇다
- 5점: 매우 그렇다

인식Awareness 영역 (7문항)

A1. 나는 회의나 면담에서 내가 얼마나 말하는지 객관적으로 파악하고 있다. [1] [2] [3] [4] [5]

A2. 나는 내 결정이 팀원들에게 미치는 영향을 정확히 예측할 수 있다. [1] [2] [3] [4] [5]

A3. 나는 스트레스를 받을 때 나타나는 내 행동 패턴을 잘 알고 있다. [1] [2] [3] [4] [5]

A4. 나는 내가 추구하는 가치와 일치하는 방식으로 행동한다. [1] [2] [3] [4] [5]

A5. 나는 내 강점과 약점을 솔직하게 인정할 수 있다. [1] [2] [3] [4] [5]

A6. 나는 데이터와 직관을 종합하여 상황을 정확히 판단한다. [1] [2] [3] [4] [5]

A7. 나는 내 감정이 의사결정에 미치는 영향을 인식하고 조절할 수 있다. [1] [2] [3] [4] [5]

지혜Wisdom 영역 (7문항)

W1. 나는 복잡한 문제를 여러 관점에서 단계적으로 분석한다. [1] [2] [3] [4] [5]

W2. 나는 표면적 문제보다 근본 원인을 찾기 위해 깊이 있는 질문을 던진다. [1] [2] [3] [4] [5]

W3. 나는 팀원들이 스스로 성장할 수 있도록 적절한 도전과 지원을 제공한다. [1] [2] [3] [4] [5]

W4. 나는 과거 경험과 현재 데이터를 연결하 [1] [2] [3] [4] [5]

여 패턴을 파악하려고 노력한다.

W5. 나는 다양한 정보원(AI 포함)에서 얻은 정보를 비판적으로 검토하고 현실에 맞게 적용할 수 있다. ① ② ③ ④ ⑤

W6. 나는 당면한 문제를 더 큰 비전과 연결 지어 설명한다. ① ② ③ ④ ⑤

W7. 나는 단기적 이익과 장기적 지속 가능성을 균형 있게 고려하여 의사결정한다. ① ② ③ ④ ⑤

공감 Compassion 영역 (7문항)

C1. 나는 팀원의 행동 변화를 민감하게 감지하고 그 원인을 파악하려 노력한다. ① ② ③ ④ ⑤

C2. 나는 팀원들과의 관계에서 진정성을 바탕으로 한 신뢰를 구축한다. ① ② ③ ④ ⑤

C3. 나는 세대 간 소통 방식의 차이를 이해하고 적절히 조절한다. ① ② ③ ④ ⑤

C4. 나는 각 팀원의 개별적 니즈와 상황을 고려하여 차별화된 접근을 한다. ① ② ③ ④ ⑤

C5. 나는 팀원들의 감정 상태를 파악하고 그에 맞는 적절한 반응을 보인다. ① ② ③ ④ ⑤

C6. 나는 팀원의 피드백이나 비판을 개방적이고 겸손한 자세로 받아들인다. ① ② ③ ④ ⑤

C7. 나는 직원들이 존중받고 가치 있다고 느낄 수 있는 방식으로 행동한다. ① ② ③ ④ ⑤

[AI 활용 결과 분석]

자가 진단을 완료한 후, 다음 프롬프트를 AI에 입력하여 맞춤형 분석을 받으세요.

| 기본 분석 프롬프트 |

 AI 증강 리더십 진단 분석 요청

 다음은 Potential Project(HBR, 2024)의 AI 증강 리더십 모델을 기반으로 한 진단 결과입니다.

[모델 개요]
AI 증강 리더십은 'Both/And' 리더십으로, 인간 고유의 자질과 AI 역량을 통합합니다:

1. 인식(Awareness): 내외부 경험을 관찰하는 지각적 능력
    - 자기 인식, 상황 판단, 감정 조절 능력
    - AI와 협업 시: 맥락 제공 능력, AI 결과물의 적절성 판단

2. 지혜(Wisdom): 현실을 정확히 파악하여 건전한 판단을 내리는 능력
    - 복합적 사고, 패턴 인식, 비전 연결 능력
    - AI와 협업 시: 통찰력 있는 질문 설정, AI 답변의 타

당성 검증

3. 공감(Compassion): 타인을 이해하고 배려하는 능력
   - 관계 구축, 개별 접근, 피드백 수용 능력
   - AI와 협업 시: 인간 중심 리더십 + AI 인사이트 활용

[진단 결과]
- 인식(Awareness): [A1~A7 점수] / 35점
- 지혜(Wisdom): [W1~W7 점수] / 35점
- 공감(Compassion): [C1~C7 점수] / 35점

[상황 정보]
- 직책/팀 규모: [입력]
- 업종: [입력]
- 주요 과제: [입력]
- AI 활용 수준: [초급/중급/고급]

[분석 요청]
1. 역량 프로필 분석: 영역별 강점/약점과 AI 협업 준비도 평가
2. Both/And 리더십 진단: 인간-AI 통합 관점에서 현재 위치 진단
3. 우선순위 도출: 가장 큰 임팩트를 낼 수 있는 개발 영역 3가지
4. 실행계획: 구체적 액션 아이템과 AI 도구 활용 방안

5. 발전 로드맵: 단계별(3-6-12개월) 성장 경로 제시

(분석 시 점수의 절댓값보다 패턴과 균형을 중시하여 해석해 주세요.)

※ AI 증강 리더십 진단 QR코드를 통해 편리하게 진단해 보세요.

본 코드는 구글 폼즈와 연결되어 있으며, 진단 완료 후 구글 시트의 3개 영역별 소계 점수를 확인한 후, 프롬프트의 소계 점수란에 입력하시면 됩니다. 이후 전체 프롬프트를 복사하여 스마트폰이나 PC의 AI(챗GPT, 클로드 등)에 붙여넣기를 한 후 결과를 확인하시기 바랍니다.

(본 자가 진단 도구는 선행 연구 및 관련 문헌을 기반으로 구성되었으나, 정규 요인분석 등 심리측정학적 검증 절차를 거치지 않았음을 고지합니다.)

| 부록 2 |
AI 의사결정 프레임워크

어떻게 하면 구체적으로 '질문하는 리더'가 될 수 있을까요? 제가 현장에서 정리한 '5단계 질문 프레임워크'를 소개해 드리겠습니다. 이는 2019년 인텔의 전 CEO 앤디 그로브가 제시한 의사결정 프레임워크를 AI 시대에 맞게 발전시킨 것입니다.

| 1단계 |

"AI야, 너는 뭘 보고 있니?"- 데이터 투명화 질문

먼저 AI가 어떤 데이터를 기반으로 결론을 내렸는지 정확히 파악해야 합니다. 단순히 결과만 받아들이지 말고, 분석 과정을 투명하게 공개하도록 요청하는 것입니다.

실제 프롬프트 예시:

 이 분석의 주요 데이터 소스가 무엇인지 알려주세요. 그리고 각 데이터가 전체 결론에 미치는 영향도를 백분율로 보여주세요. 혹시 포함되지 않은 중요한 데이터 영역이 있다면 그것도 함께 언급해 주세요.

| 2단계 |

"내 경험이 말하는 건 뭐지?"– 경험 구조화 질문

이번에는 여러분의 경험이 감지하고 있는 것들을 명확히 언어화해 보셔야 합니다. '그냥 느낌이 좋다'가 아니라 '어떤 구체적인 경험 때문에 이런 판단을 하게 되었는지' 정리하는 것입니다.

실제 프롬프트 예시:

 내가 지금 가진 직감의 근거를 분석해 주세요. [구체적 경험 사례 3~5개]를 바탕으로 현재 상황과의 유사점과 차이점을 정리해 주세요. 그리고 이런 경험적 판단이 데이터 분석과 어떤 부분에서 상충하는지 객관적으로 평가해 주세요.

| 3단계 |

"빠진 퍼즐 조각이 뭘까?"– 맥락 확장 질문

AI 분석과 경험적 판단 사이의 간극을 메우는 추가 정보를 찾아보셔야 합니다. 이때 중요한 것은 '맞다/틀렸다'를 판단하려 하지 말고, '뭔가 더 필요한 정보가 있을 것'이라는 마음으로 접근하는 것입니다.

실제 프롬프트 예시:

> 현재 분석에서 고려되지 않은 외부 변수들을 찾아주세요. 특히 [우리 산업]에서 과거 5년간 예상과 다른 결과를 낳았던 숨겨진 변수들은 무엇인지 분석해 주세요. 그리고 이런 변수들이 현재 상황에 어떤 영향을 미칠 수 있는지 시나리오별로 보여주세요.

| 4단계 |

"작은 실험부터 해볼까?" – 단계적 검증 질문

모든 것을 한 번에 결정하려 하지 마십시오. 올해 MIT 연구진이 발표한 자료에 따르면, 데이터 기반으로 사고하고 행동하는 조직은 그렇지 않은 조직에 비해 고객 유입 가능성이 23배, 고객 전환 가능성이 6배 높다고 하는데요, 여기서 핵심은 '작은 실험의 반복'이었습니다.

실제 프롬프트 예시:

> 이 결정을 전면 실행하기 전에 리스크를 최소화하면서 가설을 검증할 수 있는 3가지 파일럿 방안을 제시해 주세요. 방안별로 필요한 자원, 기간, 성공 지표를 구체적으로 알려주세요.

| 5단계 |

"다음엔 뭘 배울까?" – 학습 순환 질문

결과가 나오면 반드시 되돌아보셔야 합니다. AI가 맞았던 부분, 경험이 정확했던 부분, 둘 다 놓친 부분을 정리하는 것입니다. 이것이 쌓이면 여러분만의 '결정지능 데이터베이스'가 됩니다.

실제 프롬프트 예시:

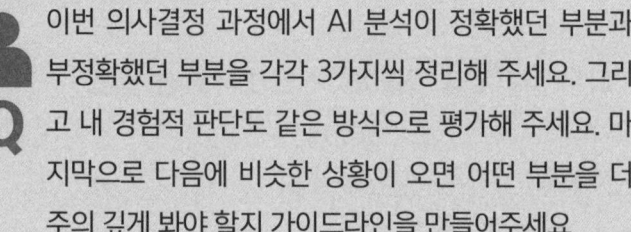

이번 의사결정 과정에서 AI 분석이 정확했던 부분과 부정확했던 부분을 각각 3가지씩 정리해 주세요. 그리고 내 경험적 판단도 같은 방식으로 평가해 주세요. 마지막으로 다음에 비슷한 상황이 오면 어떤 부분을 더 주의 깊게 봐야 할지 가이드라인을 만들어주세요.

이 5단계는 IBM 컨설턴트였던 데이브 스노든이 제시한 크네빈 프레임워크[1]에서 말하는 "복잡한 상황에서의 의사결정"과 유사하다는 것입니다. 정답이 하나 존재하지만 그 답을 이끌어낼 수 있을지 모르는 상황에서는 먼저 문제를 조사하고, 인식하고, 대응하면서 논의 중 돌발적으로 나온 대응 조치를 취하는 것이 중요하다고 하거든요.

그렇다면 구체적으로 어떤 상황에서 경험을 믿고, 어떤 상

---

1 크네빈 프레임워크는 데이브 스노든이 1999년 IBM 재직 시 개발한 의사결정 도구로, 상황을 5개 영역(단순-복합-복잡-혼돈-무질서)으로 나누어 각각에 맞는 접근법을 제시합니다.

황에서 데이터를 따라야 할까요? 제가 현장에서 정리한 '상황별 가이드라인'을 공유해 드릴게요.

> **경험을 더 신뢰해야 할 때:**
> - 데이터에 없는 급작스러운 변화를 감지했을 때 (팬데믹 같은 외부 충격)
> - 인간의 감정이나 문화적 요소가 중요한 결정일 때
> - 과거 유사한 상황에서 성공한 경험이 명확할 때
>
> **데이터를 더 신뢰해야 할 때:**
> - 개인적 선호나 편견이 개입될 가능성이 높을 때
> - 정량적 성과 측정이 명확한 영역일 때
> - 충분한 데이터가 축적된 반복적 업무일 때
>
> **둘 다 필요할 때:**
> - 새로운 시장이나 제품에 대한 의사결정
> - 팀원들의 의견이 갈리는 상황
> - 리스크가 크고 되돌리기 어려운 결정

물론 이런 가이드라인도 절대적인 것은 아닙니다. 상황에 따라 유연하게 적용해야 하죠. 중요한 것은 "나는 지금 어떤 근거로 판단하고 있는가?"를 스스로 명확히 아는 것입니다.

이런 경험을 통해 깨달은 것은, AI 시대의 리더십에서 가장 중요한 것이 '겸손함'이라는 점입니다. AI보다 우월하다고 생각하지도 말고, AI에 모든 것을 맡겨야 한다고 생각하지도 말고요. 서로의 한계를 인정하고 강점을 결합하는 자세가 필요합니다.

지금까지 말씀드린 내용들을 실무에서 바로 적용할 수 있도록 체계적인 체크리스트를 만들어보았습니다.

이름하여 매일 5분 '결정지능 체크' 프레임워크.

이 4가지 영역을 매일 체크해 보시면, 한 달 후에는 '데이터와 경험을 조화롭게 사용하는 감각'이 많이 늘어날 것입니다.

구분	휴먼 영역	AI 영역
인식	오늘 내린 중요한 결정의 감정적/직관적 근거는?	그 결정을 뒷받침하는 객관적 데이터는?
분석	내 경험에서 비슷한 사례와 결과는?	놓칠 수 있는 변수나 패턴은?
검증	현장에서 확인해야 할 것은?	추가로 분석할 데이터는?
학습	다음에 더 주의할 감정적 요인은?	다음에 더 수집할 데이터는?

| 부록 3 |

비전문가도 꼭 알아야 할 AI 용어

1. 김 팀장의 AX 전환기
(초급 AI 용어 30선)

이직 첫날, DX를 넘어 AX로! 경영진 회의 생존 시나리오

> 등장인물
> - 김 팀장 (48세, HR 전문가, 이직 첫날, 구글 글라스 착용)
> - 박 상무 (CEO, AX 추진 총괄)
> - 이 부장 (IT 부문, DX→AX 전환 책임자)
> - 최 과장 (마케팅, 고객 데이터 분석 담당)

Scene 1
첫 출근, 갑작스러운 회의 참석

박 상무: 김 팀장님, 첫 출근을 축하합니다. 바로 경영진 회의에 참석하셔서 우리 회사 AX 전환 계획을 들어보세요.

김 팀장: 네, 감사합니다. (속으로: AX가 뭐지? DX는 들어봤는

데…)

박 상무: 우리 회사가 작년부터 **인공지능(Artificial Intelligence)** 도입을 본격화했는데, 이제 **머신러닝(Machine Learning)** 기반으로 전사 시스템을 개편하려고 합니다.

(김 팀장이 구글 글라스를 조심스럽게 탭)

김 팀장: 아, 그렇군요! (이제 좀 이해가 되네…)

■ 글라스 해설
인공지능(AI, Artificial Intelligence): 사람처럼 생각하고 판단할 수 있는 컴퓨터 시스템. 요즘 모든 회사가 도입하려는 핫한 기술
머신러닝(Machine Learning): 컴퓨터가 데이터를 보고 스스로 학습해서 패턴을 찾는 기술. 사람이 일일이 가르치지 않아도 됨

Scene 2

HR 업무의 AI 적용 계획

이 부장: 김 팀장님이 담당하실 HR 분야부터 말씀드리면, **알고리즘(Algorithm)**으로 채용 프로세스를 혁신하려고 합니다.

김 팀장: 구체적으로 어떤 방식인가요?

최 과장: 이력서를 **자연어 처리(NLP, Natural Language Processing)로 적합한 후보를 자동으로 선별하는 거예요.

이 부장: 그리고 **데이터셋(Dataset)**을 구축해서 우수 직원들의 패턴을 분석하려고 해요.

김 팀장: 우리 회사 직원 데이터를 활용한다는 말씀이군요?

> ■ 글라스 해설
>
> **알고리즘(Algorithm)**: 문제를 해결하기 위한 단계별 규칙이나 절차. 요리 레시피처럼 순서대로 따라 하면 결과가 나옴
>
> **자연어 처리(NLP)**: 컴퓨터가 사람의 말이나 글을 이해하고 분석하는 기술. 이력서 내용을 읽고 핵심을 파악할 수 있음
>
> **데이터셋(Dataset)**: 분석을 위해 모아둔 데이터의 집합. 예를 들어 지난 5년간 입사한 직원들의 정보 모음

Scene 3

고객 서비스 혁신 계획

박 상무: 고객 서비스도 완전히 바뀔 예정입니다. **챗봇(Chatbot)**을 도입해서 24시간 고객 상담이 가능하게 하고요.

최 과장: **딥러닝(Deep Learning)** 기술로 고객 감정까지 분석할 수 있어요. 화난 고객을 미리 파악해서 숙련된 상담사에게 연결하는 거죠.

김 팀장: 오, 그럼 고객 만족도가 크게 올라가겠네요!

이 부장: 네, **모델(Model)**의 **정확도(Accuracy)**가 85% 이상

나와서 사람보다 더 정확할 때도 있어요.

> ■ 글라스 해설
>
> **챗봇(Chatbot)**: 사람 대신 자동으로 고객과 대화하는 프로그램. 카카오톡 상담 같은 것
> **딥러닝(Deep Learning)**: 사람의 뇌처럼 여러 층으로 된 신경망을 사용하는 고급 AI 기술. 복잡한 패턴도 스스로 찾아냄
> **모델(Model)**: 학습을 통해 만들어진 AI 시스템. 마치 경험 많은 직원처럼 판단을 내림
> **정확도(Accuracy)**: AI가 맞게 예측하는 비율. 85%면 100번 중 85번은 정답을 맞힌다는 뜻

Scene 4

마케팅 혁신과 개인화 서비스

최 과장: 마케팅에서는 **빅데이터(Big Data)** 분석으로 고객별 맞춤 상품을 추천하고 있어요.

박 상무: **개인화(Personalization)** 서비스가 핵심이죠. 넷플릭스처럼 고객마다 다른 상품을 보여주는 **추천 시스템(Recommendation System)**을 구축했어요.

김 팀장: 그럼 매출도 많이 올랐겠네요?

최 과장: 네. **예측(Prediction)** 모델로 어떤 상품이 언제 잘 팔릴지도 미리 알 수 있어서 재고 관리가 훨씬 효율적이에요.

■ 글라스 해설

빅데이터(Big Data): 너무 많고 복잡해서 일반적인 방법으로는 처리하기 어려운 거대한 데이터

개인화(Personalization): 개별 고객의 취향에 맞춰 서비스를 맞춤 제작하는 것

추천 시스템(Recommendation System): 고객이 좋아할 만한 상품이나 콘텐츠를 자동으로 골라주는 시스템

예측(Prediction): AI가 과거 데이터를 바탕으로 미래에 일어날 일을 추정하는 것

Scene 5

직원 교육과 업무 자동화

이 부장: 직원 교육도 AI로 바뀌고 있어요. **훈련(Training)** 과정을 개인별로 맞춤화해서 효과를 높이고 있거든요.

김 팀장: 직원들 반응은 어때요? 갑자기 바뀌어서 적응하기 힘들지 않나요?

박 상무: 처음엔 그랬죠. 하지만 **자동화(Automation)**로 반복 업무가 줄어드니까 오히려 더 중요한 일에 집중할 수 있어서 만족도가 높아졌어요.

최 과장: 특히 **컴퓨터 비전(Computer Vision)**으로 상품 이미지 분류 작업이 완전히 자동화됐어요.

■ 글라스 해설

훈련(Training): AI가 데이터를 보고 학습하는 과정. 사람이 공부하는 것과 비슷함
자동화(Automation): 사람이 하던 일을 기계가 대신 처리하는 것. 단순 반복 업무에 효과적
컴퓨터 비전(Computer Vision): 컴퓨터가 사진이나 영상을 보고 내용을 이해하는 기술

Scene 6

음성 인식과 번역 서비스

이 부장: 해외 진출을 위해 **음성 인식(Speech Recognition)**과 **번역(Machine Translation)** 시스템도 도입했어요.

김 팀장: 우와, 그럼 외국 고객과도 실시간으로 소통이 가능하겠네요?

박 상무: 맞습니다. **이미지 인식(Image Recognition)**도 활용해서 고객이 상품 사진만 찍으면 바로 정보를 제공하고 있어요.

■ 글라스 해설

음성 인식(Speech Recognition): 사람이 말하는 것을 컴퓨터가 글자로 바꾸는 기술
번역(Machine Translation): AI가 한 언어를 다른 언어로 자동 번역하는 기술

> **이미지 인식(Image Recognition)**: 컴퓨터가 사진 속 물건이나 사람을 알아보는 기술

Scene 7
새로운 AI 기술 도입 계획

최 과장: 요즘 핫한 **생성형 AI(Generative AI)**도 도입하려고 해요. 상품 설명서를 자동으로 만들거나 마케팅 문구를 생성하는 거죠.

김 팀장: 그럼 카피라이터나 디자이너는 어떻게 되나요?

이 부장: 오히려 더 창의적인 일에 집중할 수 있게 됐어요. **대화형 AI(Conversational AI)**가 초안을 만들면 사람이 다듬는 방식으로 협업하고 있어요.

박 상무: **프롬프트(Prompt)** 작성만 잘하면 원하는 결과를 쉽게 얻을 수 있어요.

> ■ 글라스 해설
>
> **생성형 AI(Generative AI)**: 새로운 텍스트, 이미지, 음성 등을 만들어내는 AI. ChatGPT가 대표적인 예
>
> **대화형 AI(Conversational AI)**: 사람과 자연스럽게 대화할 수 있는 AI 시스템
>
> **프롬프트(Prompt)**: AI에 명령이나 질문을 할 때 입력하는 문장. 잘 만들수록 좋은 결과가 나옴

Scene 8

AI의 한계와 주의 사항

김 팀장: 그런데 AI가 잘못된 정보를 줄 수도 있지 않나요?

최 과장: 좋은 지적이에요. **할루시네이션(Hallucination)** 현상이라고 해서 AI가 그럴듯한 거짓말을 할 때가 있어요.

이 부장: 그래서 우리 데이터로 **파인튜닝(Fine-tuning)**을 해서 정확도를 높이고 있어요.

박 상무: **토큰(Token)** 사용량도 관리해야 해서 비용 최적화가 중요해요.

■ 글라스 해설

할루시네이션(Hallucination): AI가 없는 정보를 마치 사실인 것처럼 만들어내는 현상. 확신에 차서 거짓말하는 것과 비슷

파인튜닝(Fine-tuning): 이미 만들어진 AI를 우리 회사 상황에 맞게 추가로 학습시키는 과정

토큰(Token): AI가 텍스트를 처리할 때 사용하는 최소 단위. 사용한 만큼 비용이 나옴

Scene 9

클라우드와 보안

이 부장: 기술적으로는 **클라우드 AI(Cloud AI)** 서비스를 주로 사용하고, 보안이 중요한 데이터는 **에지 AI(Edge AI)**로 처리해요.

김 팀장: 보안은 어떻게 관리하나요?

박 상무: **API(Application Programming Interface)**를 통해 안전하게 연결하고, **AI 윤리(AI Ethics)** 가이드라인도 마련했어요.

■ 글라스 해설

클라우드 AI(Cloud AI): 인터넷을 통해 제공되는 AI 서비스. 강력한 컴퓨터를 빌려 쓰는 개념

에지 AI(Edge AI): 우리 회사 내부 기기에서 직접 돌아가는 AI. 보안에 더 안전함

API (Application Programming Interface): 서로 다른 시스템을 연결해 주는 다리 역할. 안전하게 데이터를 주고받을 수 있게 함

AI 윤리(AI Ethics): AI를 올바르게 사용하기 위한 도덕적 원칙과 규칙

Scene 10

회의 마무리와 향후 계획

김 팀장: 정말 대단하네요. 직원들 교육은 어떻게 하시나요?

최 과장: **검색 엔진(Search Engine)**처럼 직관적인 AI 도구들을 우선 도입해서 부담을 줄이고 있어요.

이 부장: 김 팀장님도 HR 분야에서 AI 활용 방안을 고민해 보세요. 특히 인재 채용과 성과 평가 부분에서 큰 변화가 있을 거예요.

박 상무: 우리 목표는 완전한 AX 기업이 되는 것입니다. AI가 모든 업무에 자연스럽게 녹아들어 가는 거죠.

> ■ 글라스 해설
>
> 검색 엔진(Search Engine): 원하는 정보를 쉽게 찾을 수 있게 해주는 시스템. 구글처럼 익숙한 방식

회의 후 소감

김 팀장: (혼잣말) 와… 이제 정말 AI 시대구나. 구글 글라스 덕분에 오늘 하루에 AI 전문가가 된 기분이야. 앞으로 HR 업무도 완전히 달라지겠어. 빨리 적응해서 우리 팀원들도 도와줘야겠다.

2. 김 팀장의 AI 위기 탈출기
 (중급 AI 용어 30선)

긴급 상황! 회사 AI 시스템 대란

> 등장인물
> - 김 팀장 (52세, 비 AI 전문가, 구글 글라스 착용)
> - 서준 (28세, ML 엔지니어)
> - 유진 (26세, AI 연구원)
> - 성민 (30세, DevOps 엔지니어)

Scene 1
긴급 상황 발생

김 팀장: 뭐라고요? 우리 AI 서비스가 완전히 다운됐다고?

　　　　(전화를 끊고 급히 회의실로)

김 팀장: 긴급 상황입니다. 고객들이 난리가 났어요. 우리 AI 서비스가 이상한 답변만 하고 있다는데….

서준:　　아, 새벽에 **트랜스포머(Transformer)** 모델을 업데이트했는데 뭔가 잘못된 것 같아요.

(김 팀장이 구글 글라스를 살짝 탭)

유진:　　로그를 보니까 **임베딩(Embedding)** 벡터가 완전히 꼬여있어요. **토크나이저(Tokenizer)**도 제대로 작동 안 해요.

> ■ 글라스 해설
>
> **트랜스포머(Transformer)**: 자연어 처리에서 혁신을 가져온 신경망 구조. GPT, BERT 등 대부분의 현대 AI 모델의 기반 기술
> **임베딩(Embedding)**: 단어나 문장을 컴퓨터가 이해할 수 있는 숫자 벡터로 변환하는 기술. 비슷한 의미의 단어들이 비슷한 숫자로 표현됨
> **토크나이저(Tokenizer)**: 문장을 AI가 처리할 수 있는 작은 단위(토큰)로 분해하는 도구

Scene 2

원인 분석

성민: 문제는 **하이퍼파라미터(Hyperparameter)** 튜닝을 잘못했나 봐요. **학습률(Learning Rate)**이 너무 높았던 것 같아요.

김 팀장: 그럼 지금 당장 어떻게 해야 하죠?

서준: 일단 **롤백(Rollback)**부터 해야겠어요. 이전 **체크포인트(Checkpoint)**로 돌아가서….

유진: 잠깐, 더 큰 문제가 있어요. **그라디언트 폭발(Gradient Explosion)**이 일어났나 봐요. **손실 함수(Loss Function)** 값이 무한대로 발산하고 있어요.

■ 글라스 해설

하이퍼파라미터(Hyperparameter): AI 모델 학습 전에 미리 설정하는 값들. 요리할 때 불의 세기나 시간을 정하는 것과 비슷

학습률(Learning Rate): AI가 얼마나 빠르게 학습할지 결정하는 값. 너무 높으면 학습이 불안정해짐

롤백(Rollback): 문제가 생겼을 때 이전 안정 상태로 되돌리는 것

체크포인트(Checkpoint): AI 모델 학습 중간중간 저장해둔 상태. 게임 세이브 포인트와 비슷

그라디언트 폭발(Gradient Explosion): AI 학습 중 수치가 급격히 커져서 모델이 망가지는 현상. 마치 눈덩이가 굴러가며

거대해지는 것과 비슷

손실 함수(Loss Function): AI가 얼마나 틀렸는지 측정하는 지표. 낮을수록 좋음

Scene 3

긴급 복구 작업

성민: **인퍼런스(Inference)** 서버부터 재시작하겠습니다.

김 팀장: 고객들이 계속 문의 전화를 하고 있어요. 언제쯤 복구 될까요?

서준: 문제는 **오버피팅(Overfitting)**도 심각해요. **검증 손실(Validation Loss)**과 **훈련 손실(Training Loss)** 간격이 너무 커요.

유진: **정규화(Regularization)** 기법을 적용하고, **드롭아웃(Dropout)**도 추가해야겠어요.

■ 글라스 해설

인퍼런스(Inference): 훈련이 완료된 AI 모델이 실제로 예측이나 답변을 생성하는 과정

오버피팅(Overfitting): AI가 훈련 데이터만 너무 잘 외워서 새로운 데이터에는 제대로 대답 못 하는 현상. 시험 문제만 달달 외운 학생과 비슷

검증 손실(Validation Loss): 새로운 데이터에 대한 AI의 오답률

> 훈련 손실(Training Loss): 학습용 데이터에 대한 AI의 오답률
> 정규화(Regularization): 오버피팅을 방지하기 위해 모델을 단순하게 만드는 기법
> 드롭아웃(Dropout): 학습 중 일부 뉴런을 무작위로 끄는 기법. 모델이 특정 패턴에만 의존하지 않게 함

Scene 4

더 큰 문제 발견

성민: 잠깐, 더 심각한 문제를 발견했어요. **데이터 리키지(Data Leakage)**가 있었어요.

김 팀장: 이게 뭔 소리예요? 그럼, 우리 AI가 부정행위를 했다는 건가요?

유진: 비슷해요. 그래서 실제 상황에서는 엉뚱한 답을 하는 거예요. **교차 검증(Cross-Validation)**을 제대로 안 했나 봐요.

서준: 그리고 **앙상블(Ensemble)** 모델 간의 **가중치(Weight)** 조합도 잘못됐어요.

> ■ 글라스 해설
>
> 데이터 리키지(Data Leakage): 미래의 정보가 훈련 데이터에 섞여 들어가는 심각한 오류. 시험 답안을 미리 알고 공부하는 것과 같음
> 교차 검증(Cross-Validation): AI 모델의 성능을 신뢰성 있게 평가하기 위한 검증 방법. 여러 번 나누어 테스트함

앙상블(Ensemble): 여러 AI 모델을 조합해서 더 좋은 성능을 얻는 기법. 여러 전문가의 의견을 종합하는 것과 비슷
가중치(Weight): AI 모델이 학습하는 핵심 파라미터. 각 입력의 중요도를 나타냄

Scene 5

고급 해결책 모색

유진: **전이 학습(Transfer Learning)**으로 빠르게 복구해 볼까요? **사전 훈련된 모델(Pre-trained Model)**을 가져와서….

성민: **배치 정규화(Batch Normalization)**도 다시 설정하고, **어텐션 메커니즘(Attention Mechanism)**도 점검해야겠어요.

김 팀장: 그럼 언제쯤 정상화될까요? 임원진한테 보고해야 하는데….

■ 글라스 해설

전이 학습(Transfer Learning): 이미 학습된 모델의 지식을 새로운 문제에 활용하는 기법. 영어를 아는 사람이 독일어를 더 쉽게 배우는 것과 비슷
사전 훈련된 모델(Pre-trained Model): 대용량 데이터로 미리 훈련된 AI 모델. 바로 사용하거나 추가 학습 가능
배치 정규화(Batch Normalization): 학습을 안정화하기 위해 데이터를 표준화하는 기법

어텐션 메커니즘(Attention Mechanism): AI가 입력 데이터의 각 부분 간 관계를 동적으로 계산하여, 현재 처리 중인 요소와 가장 관련성이 높은 정보에 가중치를 부여하는 기법. 예를 들어 "그는 은행에 갔다."라는 문장에서 '은행'의 의미를 파악할 때, 문맥상 다른 단어들과의 관계를 종합적으로 고려해 '금융기관'과 '강둑' 중 올바른 의미를 선택하는 것과 같음. GPT와 같은 대규모 언어 모델의 핵심 기술

Scene 6

마지막 위기

서준: 큰일 났어요. **적대적 공격(Adversarial Attack)**을 받고 있는 것 같아요.

유진: **백도어 공격(Backdoor Attack)**일 수도 있어요. 특정 **트리거(Trigger)** 입력이 들어오면 이상하게 동작하는….

성민: **모델 해석가능성(Model Interpretability)** 도구로 분석해 보니까, **특성 중요도(Feature Importance)**가 이상해요.

■ 글라스 해설

적대적 공격(Adversarial Attack): AI를 속이기 위해 의도적으로 조작된 입력을 사용하는 공격. 사람 눈에는 정상으로 보이지만 AI는 잘못 인식함

백도어 공격(Backdoor Attack): AI 모델에 숨겨진 악성 기

능을 심는 공격. 특정 조건에서만 활성화됨
트리거(Trigger): 백도어를 활성화하는 특정 입력이나 패턴
모델 해석가능성(Model Interpretability): AI가 왜 그런 결정을 내렸는지 이해할 수 있게 하는 기술
특성 중요도(Feature Importance): 입력 데이터의 각 요소가 AI 결정에 미치는 영향의 크기

Scene 7

극적인 해결

김 팀장: 도대체 누가 이런 일을…?

유진: **연합 학습(Federated Learning)** 환경에서 누군가 악의적인 **업데이트(Update)**를 보낸 것 같아요.

서준: **양자화(Quantization)**된 모델로 긴급 교체하고, **지식 증류(Knowledge Distillation)**로 경량화해서 빠르게 배포하겠습니다.

성민: **컨테이너화(Containerization)**해서 **쿠버네티스(Kubernetes)** 클러스터에 자동 배포하겠습니다.

■ 글라스 해설

연합 학습(Federated Learning): 데이터를 한곳에 모으지 않고 분산된 여러 곳에서 협력해서 AI를 학습시키는 방법
업데이트(Update): 모델의 가중치나 파라미터를 개선하는 변경 사항
양자화(Quantization): AI 모델의 크기를 줄이고 속도를 높

이기 위해 수치 정밀도를 낮추는 기법
지식 증류(Knowledge Distillation): 큰 모델의 지식을 작은 모델로 전달하는 기법. 선생님이 학생에게 핵심만 가르치는 것과 비슷
컨테이너화(Containerization): 소프트웨어를 독립적으로 실행할 수 있게 패키징 하는 기술
쿠버네티스(Kubernetes): 컨테이너화된 애플리케이션을 자동으로 관리하는 시스템

Scene 8
대단원의 막

김 팀장: 드디어 정상화됐네요. 그런데 이런 일이 다시 생기지 않으려면 어떻게 해야 하나요?

유진: **MLOps(Machine Learning Operations)** 파이프라인을 구축해서 **모니터링(Monitoring)**을 강화해야 해요.

서준: **A/B 테스팅(A/B Testing)**으로 점진적 배포하고, **카나리 배포(Canary Deployment)**도 도입하겠습니다.

김 팀장: 오늘 하루 종일 AI 전문가가 된 기분이네요. 구글 글라스가 없었다면 큰일 날 뻔했어요.

■ 글라스 해설
MLOps(Machine Learning Operations): AI 모델의 개발, 배포, 관리를 자동화하고 체계화하는 방법론

모니터링(Monitoring): AI 시스템의 성능과 상태를 지속적으로 감시하는 것
A/B 테스팅(A/B Testing): 두 가지 버전을 동시에 운영해서 어느 쪽이 더 좋은지 비교하는 방법
카나리 배포(Canary Deployment): 새 버전을 일부 사용자에게만 먼저 제공해서 안전성을 확인하는 배포 방식

위기 탈출 후기

김 팀장: (혼잣말) **신경망 아키텍처(Neural Network Architecture), 순전파(Forward Propagation), 역전파(Backpropagation)**… 이런 용어들이 이제 친숙하네. 앞으로는 MLaaS(Machine Learning as a Service)도 고려해 봐야겠어.

■ 글라스 해설

신경망 아키텍처(Neural Network Architecture): AI 모델의 구조와 설계 방식
순전파(Forward Propagation): 입력에서 출력으로 정보가 전달되는 과정
역전파(Backpropagation): 오류를 바탕으로 모델을 개선하는 학습 알고리즘
MLaaS(Machine Learning as a Service): 클라우드에서 제공되는 AI/ML 서비스

■ 에필로그 ■

　빅토르 위고의 『파리의 노트르담』에는 유명한 장면이 하나 있습니다. 대성당의 부주교 클로드 프롤로가 인쇄된 책을 손에 들고 노트르담 대성당을 바라보며 쓸쓸하게 중얼거리는 장면입니다.

"Ceci tuera cela(스시 튀라 슬라!)"-"이것이 저것을 무너뜨릴 것이다!"

　15세기 구텐베르크의 인쇄술 등장 시대였습니다. 위고는 건축술이 인류의 주요 기록 수단이었던 시대가 끝나고, 책이 지식을 전파하는 새로운 시대가 온다고 말했습니다. 하지만 여기서 중요한 것은 위고가 단순히 '파괴'를 예고한 것이 아니라는 점입니다. 실제로 그는 이 소설을 통해 철거 위기에 있던 노트르담 대성당을 구했고, 변화 속에서도 과거 유산의 소중함을 강조했습니다.

　그로부터 200년이 지난 지금, 우리는 다시 "Ceci tuera cela"의 순간을 마주하고 있습니다. 이번에는 AI가 '이것'이 되어 많은 것을 바꾸고 있습니다. 처음 이 책을 쓸 때 막연한 불안감이 있었으나, 현장에서 AI 도입 과정을 지켜보며 깨달았습니다. 성공적으로 AI를 도입한 조직들은 AI를 '사람을 대체하는 도구'가 아니라 '사람과 협력하는 파트너'로 여기는 곳들이었습니다.

글로벌 통신회사 루멘의 케이트 존슨 CEO는 "AI가 완벽하지 않다는 점을 인정하고, 직원들이 실수할 수 있는 공간을 만드는 것이 중요하다."라며 "리더 혼자서는 회사를 변화시킬 수 없다. 사람들이 함께 모여 문제를 해결할 수 있도록 권한을 부여하는 것이 리더의 역할"이라고 말했습니다. 그런 조직을 이끄는 리더들은 하나같이 'AI 전문가'가 아니라 '사람을 이해하는 전문가'들이었습니다. 우리가 AI 알고리즘을 다 이해할 필요는 없습니다. 대신 AI와 사람이 어떻게 조화롭게 일할 수 있을지, 기술의 차가운 효율성에 어떻게 인간의 따뜻함을 더할 수 있을지를 고민하면 됩니다.

이 책에서 살펴본 바와 같이 AI 시대에도 여전히 필요한 것은 우리가 가진 것들입니다. 사람의 마음을 읽는 능력, 복잡한 상황을 직감으로 파악하는 힘, 오랜 경험에서 우러나온 지혜. 이런 것들은 아무리 기술이 발달해도 대체할 수 없는 인간만의 영역입니다. 빅토르 위고가 살던 시대에도 많은 사람들이 두려워했을 것입니다. 그런데도 더 많은 사람이 지식에 접근할 수 있게 되었고, 새로운 형태의 예술과 문화가 꽃피었습니다. 대성당도 사라지지 않았습니다. 여전히 그곳에 서서 사람들의 마음을 움직이고 있습니다.

AI 혁명도 마찬가지일 것입니다. 분명 많은 것이 바뀔 것입니다. 그러나 변화의 중심에는 여전히 사람이 있을 것입니다.

기술을 어떻게 쓸지 결정하고, 그 결과에 책임지고, 무엇보다 다른 사람들과 함께 더 나은 세상을 만들어가는 것은 결국 우리의 몫이니까요. 우리에게는 30년, 40년 쌓아온 경험이라는 든든한 자산이 있습니다. 그 자산은 AI 시대에도 더욱 소중한 가치를 발휘할 것입니다. 이제는 그 경험을 새로운 도구와 함께 사용하는 방법을 익히면 됩니다.

위고의 "Ceci tuera cela"는 결국 변화와 보존이 동시에 일어나는 과정에 대한 이야기였습니다. 새로운 것과 만나서 더 풍부한 형태로 발전하는 과정 그리고 그 변화 속에서 소중한 것들을 지켜내는 과정 말입니다. AI 시대의 우리도 마찬가지입니다. 사라지는 게 아니라 진화하는 것입니다.

이 책이 그 진화의 작은 출발점이 되었으면 좋겠습니다.

2025년 여름
김용모

■ 참고문헌

국문 참고문헌(가나다순)

김우용. (2024, December 30). [결산] 2024년 IT업계 혼을 빼놓은 AI 모델 러시. 바이라인네트워크. https://byline.network/2024/12/30-362/

나무위키. (2025). 엑사원. 나무위키. https://namu.wiki/w/엑사원

나무위키. (2025). 제프리 힌튼. Retrieved from https://namu.wiki/w/제프리

농민신문. (2025, March 28). "40~50대 AI 책 읽자"…양귀자 '모순'이 긴 이 책은? Retrieved from https://www.nongmin.com/article/20250328500065

뉴스1. (2024년 August 20). 테바소프트 '심스페이스:AI 마음일기' 중·고교생 마음건강 돕는다. Retrieved from https://www.news1.kr/local/daejeon-chungnam/5515507

리캐치. (2025, April 20). OpenAI 대표 샘 알트만의 5가지 논란과 챗GPT 54조 투자유치. 리캐치 블로그. https://www.recatch.cc/ko/blog/app-about-the-ceo-of-openai-sam-altman/

배진희, 조혜승, & 김경일. (2015). 메타인지 정확성의 발달 차이 연구: 고등학생과 대학생 데이터: 고등학생과 대학생 데이터. 인지과학, 26(1), 53-67.

삼성SDS. (2025, June 27). 결국 에이전틱 AI도 기술이 아닌, 사람이 핵심이다. Retrieved from https://www.samsungsds.com/kr/insights/human-centric-approach-to-agentic-ai.html

서울경제. (2023, December 18). AI 시장, 2030년 2경 넘는다…韓 반도체 설계 경쟁력 높여야. 서울경제. https://www.sedaily.com/NewsView/29YK6EGCK7

오픈서베이. (2024, March 8). 검색 트렌드 바꾼 ChatGPT, 만족도·신뢰도 등 사용자 평가 총정리. 오픈서베이 블로그. https://blog.opensurvey.co.kr/article/search-2024-2/

와이즈앱. (2025, September 2). ChatGPT 국내 앱 사용자 수 315만 명, 20대에서 가장 많이 사용. 와이즈앱 인사이트. https://www.wiseapp.co.kr/insight/detail/554

위키백과. (2025). Mycin. Retrieved from https://ko.wikipedia.org/wiki/Mycin

위키백과. (2025). 다트머스 회의. Retrieved from https://ko.wikipedia.org/wiki/다트머스_회의

위키백과. (2025). 모라벡의 역설. Retrieved from https://ko.wikipedia.org/wiki/모라벡의_역설

위키백과. (2025). 앨런 튜링. Retrieved from https://ko.wikipedia.org/wiki/앨런_튜링

위키백과. (2025). 제프리 힌턴. Retrieved from https://ko.wikipedia.org/wiki/제프리_힌턴

위키백과. (2025). 조지 불. Retrieved from https://ko.wikipedia.org/wiki/조지_불

위키백과. (2025). 존 매카시 (컴퓨터 과학자). Retrieved from https://ko.wikipedia.org/wiki/존_매카시_(컴퓨터_과학자)

위키백과. (2025). 페이페이 리. Retrieved from https://ko.wikipedia.org/wiki/Fei-Fei_Li

위키백과. (2025). 오픈AI o3. 위키백과. https://ko.wikipedia.org/wiki/오픈AI_o3 (접근일: 2025-09-22)

위키백과. (2025). GPT-4. 위키백과. https://ko.wikipedia.org/wiki/GPT-4

위키백과. (2025). 확증편향. 위키백과. https://ko.wikipedia.org/wiki/확증_편향

이데일리. (2023, November 6). AMD 수장 리사 수, 알고 보니 '엔비디아 CEO'와 5촌 친척. 이데일리. https://www.edaily.co.kr/News/Read?newsId=01213606635803096

정보통신정책연구원. (2023 September 14). 2023 생성형 AI 주요 이슈와 의미. KDI 경제정보센터 정책포커스. https://eiec.kdi.re.kr/policy/domesticView.do?ac=0000178057

쿠팡 뉴스룸. (2023, September 6). 로봇과 인공지능: 쿠팡 물류의 최신 기술. 쿠팡 뉴스룸. https://news.coupang.com/archives/19485

포춘코리아. (2024, July 17). 스칼렛 요한슨發 AI 규제 논란…"샘 알트만, 마블 악역으로 제격". 포춘코리아. https://www.fortunekorea.co.kr/news/articleView.html?idxno=40459

하민수. (2016). 합리적 문제해결을 저해하는 인지편향과 과학교육을 통한 탈인지편향 방법 탐색. 한국과학교육학회지, 36(6), 935-946.

한국경제. (2025, January 25). 챗지피티 앞섰다…더 싸고 성능 좋은

中 딥시크에 충격. 한국경제. https://www.hankyung.com/article/2025012598637

한국경제. (2025, July 15). LG, 오픈AI보다 빠르다…하이브리드AI 엑사원 4.0 공개. 한국경제. https://www.hankyung.com/article/202507159885i

AI타임스. (2022, September 21). AI가 운영하는 미래 편의점…데이터 분석해 가격 실시간 변동. Retrieved from https://www.aitimes.com/news/articleView.html?idxno=146901

AI타임스. (2024, March 21). 2030년 AI 글로벌 시장 규모 1800조…2023년 9배 달할 것. https://www.aitimes.com/news/articleView.html?idxno=158152

AI타임즈. (2024, October 3). 오픈AI, 208조 가치로 8.8조 투자 라운드 마무리…세계 3위 비상장 기업 군혀. https://www.aitimes.com/news/articleView.html?idxno=163905

AI타임스. (2024, October 9). '딥 러닝 대부' 힌튼 · 홉필드, 노벨 물리학상 수상…"AI 기반 마련한 공로 인정". https://www.aitimes.com/news/articleView.html?idxno=164055

AI타임스. (2024, December 27). 딥시크, 오픈 소스 사상 최대 규모 LLM 출시…"GPT-4o 따라 잡았다". https://www.aitimes.com/news/articleView.html?idxno=166606

AI타임스. (2024, December 31). [2024 결산] AI 챗봇 4종이 선정한 2024년 AI 뉴스 톱 10. https://www.aitimes.com/news/articleView.html?idxno=166493

AI타임스. (2025 February 1). [AI의 역사] 17 미로를 탐색하는 마우스와 체스를 두는 기계 – 클로드 섀넌. Retrieved from https://www.aitimes.com/news/articleView.html?idxno=167599

AI타임스. (2025 February 11). [AI의 역사] 20 IBM 주가를 끌어 올린 게임 프로그램 – 사무엘과 체커 게임. Retrieved from https://www.aitimes.com/news/articleView.html?idxno=167890

AI타임스. (2025 February 15). [AI의 역사] 21 인공지능의 탄생 - 다트머스 회의. Retrieved from https://www.aitimes.com/news/articleView.html?idxno=168028

AI타임스. (2025, February 29). 알트먼 "새로운 챗GPT, 아첨 심해…수정할 것". https://www.aitimes.com/news/articleView.html?idxno=170038

CIO Korea. (2025, January 3). 2025년 AI는?… 전문가들이 지목한 12가지 방향. https://www.cio.com/article/3631340/2025년-ai는…-전문가들이-지목한-12가지-방향.html

CIO Korea. (2025, August 8). 샘 알트먼 발언으로 읽는 GPT-5 핵심 특징과 AI의 미래. https://www.cio.com/article/4036409/샘-알트먼-발언으로-읽는-gpt-5의-현재와-내일.html

Getgenie.AI. (2025, February 16). GPT 3 및 GPT 4: 알아야 할 사항. https://getgenie.ai/ko/gpt-3-대-gpt-4/

HeyPop. (2022, September 21). 실시간으로 상품의 가격이 바뀌는 가게. https://heypop.kr/n/40863/

IBM. (2025, January 31). GPT-4o란?. https://www.ibm.com/kr-ko/think/topics/gpt-4o

SK플래닛. (2024, August 30). SK플래닛 개발자들의 GitHub Copilot 활용기(AI-assisted Coding과 개발 생산성 향상 #2). SK플래닛 Tech Topic. https://techtopic.skplanet.com/github-copilot/

ThunderBit. (2025, May 26). ChatGPT 통계 2025: 사용 현황, 성장세, 그리고 주요 트렌드. https://thunderbit.com/ko/blog/chatgpt-stats-usage-growth-trends

ZDNet Korea. (2024, November 2). '챗GPT 아버지' 샘 알트먼, 직접 입열었다…GPT-5 연내 출시설에 '발끈'. https://zdnet.co.kr/view/?no=20241101171638

ZDNet Korea. (2025, July 25). "AI, 오래 생각할수록 더 멍청해진다"…앤트로픽의 충격적 연구. https://zdnet.co.kr/view/?no=20250725080550

Zigispace. (2024, May 18). Azure OpenAI - GPT-4o Playground 사용하기. https://zigispace.net/1287

영문 참고문헌 (ABC순)

Admired Leadership. What Is Your Leadership Derailer? Retrieved from https://admiredleadership.com/field-notes/what-is-your-leadership-derailer/

AlphaGo versus Lee Sedol. (2025, July 30). In Wikipedia. https://en.wikipedia.org/wiki/AlphaGo_versus_Lee_Sedol

Antonakis, J., & Day, D. V. (Eds.). (2017). The nature of leadership (3rd ed.). Sage Publications.

Bass, B. M., & Bass, R. (2008). The Bass handbook of leadership: Theory, research, and managerial applications (4th ed.). Free Press.

Bersin, J. (2023). The Rise of Intelligent Performance Management: How AI is Reshaping HR. Josh Bersin Company. Retrieved from https://joshbersin.com

Betterworks. (n.d.). Feedback Assist. Retrieved August 1, 2025, from https://www.betterworks.com

Bloomberg. (2025, May 14). Microsoft Layoffs Hit Software Engineers as Industry Touts AI Savings. Retrieved from https://www.bloomberg.com/news/articles/2025-05-14/microsoft-layoffs-hit-software-engineers-as-industry-touts-ai-savings

Britannica. (2008). MYCIN. Retrieved from https://www.britannica.com/technology/MYCIN

CBS News. (2011). IBM-Watson Defeats Humans in "Jeopardy!". Retrieved from https://www.cbsnews.com/news/ibm-watson-defeats-humans-in-jeopardy/

Chalmers, D. J. (1996). *The conscious mind: In search of a fundamental theory*. Oxford University Press.

Claude. (2025). In Wikipedia. https://namu.wiki/w/Claude

CNBC. (2025, April 29). Satya Nadella says as much as 30% of Microsoft code is written by AI. Retrieved from https://www.cnbc.com/2025/04/29/satya-nadella-says-as-much-as-30percent-of-microsoft-code-is-written-by-ai.html

CNBC. (2025, May 13). Microsoft laying off about 6,000 people, or 3% of its workforce. Retrieved from https://www.cnbc.com/2025/05/13/microsoft-is-cutting-3percent-of-workers-across-the-software-company.html

Daft, R. L. (2017). *The leadership experience* (7th ed.). Cengage Learning.

Eurich, T. (2017, May 9). Only 15% of people are self-aware Here's how to change. Forbes. https://www.forbes.com/sites/jeffkauflin/2017/05/10/only-15-of-people-are-self-aware-heres-how-to-change/

European Commission. (2024). Regulation (EU) 2024/1689 on artificial intelligence (AI Act). Official Journal of the European Union.

Faist Group. The global AI market is expected to reach $1.81 trillion by 2030. Retrieved from https://www.faistgroup.com/news/global-ai-market-2030/

Final Round AI. (2025, June 13). AI job displacement 2025: Which jobs are at risk? https://www.finalroundai.com/blog/ai-replacing-jobs-2025

Gallup. (2019). State of the American Workplace Report. Gallup Press. https://www.gallup.com/workplace/238085/state-american-workplace-report-2019.aspx

Garvin, D. A. (2013). How Google Sold Its Engineers on Management. Harvard Business Review. Retrieved from https://hbr.org/2013/12/how-google-sold-its-engineers-on-management

Geoffrey Hinton. (2024, November 27). In Wikipedia. https://en.wikipedia.org/wiki/Geoffrey_Hinton

Goffman, E. (1959). The Presentation of Self in Everyday Life. Garden City, NY: Doubleday Anchor Books.

Goleman, D. (1995). Emotional intelligence: Why it can matter more than IQ. Bantam Books.

Grand View Research. Artificial Intelligence Market Size, Share | Industry Report, 2030. Retrieved from https://www.grandviewresearch.com/industry-analysis/artificial-intelligence-ai-market

Harvard Business Review. (2023). How AI is Transforming Performance Management. Harvard Business Review Digital Articles. https://hbr.org

History Computer. (2025). Lisp Programming Language Guide: History, Origin, and More. Retrieved from https://history-computer.com/software/lisp-programming-language-guide/

History.com. (2025). Deep Blue defeats Garry Kasparov in chess match. Retrieved from https://www.history.com/this-day-in-history/may-11/deep-blue-defeats-garry-kasparov-in-chess-match

Hougaard, R., & Carter, J. (2024, January 12). The best leaders can't be replaced by AI. Harvard Business Review. https://hbr.org/2024/01/the-best-leaders-cant-be-replaced-by-ai

Hougaard, R., & Carter, J. (2024, June 6). How AI can make us better leaders. Harvard Business Review. https://hbr.org/2024/06/how-aican-make-make-us-better-leaders

Iansiti, M., & Lakhani, K. R. (2019). Competing in the age of AI. MIT Sloan Management Review, 60(2), 60–67.

Iansiti, M., & Lakhani, K. R. (2019). Strategy for and with AI. MIT Sloan Management Review, Summer 2019. Retrieved from https://sloanreview.mit.edu

IBM. (2017). IBM Watson Talent: AI-powered HR solutions. IBM Corporation. https://www.ibm.com/watson/talent

IBM. Watson, Jeopardy! champion. Retrieved from https://www.ibm.com/history/watson-jeopardy

IEEE Spectrum. (2022). How IBM's Deep Blue Beat World Champion Chess Player Garry Kasparov. Retrieved from https://spectrum.ieee.org/how-ibms-deep-blue-beat-world-champion-chess-player-garry-kasparov

Innovation Training. (2024). BCG ChatGPT AI Productivity Study and Report. Retrieved from https://www.innovationtraining.org/bcg-chatgpt-ai-productivity-study-and-report/

Isaacson, W. (2011). *Steve Jobs*. Simon & Schuster.

JD Meier. (2022). How Satya Nadella Helped Microsoft Rediscover Its Soul. Retrieved from https://jdmeier.com/satya-helps-microsoft-rediscover-its-soul/

Lam, R., et al. (2023). GraphCast: Learning skillful medium-range global weather forecasting. Science, 382(6677), 1416–1421.

Lazarus, R. S. (1991). *Emotion and adaptation*. Oxford University Press.

McKinsey. (2022, December 6). The state of AI in 2022—and a half decade in review. Retrieved from https://www.mckinsey.com/capabilities/quantumblack/our-insights/the-state-of-ai-in-2022-and-a-half-decade-in-review

McKinsey. (2025). The state of AI: How organizations are rewiring to capture value. Retrieved from https://www.mckinsey.com/capabilities/quantumblack/our-insights/the-state-of-ai

McKinsey. (2025, January 28). Superagency in the workplace: Empowering people to unlock AI's full potential at work. Retrieved from https://www.mckinsey.com/capabilities/mckinsey-digital/our-insights/superagency-in-the-workplace-empowering-people-tounlock-ais-full-potential-at-work

Medium. (2025, June 2). IBM: 8000 jobs lost overnight. https://medium.com/@seneca.ag/ibm-8-000-jobs-lost-overnight-a2bc4245c626

National Preparedness Leadership Initiative. (2024). Meta-Leadership Framework. Retrieved from https://npli.hsph.harvard.edu/wp-content/uploads/2024/02/Meta-Leadership_Framework-working-paper-NPLI-at-Harvard.pdf

National University. (2025). 131 AI Statistics and Trends for (2024). Retrieved from https://www.nu.edu/blog/ai-statistics-trends/

Nobel Prize Organization. (2024). Geoffrey Hinton – Facts – 2024. NobelPrize.org. https://www.nobelprize.org/prizes/physics/2024/hinton/facts/

Northouse, P. G. (2021). *Leadership: Theory and practice* (9th ed.). Sage Publications.

PwC. (2025, June 3). AI linked to a fourfold increase in productivity growth and 56% wage premium, while jobs grow even in the most easily automated roles: PwC Global AI Jobs Barometer. https://www.pwc.com/gx/en/news-room/press-releases/2025/ai-linked-to-a-fourfold-increase-in-productivity-growth.html

Radiology. (2022). Artificial Intelligence in Fracture Detection: A Systematic Review and Meta-Analysis. Retrieved from https://pubs.rsna.org/doi/full/10.1148/radiol.211785

Raghavan, M., Barocas, S., Kleinberg, J., & Levy, K. (2020). Mitigating bias in algorithmic hiring: Evaluating claims and practices. Proceedings of the 2020 Conference on Fairness, Accountability, and Transparency, 469–481. https://doi.org/10.1145/3351095.3372828

Reif, J. A., Larrick, R. P., & Soll, J. B. (2025). Evidence of a social evaluation penalty for using AI. Proceedings of the National Academy of Sciences, 122(19). https://doi.org/10.1073/pnas.2426766122

Seligman, M. E. P. (1972). Learned helplessness: Annual review of medicine and selected topics in the clinical sciences. Annual Review of Medicine, 23(1), 407-412.

Stanford University. SOME EXPERT SYSTEM NEED COMMON SENSE. Retrieved from https://www-formal.stanford.edu/jmc/someneed/someneed.html

Tableau. What is the history of artificial intelligence (AI)?. Retrieved from https://www.tableau.com/data-insights/ai/history

Telefonicatech. (2025). MYCIN: the beginning of artificial intelligence in medicine. Retrieved from https://telefonicatech.com/en/blog/mycin-the-beginning-of-artificial-intelligence-in-medicine

Turing, A. M. (1950). Computing machinery and intelligence. Mind, 59(236), 433–460. https://doi.org/10.1093/mind/LIX.236.433

Turkle, S. (2011). Alone together: Why we expect more from technology and less from each other. Basic Books.

UNCTAD. (2025). AI market projected to hit $4.8 trillion by 2033, emerging as dominant frontier technology. Retrieved from https://unctad.org/news/ai-market-projected-hit-48-trillion-2033-emerging-dominant-frontier-technology

Wikipedia. (2025). AI winter. Retrieved from https://en.wikipedia.org/wiki/AI_winter

Wikipedia. (2025). Arthur Samuel (computer scientist). Retrieved from https://en.wikipedia.org/wiki/Arthur_Samuel_(computer_scientist)

Wikipedia. (2025). Deep Blue versus Garry Kasparov. Retrieved from https://en.wikipedia.org/wiki/Deep_Blue_versus_Garry_Kasparov

Wikipedia. (2025). Fifth Generation Computer Systems. Retrieved from https://en.wikipedia.org/wiki/Fifth_Generation_Computer_Systems

Wikipedia. (2025). History of artificial intelligence. Retrieved from https://en.wikipedia.org/wiki/History_of_artificial_intelligence

Wikipedia. (2025). Lighthill report. Retrieved from https://en.wikipedia.org/wiki/Lighthill_report

Wikipedia. (2025). Logic Theorist. Retrieved from https://en.wikipedia.org/wiki/Logic_Theorist

Wikipedia. (2025). Xcon. Retrieved from https://en.wikipedia.org/wiki/Xcon

Yukl, G. (2013). *Leadership in organizations* (8th ed.). Pearson.